我国产业经济学热点问题分析

岳瑞波◎著

中国商业出版社

图书在版编目(CIP)数据

我国产业经济学热点问题分析 / 岳瑞波著. -- 北京 : 中国商业出版社，2017.7

ISBN 978-7-5044-9988-2

Ⅰ. ①我… Ⅱ. ①岳… Ⅲ. ①产业经济学—研究—中国 Ⅳ. ①F269.2

中国版本图书馆 CIP 数据核字(2017)第 186836 号

责任编辑：武维胜

中国商业出版社出版发行

010—63180647 www.c_cbook.com

(100053 北京广安门内报国寺 1 号)

新华书店总店北京发行所经销

廊坊市国彩印刷有限公司

* * * * *

787 毫米×1092 毫米 16 开 16.5 印张 214 千字

2018 年 5 月第 1 版 2018 年 5 月第 1 次印刷

定价：59.00 元

* * * *

(如有印装质量问题可更换)

前　　言

产业经济学是一种综合性的应用经济学科，研究国民经济各部门的组织、结构、政策及管理、发展的问题。在我国经济快速发展、社会不断进步的进程中，产业经济学对我国经济社会发挥着越来越重要的作用，对产业经济学的研究和应用得到了我国政府部门和各界专家学者的重视。1989 年 3 月颁发了《国务院关于当前产业政策要点的决定》，1994 年 6 月国务院又颁发了《九十年代国家产业政策纲要》。在“六五”“七五”“八五”“九五”“十五”“十一五”“十二五”规划及“十三五”规划纲要中，都有产业结构、产业组织、产业布局等方面的内容。2017 年 5 月在北京举办的“一带一路”国际合作高峰论坛，成果包括政策沟通、设施联通、贸易畅通、资金融通、民心相通五大类，共 76 大项、270 多项具体成果。如今，“一带一路”战略成了中国实施走出去的重要方向，同时也成了促进产业转型升级的发展契机。

本书共七章。第一章为产业经济学的基础理论分析，内容包括产业经济学概述、产业的分类、产业生命周期理论与产业发展等方面。第二章为产业组织理论研究，包括产业组织的理论类型与发展历程、市场以及企业的行为、生态产业理论等内容。第三章为现代产业结构研究，包括产业结构理论概述、新常态下产业结构优化策略、主导产业的选择与发展、高技术发展与产业结构四节。第四章为产业布局与产业集聚，内容有产业布局的一般理论研究、产业布局的机制与影响因素研究、产业集聚三个方面。第五章为产业关联，内容有产业关联的经济学基础分析、产业关联的投入产出表、产业波及分析三方面。第六章为创新与产业竞争，内容有产业创新、产业竞争力、反垄断政策等。第七章为我国政府规制与产业政策研究，内容有市场失效的原理与规制机制、政府职能与公共物品供给、政府规制的分配效应、产业政策与应用效率分析等。

本书在撰写过程中，参考了众多学者的相关著作，借鉴吸取了诸多有益的研究成果，在此致以最真诚的感谢。由于水平有限，加之产业经济学涉及面非常广，书中难免有不尽完善之处，恳请专家、学者和广大读者批评、指正。

作　者

2017 年 6 月

目　　录

第一章　产业经济学的基础理论分析

产业经济学是国际上给予公认的一门相对独立的应用经济学科，同时也是国外经济学专业核心课程之一。它是从西方经济学中分离、发展出的一门新兴经济学科，其理论基础为微观经济学。之前，产业经济学是一门实用性非常强的经济学科，历经多年的发展，它又形成了自己的一套理论和方法，从而成了一门非常理论化的学科。

第一节　产业经济学概述

一、产业经济学的研究对象

（一）产业经济学是研究产业内部各个企业之间相互作用关系的规律

所谓产业，指的是“生产同类或有密切替代关系的产品或服务的企业集合”，其内部各个企业之间有着竞争或垄断的关系。为了更好地分析同一产业市场上各个企业之间有着怎样的垄断与竞争状况，我们将企业划分为各种不同的产业。以这种企业市场行为分析为立足点，一定要选择将“生产同类或有密切替代关系的产品或服务”这样的特性，作为划分各种不同企业之间的“产业”归属的基准。归根结底是因为只有那些能够生产出同样、同一类型或者有着密切关系、可以互相取代的一系列产品或服务的企业群，才可以给予竞争、垄断状况方面的分析，从而维护好整个市场秩序。所以，产业经济学就是研究那些能够生产出同样、同一类型或者有着密切关系、可以互相取代的一系列产品或服务的各个企业之间的竞争与垄断的形势，同时也是研究产业内部各个不同企业之间相互作用关系的规律，也是研究同一个产业内各个不同企业之间诸多密切的关系，比如贸易关系、资源占据拥有关系、利害关系和行为关系等。

（二）产业经济学研究产业与产业之间互动的规律

在整个社会再生产过程中，不同部门之间、不同制造业之间、不同工业之间，以及各个行业内不同中间产品之间都有着比较复杂的交换关系。因为同样一个产业内的不同企业在原材料方面、技术工艺方面有着相似的需求，或者会有同样用途的产品不断生产出来，所以，我们用产业来分割整个社会再生产的冗杂过程，那么在整个社会再生产过程中，各种不同企业之间纵横交错的一系列中间产品或最终产品有关供给与需求之间的关系，就可以简化为各个不同产业部门之间有关供给与需求之间的关系，这样各个产业部门之间的相互关系就可以称作产业结构。我们一方面可以对各个产业之间的均衡状况给予分析，从而有效揭示出社会经济总量为什么失衡，为了方便采取正确的政策措施，推动社会再生产各个方面、不同部门之间实现均衡发展，进而使得国民经济总量能够朝持续、稳定和均衡的方向发展；从另一方面来讲，可以对产业结构的发展变化给予分析，了解、掌握其演化规律，从而使用正确的政策措施，促进整个产业结构朝高度化的方向发展，进而使得国民经济的现代化进程大大加快。产业经济学通过分析、研究整个社会再生产过程中，各个不同部门之间各个不同行业之间，以及各个不同中间产品之间的均衡状况，同时也是研究各个不同产业之间互相作用的规律以及各个不同产业在空间范围内的分布规律，也是研究各个不同产业之间资源占据拥有关系、产业结构的诸多层次演化规律等。

（三）产业经济学的研究对象是介于宏观经济领域与微观经济领域之间的中观经济领域的产业

有时候，微观经济理论与宏观经济理论并非是万能的，它们也会存在失灵情况，当它们对市场经济中诸多纷繁复杂的现实问题也不能给予合理的解释时，产业经济学应运而生。所谓微观经济学理论是针对单个经济主体各项行为及其产生的效果，以及对单个产品市场做出局部均衡分析，并一直相信不需要政府任何干预，这一双“看不见的手”可以自发地调节各种资源和优化各种配置，但是当垄断产生以及经济危机发生时，却无法发挥应有的作用。而宏观经济学理论则将国民收入运动的总量作为出发点给予分析，也就是给予总需求与总供给方面的分析。这种总量分析对于总需求与总供给之间的不均衡导致失业、通货膨胀等一系列问题给予考察，并且研究了为什么要防止和克服总量失衡，特别是提出国家要采取相关政策给予干预，从而有效弥补市场各种缺陷来保持总量均衡。该理论有一个瑕疵，就是并没有提出该怎样完成社会再生产过程中一系列需求和解决供给之间的诸多均衡问题，从而导致很难推测社会经济总量为什么失衡。所以，该理论所提倡的国家采取政策对经济给予干预，则仅仅局限于总需求与总供给方面的调节，仅仅局限于国民收入的分配方面、再分配方面的调节，仍然无法从生产过剩危机带来的一系列威胁中摆脱出来，自然无法解决资源在有效配置方面的问题。

产业经济理论，不断地将经济分析深入社会生产过程内部以及再生产过程内部，通过分析各种不同实际生产和实际需求之间、中间需求和中间供给之间、最终需要与最终供给之间，以及各个不同部门存在的“结构”均衡状态，来分析总量为什么失衡。所以，产业经济学的研究对象是介于宏观经济领域与微观经济领域之间的中观经济领域的产业。它并非隶属于宏观经济研究所涉及的国民经济总量，也并非隶属于微观经济研究所涉及的单个经济个体，比如企业、家庭或个人；虽然产业经济研究不仅会接触到国民经济总量，还会接触到单个经济个体。所以，产业经济的发展规律是与那些用宏观经济学来解释宏观经济总量的行为规律有所不同的，同时与那些用微观经济学解释单个经济主体的行为规律也是有所不同的，它有着自己所特有的一些运动规律。

如果从社会再生产过程来分析，产业经济学研究产业，则倾向于研究那些中间产品的再生产过程。而在整个过程中所涉及的生产、分配、流通和消费环节，实际情况中可分解为两大循环环节，分别是中间产品和最终产品涉及的生产、分配、流通和消费。而在宏观经济学领域里，它对于社会总需求与总供给方面的研究，其实际情况中是有关最终产品方面的总需求与总供给，它虽然涉及最终产品方面的生产、分配、流通和消费，但是，并非涉及中间产品的循环环节。在微观经济学领域里，它主要是对于单个经济主体在有关单个商品市场方面的经济行为的研究。该行为虽然涉及生产、分配、交换和消费等诸多方面的内容，但是与作为企业集合的产业所涉及的生产、分配、交换和消费内容存在非常大的区别，其根本区别体现在产业的中间产品属于同类企业的产品，属于一个相对总量，但是个别企业的产品则仅仅属于其中的一份。所以，两者的再生产循环环节有着很多的区别。由此我们可以看到，微观经济学并不对于中间产品再生产的循环环节给予研究。产业经济学是以“产业”作为研究对象，研究的是产业与产业两者之间的关系，也就是产业结构或产业关系，倾向于研究产业之间相互为彼此提供产品的均衡关系，该关系涉及了中间产品在生产、分配、流通和消费方面的全过程。所以，中间产品的循环过程则属于产业经济学的研究任务。

现如今，相比于产业经济学的诞生，经济学领域有着更宽、更新的层次。归根结底是因为现实的经济运动所面临的一系列问题，已经要求经济学不但能够回答单个经济主体究竟在单个产品市场上该如何运作，国民收入如何在总需求与总供给之间实现平衡，而且要回答在社会再生产过程当中，产业间中间产品在生产、分配、流通和消费方面的诸多状况，进而使得人们在社会经济运动方面能够从个别到中间以及从中间到总体有一个清晰明了的了解。因为诸多经济现象并非单独存在，而是与其他经济现象相互交缠绕在一起的，而对于研究某一特定经济现象方面的某一经济理论来说，当然也不例外，它一定是与相关经济理论有所关联的。产业经济学自然同样不例外，虽然它在研究对象上是与微观经济学有所不同的，也与宏观经济学有所不同，但是产业经济学却是与这两门学科有着非常密切的关系。

二、产业经济学的学科体系

相信读者对于产业经济学的研究对象已经有了初步的认识。在分析、研究了国内外众多学者在产业经济学领域的研究成果的基础之上，我们持有这样的观点：中国特色产业经济学在学科体系方面一般包括下面几大方面，如图 1-1 所示。

在第一个层次中，不仅阐述产业经济学在研究对象、意义、方法方面的理论，还对产业经济学形成发展及理论基础有所涉及，从而有力地说明产业经济学倾向于研究产业领域中关于人的经济行为在组织、结构、管理、对象、发展规律性等诸多方面的应用经济学。之所以要大力研究产业经济学，主要是因为只有对产业经济发展规律有了正确的认知，才能够指导产业经济的具体实践环节，从而有力地推动经济的快速发展。

在第二个层次中，有效地阐述了一门综合性应用性经济学科，其内容不仅融合了经济学、管理学方面的知识，同时也对文化学基本理论方面的知识有很多涉及。从学科性质方面来讲，产业经济学隶属于应用经济学的范畴。而产业经济学则主要是研究各种资源在有效配置方面的问题从而有效实现经济的快速发展，其采用市场机制这一解决方式；与之构成对比的管理学则主要研究怎样将组织内的众多有限资源通过有效的整理融合在一起从而完成既定目标，其采用行政指挥这一解决方式。现如今，在实

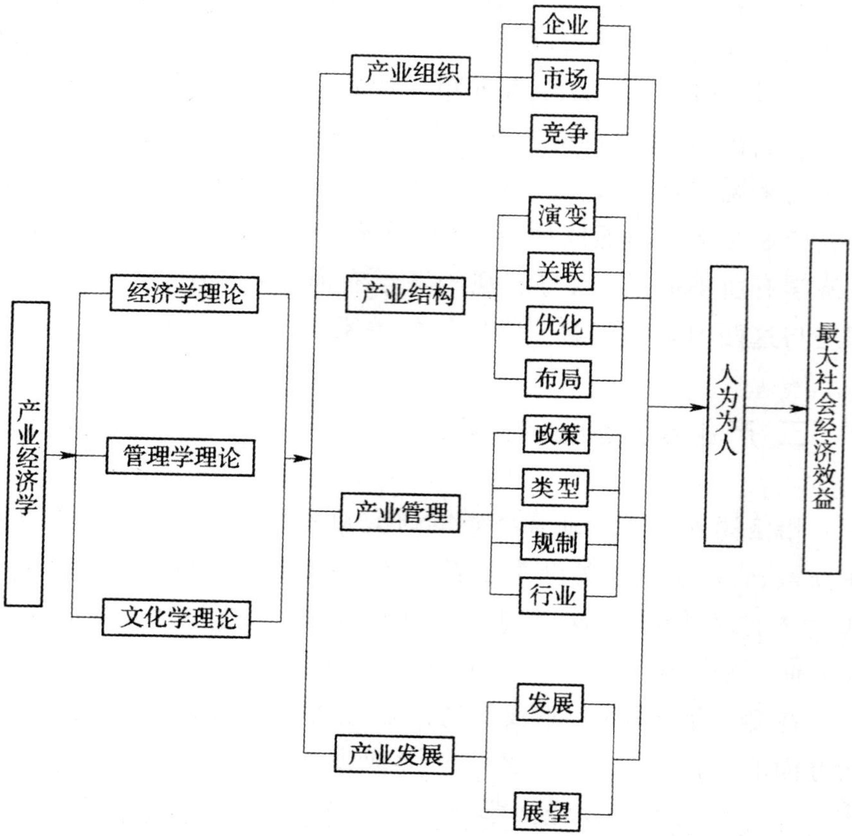

图 1-1　产业经济学学科体系

际经济生活当中，产业经济学范围里所涉及的经济管理行为，比如产业组织领域所涉及的产业规制由来已久，之所以要研究产业经济学恰恰在于寻求管理产业快速发展的一些良好方法，从而在更为直接的基础上，极大地推动经济的进步。所以，从这方面来讲，经济学和管理学属于产业经济学非常直接的理论基础。不仅如此，世界上各个国家产业经济在发展规律方面都要遵循普遍的产业经济规律，通过寓于某个国家或地区的某一特定的发展阶段表现出来，必然包括自身特有的一些特征，这些特征一定与某个特定国家、地区的文化传统有着密不可分的关系。所以，在实际研究某个特定国家、某一具体时段在产业方面的问题时，已经将各个国家自身的文化传统的特点通通考虑在内，而且在研究这个特定国家或者地区在产业及产业之间有着怎样的关系时一定要与这个国家在资源、人口、经济实力、文化传统等诸多特有的因素决定的特点也考虑进来。通过不断地比较分析各个国家之间所得出的有效的结论和经验教训，不断地借鉴、吸收经验，这对于推动本国的产业经济发展是非常有帮助的。所以，文化学也属于产业经济学的诸多理论基础的一个方面。

在第三个层次，包含四大部分，分别是组织、结构、管理、发展。从整体上来讲，产业经济学的研究对象体现在产业上，而产业经济学的研究恰好立足于产业来揭示产业怎样发展和变化的，产业内部各个企业之间有着怎样的相互作用以及各个产业与产业之间遵循本身所特有的一些经济规律。对于各个产业本身所具有的诸多有着不同层次的具体行为规律来讲，产业经济学又有着诸多具体研究对象，主要包括四大方面，分别是产业组织、产业结构、产业管理、产业发展。

在第一个方面产业组织中，它包括三大方面，分别是企业、市场、竞争。所谓产业组织，则指生产某一同类型产品的企业在同样一个市场上集合在一起而形成的、同样一个产业内各个企业之间通过相互作用而形成的关系结构，该结构决定了这个企业内部在完成企业规模经济效益方面与发挥企业竞争活力方面的平衡，产业组织内各个企业之间有着怎样的竞争、合作关系常常通过博弈论来进行研究。

在第二个方面产业结构中，它包括四大方面，分别是演变、关联、优化、布局。所谓产业结构，则指各个产业与产业之间有着怎样的数量关系结构以及采取怎样的技术经济方式，产业结构方面的研究常常要研究各个产业之间有着怎样的定量关联方式和各个产业有哪些空间结构也就是产业布局。所谓产业关联，则指最终产品产业与生产出那些最终产品所经过的中间产品产业之间以及众多的中间产品产业本身特有的经济数量结构，成了产业结构最为重要的表现特征之一。所谓产业结构优化，则指研究产业结构的最终目的。所谓产业布局，则指某个特定国家或者地区的产业生产力在某一特定范围内的空间分布和组合情况，产业布局针对的是产业的空间结构，其合理程度对这个特定国家或者地区在发挥经济优势方面以及经济的发展速度方面有着非常大的影响。

在第三个方面产业管理中，它包括四大方面，分别是产业政策、政策类型、产业规制和行业管理。所谓产业管理，则指某个国家或者地区为了完成某一特定的经济目的或社会目的，采用产业经济学的相关原理，以全产业作为对象所采取的可以对产业发展进程造成影响的一套完整的管理措施的总称，主要包括对于产业组织内部企业所列出的规章制度，推动产业发展的政策，约束某个行业发展的办法条例等。

在第四个方面产业发展中，它包括两大方面：产业发展理论以及中国产业发展展望。所谓产业发展，则指某一单个产业从最初的诞生到最后的被淘汰或者不断更新的整个过程以及其对于其他产业变化的影响的整个过程，主要包括产业特有的发展规律、发展周期、产业不断发展的影响因素。要想更好地研究产业发展，必须立足于可持续发展这一观点，并对于产业为何会不断发展给予深刻探讨。通过现代经济学的研究，我们能够看到技术、知识成为经济不断发展的根本动力，而基于知识的经济则成了产业经济发展的基本趋势。

在第四个层次，阐述产业经济不断发展的关键还是体现在“人为为人”方面。研究产业经济学，要本着“人为为人”这一思想作为指导。所有经济行为其首先必然是人的行为，所以，对于人在行为规律的研究自然也就是现代经济管理中的一个核心问题，而产业经济学同样也不例外。现如今，“人为学”成了迅速兴起并逐渐受到广泛重视的研究经济管理领域里的人的行为规律方面的科学，其核心观点体现在“人为为人”。其实，对于研究任何一个产业来讲或者是对于研究任何一个部门经济有着怎样的发展规律时，首先要立足于研究本产业、本部门的一些特殊规律，努力将本产业部门之间的关系搞好，但是更要侧重于研究本产业、本部门究竟是怎样与其他产业及部门统筹发展的，从而推动整个产业系统健康、有序、稳定的发展。在各个产业内部有着日益激烈的市场竞争，我们更要大力遵循“人为为人”这一思想，从而有效实现良性的协作型竞争，大力避免恶性竞争或竞争过度的事情发生，从而实现社会经济效益最大化。实现社会经济效益最大化成为研究产业经济学的一个最终目标。而“人为为人”不仅成了产业经济学领域的根本方法论，同时也是最终落脚点，更是有效实现社会经济效益最大化这一最终目标的最根本的途径。

在第五个层次，阐述产业经济快速发展，其目的在于实现最大的社会经济效益。

三、产业经济学的研究方法

产业经济学的研究对象对很多方面都涉及，比如产业结构、产业关联、产业组织等诸多产业层次范畴里的对象，同时也涉及产业发展、产业布局等诸多时间、空间层次范畴里的对象，所以，对于整个产业经济学来讲，它涉及的研究对象是一个纷繁复杂的社会经济系统，从而也就决定了产业经济学的研究方法是多种多样的。具体来讲，产业经济学的研究方法有以下几种。

（一）宏观分析和微观分析相结合的方法

该方法是研究经济学常常通用的方法，在有关产业经济学研究领域，对于产业结构理论及其运用进行研究时，主要使用宏观经济分析这一方法，从某种意义上来说，产业结构从属于宏观结构型，分析、考察一个国家的产业结构有着怎样的变动是立足于全国甚至全球背景的。对于研究相关产业组织理论及其运用，常常采用微观经济分析这一方法。这是因为研究产业内部各个企业与市场组织之间的关系是将企业作为一个市场竞争主体给予分析、考察的。当然，这些区分方法并非绝对，所以，只有将宏观分析方法和微观分析方面紧密结合在一起，才能够充分、正确地认识到产业发展运动有着哪些规律，才能够正确解决产业发展过程中所遇到的一系列问题。

（二）实证分析和规范分析相结合的方法

实证分析方法是在产业经济学领域里研究问题时所采取的基本方法，在进行研究产业经济学时，特别是在研究产业组织理论及其具体应用时，应该着重强调实证分析这一方法。实证分析是对实际情况中经济运行的过程及规律给予分析，进而有效说明社会经济现象实质是什么，但对于各种实际经济运行状况和后果并不给予评价，同时对于社会经济现象好坏的问题也并不给予回答。实证分析方法需要采用大量的、丰富的统计数据，借助于一些数理统计方法和图表，从而对产业组织与市场结构之间的关系给予正确描述和分析判断。

风范分析方法则是对于社会经济学应该采取怎样运行的方法给予分析。规范分析方法对于社会经济运行的整个过程和最后结果给予理论分析和价值判断，对各种利弊得失给出有效的评价，并回答社会经济现象究竟应该是什么的问题，从而立足于某种特定的价值判断标准，对于某一事物给予逻辑思维和科学推理，进而探寻出其发展变化有着哪些规律性。很明显，规范分析应该坚持将马克思主义经济学基本理论作为指导，来有效揭示出产业运动发展的诸多规律性。

（三）定性研究与定量研究相结合的方法

所谓定性研究，则以被大众普遍承认的公理、一套完整演绎逻辑和丰富的历史事实作为分析基础，立足于事物的矛盾性，对所要研究的事物给予描述和阐释。定性研究存在两个不同的层次，其一是缺乏数量分析的单纯性研究，其结论常常有着概括性和比较浓厚的思辨色彩；其二是体现在定量研究的基础之上的、有着更高层次范畴的定性研究。所谓定量研究，则指明确事物的某个方面量的规定性的科学研究，也就是将各个问题与各种现象通过数量的形式进行表示，从而给予分析、考验、解释的一系列研究方法和过程。所谓定量，则是指通过数字化符号作为基础进行测量。而定量分析通过对研究对象的特征按某种标准，进行量的比较来测定对象特征数值，或求出某些因素间的量的变化规律。[①]产业结构中演变过程、产业集中度有着怎样的评价等诸多产业经济学有关的研究领域一定要采取定性和定量分析紧密结合在一起的方法才能够科学、合理地给予分析。

（四）静态分析和动态分析相结合的方法

所谓静态分析，则指分析事物在某一个时间点或者某个横截面的状况，及有着某些规律性的特征的方法，该方法有利于认识事物的现状，也有利于通过比较研究，不断地分析、总结产业中存在的一些问题，从而专门地给予有效解决。但是，产业并非一成不变，它总是处于永不停歇的发展变化之中，进行研究各个产业的发展变化规律，必须要采取动态分析的方法，因为这种方法更有助于揭示事物发展存在哪些规律。通常情况下，静态分析方法是动态分析方法的出发点和基础，而产业经济学方面的研究一定要强调用动态的发展性眼光看待问题，而动态分析则成了研究产业经济的主要方法。

现如今，我国经济在突飞猛进地增长，虽然 2015 年中国全年国内生产总值（GDP）达到 67.67 万亿元，在世界排名第二，仅次于美国，[②]但是经济结构也有着不断变化，涌现出了一系列需要亟待解决的新问题。在持续完善市场经济制度的整个过程当中，涌现出的规模和效益之间、竞争和垄断之间、布局集聚和分散之间、结构优化与升级之间、政府与市场之间的问题，不仅是理论方面

---

① 中国教育信息化网. 关于科学研究的定量研究[EB/OL]. http://www.ict.edu.cn/html/lzmwy/Scientific/n20170414_41002.shtml.

② 搜狐网. 2015 中国 GDP 世界第二人均 GDP 不如发达国家[EB/OL]. http://www.sohu.com/a/55494996_348672.

的问题,同时也事关现实问题。该如何正确地理解和处理这些问题,需要采用现代经济学领域的基本理论去规范、合理地分析现象背后存在的一般规律,同时也为政府的公共政策提供牢固的理论基础和有效的实证依据。所以,产业经济学不仅有着非常重要的理论意义,其实践意义也是非常重要的。

四、产业经济学的研究意义

(一)产业经济学丰富和完善了经济学学科体系

产业经济学对于整个经济学学科做出了很多的贡献,其最大的贡献莫过于建立起一门新兴的经济学科,并及时、有效填补了中观经济学研究领域的众多空白,丰富、完善了整个经济学科的体系。很久以来,经济学一直被人们划分成两大方面,分别是微观经济学和宏观经济学。而中观经济作为位于微观经济学和宏观经济学之间,其研究也就显得非常薄弱,但是产业经济学的兴起在丰富、拓展经济学的学科体系方面却发挥着非常重要的作用。

很久以来,位于企业和国民经济两者之间的产业常常被忽略掉,从而使得经济学本身只得由微观经济学和宏观经济学这两大相对独立的部分拼凑而成,并不能构成一个内在统一、科学的、完整的学科体系。而产业经济学则通过有效地分析经济个体存在的相互作用,进行研究产业的一系列整体变化规律,从而有效地把微观经济个量与宏观经济总量紧密地结合在一起。产业经济学的研究对象是那些有着同一个属性的众多企业的集合,它位于微观经济主体(主要包括企业、消费者)与宏观经济主体(也就是国民经济)之间,极大地弥补了两者之间存在的空白。产业经济学立足于整体的产业,不仅统筹兼顾了产业之间的积极协调和配合,同时对于增强部门之间的紧密联系,拓展和丰富整个经济学学科体系也有着非常重要的作用。

(二)产业经济学的研究有利于经济学和管理学的沟通

很久以来,经济学与管理学仿佛从未有过任何交集,它们都属于两大类学科,看起来并不存在关联,但是在具体实践活动中,不仅专家学者们而且经营管理者都深感它们两者之间有着很多想通的地方。对于学科性质来讲,经济学主要倾向于研究各个资源的有效配置问题,为了实现经济的快速、持续的发展,处理的主要方式则是市场机制;但是管理学则倾向于研究怎样将组织内的有限资源给予合理的融合从而完成既定目标,采取的主要处理方式是行政指挥。因此,传统的经济学应用领域自始至终游离于企业等组织之外,将企业等组织视作黑箱;而传统情况中的管理学应用领域又常常限制在组织以内,而组织之外的企业行为则往往归属于经营的层次范畴,在严格意义上将并非从属于管理学的研究范畴。最近几年来,伴随着新制度经济学掀起一股热风,经济学的研究领域也拓展、延伸到各个企业组织以内,但是诸多管理学理论并没有系统、合理地应用在传统的各大企业组织之外。不过,在实际经济活动中,早已存在着一系列组织以外的经济管理方面的行为,尤其是在产业经济的范围里,比如产业组织范围中的产业规制很长时间以来就已经存在,而日本、韩国等诸多国家采取对各个产业给予有目的、有计划、有组织的扶持、保护等一系列管理措施来推动经济能够突飞猛进地发展,这更是在全世界引起轰动,并收获越来越多的关注,而对于产业经济学领域的普遍关注恰恰来源于对日本等其他国家经济快速增长过程中的一系列政府经济管理行为给予研究。最近几年来,我国大力扶持高新技术产业,不断调整升级产业结构,合理、规范地调整产业布局,加大研究各大产业集群,并对各种类型的工业园区给予合理的规划建设,这些都极大地促进了我国经济的持续、健康发展。研究产业经济学有很多目的,其主要目的在于寻找管理产业发展的一些良好的措施,从而更有针对性地推动经济的持续进步。因此,对产业经济学领域的研究必然会加速经济学与管理学的沟通。

(三)产业经济学推动了经济又好又快发展

1. 产业经济学对于推动产业结构的调整和经济的发展有着非常重要的意义

社会经济的不断发展过程,不但体现在经济总量的增长过程,而且在体现在经济结构的变动过程,尤其是产业结构从低级朝高级方向的发展过程。产业结构与经济增长之间有着密不可分的关系,产业结构的发展过程也推动着经济总量的不断增长,反过来经济总量的不断增长也会推动产业结构的加速发展。其实,经济总量与经济结构之间日趋紧密的关系,构成了经济快速发展过程中的两种类型的侧面。产业结构是否调整、优化有效决定了资源在各个产业之间的配置是否合理,更对于国民经济能否协调、高效、健康的发展有着非常大的作用,而科学、合理、均衡的产业结构则成了国民经济协调、高效、健康发展的前提。

在经济发展的各个不同阶段中,总量方面的矛盾(也就是总供给与总需求)与结构方面的矛盾(产业结构与很多需求结构)往往处于不一样的地位。产业结构是否合理自始至终是我国经济发展的一大痼疾。中国实行改革开放政策之前,因为我国单纯强调发展重工业,从而导致重工业与轻工业之间、工业与农业之间存在严重的比例失调,深深阻碍了经济的发展。不过,中国在实行改革开放政策之后,我国一直专注于产业结构的调整、优化,也取得了很大的成效。但是,目前情况下,我国依然存在着一系列问题,比如农业基础非常薄弱;原材料等诸多基础工业和基础设施相对来讲依然非常传统、落后;一般加工工业存在大量过剩的生产能力,但是精加工、深加工却有着严重不足的生产能力。自从中国实行改革开放政策以来,我国社会生产力得到快速发展,市场也进一步完善,经济结构也得到进一步调整,经济总量矛盾也得到很大缓和,有的产品有了一定的过剩。但是经济结构转换远远落后于总量增长，导致结构性缺陷转变为主要矛盾，当务之急需要进一步调整、优化产业和产品的结构，促进产业结构不断升级，研究产业经济学恰恰是为了揭示产业发展的一些规律性，完成产业结构高度化，推动各个产业部门统筹协调发展。所以，产业经济学的研究能够极大地推动我国产业结构朝高水平方向发展，不断提高产业的竞争能力，推动经济朝又好又快的方向发展。

2.产业经济学有助于正确理解和处理好产业内、企业间的市场行为和企业竞争行为

产业经济学作为一门应用经济学科，主要研究实际生活中的各种市场运行和企业行为以及各个产业间的变动规律，这对于我们正确理解在实际生活中各个企业发生的一系列现象有非常大的帮助。在微观经济学中，通常情况下所研究的在完全竞争市场环境下各个企业的行为，各个企业成了价格的接受者，生产出同样质量的产品，它是在已经确定的价格水平条件下选择自己究竟要产量多少，这是与真实世界中的各个企业行为有着很大的不同。现实世界中，不完全竞争早已成为常态，各个企业之间的竞争方式变得纷繁复杂，导致日趋激烈的价格战、铺天盖地的广告、价格同盟、排挤各大竞争对手、垄断、研制开发和创新等诸多形式成了经济生活中人们普遍关注的话题。产业组织理论通常是研究不完全竞争条件下的各个企业行为。在有限的信息和条件下研究各个企业之间的动态竞争，从而使得理论更加趋于现实，进而也有助于我们正确理解实际生活中的各种纷繁芜杂的企业行为和市场现象。

3.产业经济学对于推动产业的合理布局有着重要意义

产业的合理布局能够将各个地区的经济比较优势和地域优势有效、充分地发挥出来，从而在最大限度上将整个国家的经济优势发挥出来，对推动国民经济的持续、健康发展有着非常重要

的意义。产业布局究竟是不是合理，决定了资源在各个地区之间的配置是不是合理，决定了各个地区的比较优势能不能得到有效、充分的发挥，也能够推动各个地区经济朝又好又快的方向发展。以前，我国产业布局存在诸多不合理的地方，大城市工厂聚集过于密集，江河上游和沿江河布局的各大企业给环境带来了很大的污染，"大三线"工厂分布过于分散等。在研究产业经济学时，总要想方设法探寻产业布局存在的一般规律和基本原则，明确合理的产业布局政策，有效地将产业布局和区域分工紧密结合在一起，从而使得产业布置有助于发挥各大优势，使得经济效益最大化，完成产业的合理布局。

4. 产业经济学对于制定正确的产业政策有着重要意义

市场并非是万能的，有时也会出现失灵的情况。为了有效弥补市场失灵，政府需要给予产业管理，明确和执行各大产业政策，从而推动产业的快速发展和资源的合理配置。产业经济学通过研究产业结构、产业布局、产业组织、产业发展存在的规律，为有效制定科学、合理的产业政策提供了明确的理论指导。要想更好地研究产业经济学，必然需要制定一套完整的产业政策，这不但会对产业内各个企业的规模经济优势的大力发挥有着非常大的影响，也会对各个企业的竞争活力产生很大的影响，同时也会对产业整体的发挥有着很大的影响。目前情况下，我国的产业组织有着很多弊端，比如企业整体规模不大，竞争力不高，"小而全""大而全"这样的现象普遍存在，这些都对我国产业整体的发挥带来了很大的影响。要想研究产业经济学，就必须要探索寻求各个市场结构、各个企业规模存在的优劣，研究规模经济为什么会形成以及存在的优点、过度竞争有哪些形成途径、具体消除方式又是怎样的等，明确科学、合理的企业组织政策，从而实现市场的良性竞争和有效利用规模经济。

第二节　产业的分类

一、产业的含义

（一）产业是社会分工和生产力不断发展的产物

在远古时代，为了生存，人们需要共同劳动，共同生活。比如狩猎（动物等）和采集（果实等）几乎成了他们全部的生产活动，不存在社会分工，也没有各种生产部门，产业自然也就不存在。后来，旧石器时代逐渐朝新石器时代的方向发展，人类原始的生产工具有了一些改进，使得人类的生产力水平得到不断的提高。无论是人类狩猎的动物，还是采集的果实，其数量都在不断增加，于是动物、果实都吃不完，有了一些剩余，他们开始饲养剩余的动物和开始种植剩余的果实的种子。这时候农业也就从人类的狩猎动物和采集果实活动中分离开来，从而导致人类的生产活动发生了转折，社会分工也就产生了。那时候，农业已经成了一门有着决定性因素的生产部门。随后，人类持有的生产工具在不断更新，生产力水平也有着很大的改善，又随后引起了三次社会大分工。在恩格斯看来，第一次社会大分工出现于原始公社的新石器时代，这时候畜牧业开始从农业中分离开来；而第二次社会大分工出现于原始公社末期一直到奴隶社会初期，这时候手工业开始从农业中分离开来；后来，第三次社会大分工出现于奴隶社会初期，这时候商业逐步地从农业、手工业中分离开来，而专门负责商品买卖的商人阶层渐渐产生，商业开始独立形成。经历了三次社会大分工，相继形成了农业、畜牧业、手工业和商业等诸多产业部门。

当生产力不断发展时，社会分工也在不断深化。在 18 世纪

60年代，英国爆发了家喻户晓的第一次产业革命，从而使得英国的各个主要工业部门相继出现了从手工生产向机器生产转化的阶段。从此以后，机器生产的大工业逐步代替了农业成为社会经济发展过程中的主导性力量。随后，20世纪初又爆发了一场第二次产业革命，体现在铁路、钢铁工业得到快速发展，于是工业的主导性地位再次得到巩固，社会分工也更深一步向前发展，体现在新兴产业部门逐渐出现和产业分工不断精细。在20世纪50年代，诸多信息技术的产生和发展推动了第三次产业革命的爆发，使得社会生产力不断提高。信息技术在众多领域里得到广泛应用，推动了工业和服务业领域的发展，使得各个产业内部分工更加细化，新兴的产业部门也如雨后春笋般涌现出来。从中我们可以清晰地看到社会生产力的不断提高推动了产业的产生和发展。

伴随着社会生产力水平的逐渐提高，产业的内涵也进一步得到充实，其外延也进一步扩展。在重农学派时期，因为手工业依然附属于农业，还没有形成独立的经济活动，所以产业主要针对的是农业。随后，当资本主义工业产生之后，工业的不断发展对于整个社会经济的发展发挥着举足轻重的作用，这里的产业主要针对的是工业，而且产业往往看作是工业的代名词。随着社会生产力突飞猛进的发展，服务业的发展吸引了越来越多人的关注。而且，服务业部门的分工不断细化、精细，涌现出了一系列新兴服务部门，诸如文化、商业、运输业、邮政、中介、家政、咨询、金融、会展、贸易、航运、文化等。这时产业的定义也在逐渐丰富、扩展起来。今天，对于每一项具备投入产出活动的产业或者部门来讲，它们都可以归为产业的领域。产业不但包含一系列生产领域的活动，而且也包含诸多流通领域的活动；不但涉及物质资料部门有关生产、流通和服务领域的活动，而且也涉及非物质资料部门，诸如服务、信息、知识等，在生产、流通和服务领域的活动；不但包含生产部门，同时也包含流通、服务、文化等诸多部门。

产业的定义呈现出多层次性。产业一定与社会生产力发展水平相符，通过社会分工形式体现出来，属于一个多层次的经济系统。随着社会生产力不断发展，当其处于发展的各个阶段时，社会分工有着不同的主导形式，社会分工也逐渐向深层次发展，从而形成了各个层次的产业范畴。当在某一个历史阶段，社会生产力水平非常低下时，这时社会分工通过一般分工的主导形式体现出来。这种分工形式仅仅是将人类的一系列生产活动给予比较简单的分类，比如，农业、工业等诸多形成产业的第一层次。伴随着社会生产力水平持续提升，社会分工在进一步深化，特殊分工则是主导形式。该特殊的分工是基于第一层次分工给予细分的，比如工业可以进一步细分成基础工业、制造业、建筑业等一系列业种，这些大类下的业种处于产业的第二个层次。人类社会发展的规律是：社会生产力不断提高，社会分工不断细化，众多新兴产业不断地涌现出来，特殊分工的主导形式也越来越复杂。这种特殊分工是基于第二层次分工逐渐细化的，比如制造业可以进一步细分为家具、食品、纺织、造纸、医药、化工、机械、汽车等诸多业种，处于产业的第三层次。以此类推，产业还能够进一步细分下去，直到无法再分为止。

（二）产业是具有某种同类属性的诸多企业经济活动的集合

从前文中我们能够看到，同一产业的各个经济活动均有着多多少少相同或相似的性质。现如今，在产业经济学领域里，产业同样具有这一特点。而且，依据这种特点，我们能够给产业的定义进行各种界定，也就是产业是具有某种同类属性的诸多企业经济活动的集合。它并非指的是某一个企业的一些经济活动或每一项活动，而是指具有某种同一属性的诸多企业经济活动的总和。我们必须要认识到：一个产业能够由多个企业或者一两个企业（如置身于寡头垄断和双头垄断的这一市场条件下）的诸多同类经济活动组成；当然，一个企业也因为常常并非只负责某一项单一经济活动很有可能负责各个类型的经济活动，也就是负责多个产业（即跨多个行业）经营。比如，我们将直接从大自然中得到的产品、直接依赖大自然的一系列生产活动，诸如农作物栽培和牲畜饲养称作农业；而将依靠自然资源，制造出诸多生产资料、生活资料，或者对于农产品、半成品等诸多初级产品给予加工的生产活动称作工业。上述产业的各个生产活动有着共同和相似的属性或特征。而农业具有的共同属性或特征就是直接从大自然获得产品。

总结下来，产业应该具备下面某种同类属性或特征：其一，从需求方面来讲，其指具有同类或非常密切竞争关系和可以相互替代的产品或服务；其二，从供应方面来讲，有着相似生产技术、生产过程、生产工艺等一系列特征的物质生产活动或有着相似经济性质的诸多服务活动。这里需要注意的是：产业应该具有的活动专门针对的是有着经济性质（也就是有特定的经济目标服务）的多种活动，并不包含政治、社会等诸多活动。与此同时，产业应该具备的经济活动则指的是有着某一种同类属性的特征的每一项经济活动，而并非一些经济活动或者部门经济活动。

（三）产业是介于宏观经济与微观经济之间的中观经济

产业作为经济单位，它并不属于宏观经济领域所指的国民经济范畴，也并非属于微观经济领域所指的企业经济活动范畴或者居民消费行为范畴，而是介于宏观经济和微观经济范畴之间，属于中观经济范畴。

宏观经济的研究对象主要针对的是国民经济的总量，包括国民生产总值、国内生产总值、国民收入、总投资、总消费、国际收支、货币发行量、通胀、失业、经济增长率等，以及总量的一般变化规律和相互之间的关系。而微观经济的研究对象则主要针对的是企业和家庭的一些经济行为，比如企业怎样有效利用有限资源，从而获得最大化的利润；顾客和家庭该怎样有效利用有限的收入购买一些商品和服务，从而获得最大的满足感。产业经济的研究对象并非单一的个体，而是有着某些共同属性或特征的诸多企业经济活动的组合。换句话说，产业经济的研究对象是各个产业与产业之间的多种技术经济关系以及方式等。

二、产业的分类

产业的分类是为了对产业进行研究和管理，是人类主观意志的产物，产业分类水平标志着人类对产业发展规律的认知能力，其目的是对产业运行规律进行研究和对产业的有效管理。按照一定的标准，把具有不同特点的产业划分成各种不同的类型。产业系统从不同的角度可以作各种不同的划分。作为国民经济的中观层次，产业及其相互关系错综复杂，产业的状况和发展关系到整个国民经济的运行和发展。由于客观对象千差万别，多种多样，分析主体的研究目的、研究角度、依据的标准也不同，因而产业分类的方法很多。

（一）马克思的两大部类分类法

两大部类分类法是马克思为了揭示资本主义生产的本质和剩余价值产生的秘密而对社会再生产过程进行剖析所采用的一种分类方法。两大部类分类法是对以产品的最终用途的不同作为分类标准，目的是为了分析不同物质生产部类的相互关系，揭示社会再生产的实现条件。马克思根据产品是作为生产资料用于生产消费，还是作为生活资料用于生活消费，把社会生产部门分成两大部类。

第Ⅰ部类：生产资料的产业部类。主要指生产各种生产资料的部门，包括生产各种生产工具、设备、原料、材料的生产部门，其产品用于生产消费。

第Ⅱ部类：生产消费资料的产业部类。主要是指生产各种个人消费品的生产部门，其产品用于个人生活消费。

马克思关于两大部类的均衡发展的分析，揭示了社会再生产运动的规律，论证了要使社会再生产正常进行，就必须要对生产资料的生产和消费资料的生产进行追加，而且这两个补偿和追加之间还要保持适当的比例关系。这种产业分类方法是产业结构理论的基本来源之一，是投入产出经济理论创始者华西里·里昂惕夫编制投入产出表的基础。

其优点在于揭示了社会再生产顺利进行时两大部类产业间的实物和价值构成比例平衡关系，是研究社会再生产过程的理论基础。

任何经济学家都无法超越经济史和理论史的局限。两大部类分类方法的主要缺陷在于覆盖面窄，导致实际应用困难。首先，该分类方法未能将非物质生产领域包括进去。随着经济的发展，产业已从物质生产领域扩展到非物质生产部门，无论是发达国家还是发展中国家，其非物质生产部门都已经分化成一个庞大的系统，这一系统服务于物质生产部门，提高其生产效率，并创造了巨大的国民财富。因而，建立在两大部类分析法上的产业分析很难真正反映产业结构升级和转换的内容。再者，如果对现实的产业再进行细分，会发现其中包含着多种产业部门之间相互提供中间产品和服务的错综复杂的联系，因此，两大部类分析法难以描述产业间错综复杂的投入产出关系和其他产业关联关系。

（二）农轻重产业分类法

农轻重产业分类法是以物质生产的不同特点为标准的分类方法。这种分类方法源于苏联，在社会主义国家曾被广泛应用。新中国成立后至改革开放前的相当长的一段时期内，我国曾长期使用它作为制定国民经济发展规划的主要产业分类工具。按照这种分类方法，可以将社会经济活动中的物质生产划分成为农业、轻工业和重工业。

农业：包括种植业、畜牧业、林业、渔业。

轻工业：包括纺织、服装、食品、饮料、印刷、家具、制革等工业部门。

重工业：包括冶炼、钢铁、煤炭、电力、石油、化工、机械等工业部门。

这种分类方法也表现出一定的局限性。首先，它仍然是针对物质生产领域的，没有涵盖非物质生产部门，不利于对产业经济问题进行比较全面系统的研究；其次，随着科学技术的快速发展，传统的农轻重界线越来越模糊，相当多的产业特别是新兴产业难以归类到哪一部门；第三，农轻重分类法也不够细分，一方面很难从深层次揭示农轻重结构变化对经济发展的影响，另一方面也难于对统计结果进行比较，这都给产业经济的分析和研究工作带来了困难。

（三）三次产业分类法

我国的三次产业分类法是根据产业发展的层次和顺序及其与自然界的关系将全部经济活动划分为第一产业、第二产业和第三产业，其定义分别为：

第一产业：农业，包括种植业、畜牧业、林业、渔业、副业。第一产业的劳动对象是自然界的生物体，无论从自然界直接获得动植物（狩猎、捕捞和采集）还是进行人工饲养、栽培出动植物（种植或饲养）都属于第一产业。

第二产业：工业，包括采矿业、制造业、建筑业、运输业、通信业以及煤气、电力等供水部门。对各种材料进行加工、制成各种机械或用品（制造），或用各种材料建成各种建筑物（房屋、道路和桥梁建造），或对生命体进行加工（纺织、皮革、食品加工等）都属于第二产业。

第三产业：除第一产业和第二产业以外的其他所有产业，包括商业、金融、保险业、生活服务业、旅游业、公务业（科学、教育、卫生政府等公共行政事业）以及其他公共事业等。第三产业生产的是服务，而非具体的物品。

三次产业分类法从产业的劳动对象和产品的基本属性出发，对社会经济活动进行了分类，对从宏观上阐明社会的经济结构及其变化发展有着重要的作用，一方面，可以用来衡量一国或地区经济结构合理化和高级化的状态，另一方面可以用来考察产业间的错综复杂的投入产出关系。但是随着科学技术的迅速发展和人类经济活动的日益复杂化，这种分类法的缺陷就越来越明显地暴露出来。首先，有些产业的归类尚存争议。例如，第二产业的采掘业和矿业是直接从自然界获取产品，是直接依赖对自然资源的开发和利用来进行的生产活动，并且在自然资源所在地进行，按理应该归入第一产业；第二产业的煤气、电力、供水等产业归入第二产业或者第三产业似乎均有道理。其次，第三产业的内容过于繁杂，难于科学地总结它们的特点和发展规律为政府制定政策服务。第三产业的不同行业差别悬殊，可以包括最简单的修鞋、衬衫到复杂的航天、科研；也可以包括从技术要求最为简单的劳动密集产业如理发业、餐饮业等，到技术要求最为繁杂的高知识密集型产业如信息业、生物工程等；也可以包括从企业商贸部门到公共行政事业单位和国防部门。这种传统的三次产业分类法已经很难适应当今经济发展的需要。尽管如此，由于它的实用性，三次产业分类法依然具有很强的生命力。

（四）标准产业分类法

标准产业分类必须具备三个特征：其一，权威性，即这种分类应由权威机构编制和颁布；其二，完整性，即这种分类应尽量详尽，无遗漏之处；其三，广泛的适应性，即这种分类应便于进行比较分析。

标准产业分类法是指一国（或一地区）政府为了统一该国（或该地区）产业经济研究的统计和分析口径，以便科学的制定产业政策和对国民经济进行宏观管理，根据该国（或该地区）的实际编制和颁布的划分产业的一种标准。标准产业分类法在划分产业时主要考虑以下三个因素：①社会产品和服务的种类；②生产工艺与技术的相似性；③统计上的需要和方便。

世界上许多国家都有各自的国家标准产业分类法，我国产业分类的国家标准《国家经济分类与代码》把中国全部的国民经济依次划分为16个门类、92个大类、300多个中类和更多的小类。这16个门类如下。

A. 农业、林业、渔业、畜牧业(含 5 个大类)。

B. 采掘业(含 7 个大类)。

C. 制造业(含 30 个大类)。

D. 电气、煤气及水的生产和供应业(含 3 个大类)。

E. 建筑业(含 3 个大类)。

F. 地质勘探业和水利管理业(含 2 个大类)。

G. 交通运输、仓储及邮电通信业(含 9 个大类)。

H. 批发和零售、贸易、餐饮业(含 6 个大类)。

I. 金融、保险业(含 2 个大类)。

J. 房地产业(含 3 个大类)。

K. 社会服务业(含 9 个大类)。

L. 卫生、体育和社会福利业(含 3 大类)。

M. 教育、文化、艺术和广播电影电视业(含 3 个大类)。

N. 科学研究和综合技术服务业(含 2 个大类)。

O. 国家机关、政党机关和社会团体(含 4 个大类)。

P. 其他行业(含 1 个大类)。

(五)生产要素集约分类法

生产要素分类法就是按照劳动、资本、知识等生产要素的比重或对各生产要素的依赖程度对产业进行分类的方法。任何种类的经济活动都要投入一定的生产要素,包括土地、资本、劳动、知识等。由于不同种类的产品其原料构成不同、技术要求不同、特征不同、性能不同,其投入的生产要素的比重也不同。因此,不同产品种类对各种生产要素的依赖程度也不同。根据所需投入生产要素的不同比重和对不同生产要素的不同依赖程度可以将全部生产部门划分为劳动密集型产业、资本密集型产业和知识密集型产业三类。

劳动密集型产业:在生产过程中对劳动的需求依赖程度较大的产业,或者是资本有机构成水平较低,在其生产的产品中劳动尤其是体力劳动所占比重较大的产业。比如,传统种植业、纺织、制革、服装、食品、零售、餐饮业等都属于比较典型的劳动密集型产业。

资本密集型产业:在生产过程中对资本的需求依赖程度较大的产业,或者是资本的有机构成水平较高,在其生产的产品中物化即投人资本量所占比重较大的产业。比如,交通、钢铁、机械、石油化工等基础工业和重化工业都是典型的资本密集型产业。

知识密集型产业:在生产过程中,对知识的依赖程度大,知识含量高及脑力劳动所占比重较大的产业。比如,航天、生物、高分子材料、信息、电子计算机等都属于这种类型的产业。

生产要素集约分类法比较客观地反映了一个国家的经济发展水平,知识密集型产业的比重越大,该国的经济发展水平越高;劳动密集型产业比重越大,该国的经济发展水平越低。

(六)产业地位分类法

以产业在国民经济中的地位和作用的不同为标准,分为基础产业、瓶颈产业、支柱产业、主导产业等类型。这种划分方法又称为产业的功能分类法。

1.基础产业

基础产业是指在产业结构体系中为其他产业的发展提供基本条件并为大多数产业提供服务的产业。基础产业是其他产业赖以发展的基础和前提条件,一般要求先行发展基础产业。基础产业如果得不到先行发展,就会成为整个国民经济进一步发展的制约因素。

2.瓶颈产业

瓶颈产业是指在产业结构体系中,未得到应有发展,已严重制约其他产业和国民经济发展的产业。当基础产业得不到先行的充分发展时,它就可能成为“瓶颈”产业。瓶颈产业的存在,会使产业结构体系的综合产出能力受到较大的限制。如果基础产业未得到先行的充分发展，那么它就可能成为瓶颈产业。因此，优化产业结构，提高产业的综合产出能力，就应该克服产业的瓶颈限制，优先发展瓶颈产业。

3. 支柱产业

支柱产业是指在国民经济体系中占有重要的战略地位，其产业规模在产业结构体系中占有很大份额，并起着支撑作用的产业或产业群。支柱产业具有如下特点。

(1)其产值占经济总产值较大份额，上交财政利税多达10%以上。

(2)其在资源配置、技术装备、社会需求等方面处于相对稳定状态。

(3)是经济历史文化、自然资源、经济运行模式相互融合的产物。

一般来说，支柱产业往往由先导产业发展壮大，达到产业规模后成为该地区的主导产业进而又成为对区域经济起支撑作用的支柱产业。

4. 主导产业

在产业结构体系中，处于主体地位并起着产业发展的引导和支撑作用的产业。主导产业具有很强的关联性，能够带动其他产业一起发展。其特征主要有：

(1)高技术进步率和高增长率。主导产业能够及时、有效地吸收新技术革命和技术创新的成果，具有高于其他产业部门的技术进步率。主导产业的产品技术含量高，技术密集型程度高，在产业体系中，其生产技术居先导地位。与此相对应的，主导产业增长率大大超出国民经济的平均增长率。

(2)产业的综合性和多层次性。主导产业群在为经济发展目标服务时，其中各产业的作用既各有侧重，又互为补充，主要取决于产业部门的特性。产业部门特性的差异及面临问题的多样性，决定了主导产业群的综合性。发展中国家在优化产业结构过程中，要实现产业结构合理化和产业结构高度化的多重目标，因此，处于战略地位的主导产业又呈现出多层次的特点。

此外，相比于其他产业，主导产业还具有高关联性及序列更替性等特征。

（七）产业发展阶段分类法

产业发展阶段分类法是按照产业发展所处的不同阶段进行产业分类的一种方法。这种分类方法主要有以下三种情况。

1. 根据技术的先进程度进行产业分类

根据产业技术先进程度的不同进行产业分类，主要目的是确定技术先进程度在产业发展中的地位和作用。这种分类法有利于研究工业化过程中高新技术产业与传统产业的比例关系和结构演变状态，对于揭示产业结构在工业化过程中的技术演变特征提供了有利条件。

(1)传统产业：产业应用的技术不能代表现代新型技术的发展，这种产业在经济发达国家中增长缓慢，甚至呈现下降的趋势。比如，传统种植业、纺织业、钢铁业、煤炭业、造船业、一般机械制造业等。传统产业在经济发达国家的产业结构体系中存在下降趋势，但在经济落后的发展中国家的产业结构体系中仍然占有非常重要的地位，有些传统产业还是发展中国的支柱产业。

(2)高新技术产业：产业应用在技术上代表了全世界技术高水平的新的发展趋势，在经济发展中增长较快的产业。比如，信息产业、生命工程产业、新能源与可再生能源产业、新材料产业、航空航天产业、海洋开发产业、环境保护产业、咨询服务产业等。

2. 根据产业的发展趋势进行产业分类

其分类的主要目的是把握产业发展变化的趋势，了解影响产业变化的因素，制定相关调整政策控制产业的发展。

(1)幼小产业:在开发初期因生产规模过小、成本过高、技术不成熟而不能享受规模经济的好处并缺乏国际竞争力的产业。有些幼小产业经过一定时期的政府保护,能够安全度过幼年生命危险期而成为前途无量的新兴产业,进而成为一国的先导产业或者是主导产业;也有些幼小产业因为技术、成本、需求、原料方面的缺陷或其他原因,即使经过政府一定时期的保护和扶持也不能安全度过其幼小生命危险期而夭折。

(2)新兴产业:由于科技的发展和生产力水平的提高,出现了已经度过幼年生命危险期的新的细分产业,这些新的细分产业的产品在技术工艺、用途、生产方式、用料或其他方面与原有产业的产品有较大的不同,该产业的产品需求量逐步上升,产业增长率高于国民经济各产业的平均增长率且呈上升趋势,在国民经济和整个产业结构中的地位和作用不断上升。

(3)朝阳产业:朝阳产业是新兴产业的进一步发展,使其进入技术不断成熟、平均成本不断下降、产业规模不断扩大、市场需求不断增加的时期,处在这一发展时期的产业称为朝阳产业。朝阳产业代表市场的新需求,代表产业结构转变的新方向,代表科学技术产业化的新水平,它对产业结构系统的运行和发展起着重要的导向作用。一般来说,高新技术产业、新兴环保产业、第三次产业都属于朝阳产业。

(4)衰退产业:是指由于技术逐渐老化、需求逐渐萎缩、平均成本不断上升引起规模收益逐渐下降、产业规模逐渐缩小的产业。在整个国民经济和整个产业结构中的地位和作用不断下降的产业。随着科技的发展和产业结构的不断升级,产业地位也在不断地发生变化,这类产业往往是由于过了朝阳产业期的产业发展而来的,继续衰退下去就成为夕阳产业,最后成为淘汰产业。

(5)夕阳产业:衰退产业不断继续衰退下去,得不到政府的有关支持,也没有某项技术的重大突破来改变原有的技术条件而将退出市场的产业或产业群。夕阳产业也可以在出现重大技术突破的条件下重新焕发青春，进入另一产业生命周期。否则，政府往往会采取产业转移政策，将此类产业转移到更有成本等竞争优势的产业中去，或在适当时期引导该产业的人、财、物等资源向其他产业转移。

(6)淘汰产业：产业发展到一定时期，由于技术老化、需求萎缩、成本上升、长期亏损而不能适应市场的需要而退出市场的产业。

3.根据产品供求情况进行产业分类

其主要目的是为了把握和了解产业的供求状况，了解产业规模与市场需求的关系，制定正确的产业政策，进行产业结构调整，使产业趋于合理。

(1)长线产业：生产规模较大，产品已经满足市场需求甚至过剩的产业。长线产业一般是由重复投资、重复生产形成的，它会造成投资的重大浪费。在产业结构调整和升级的过程中，要压缩、限制长线产业的发展。

(2)短线产业：生产规模较小，产品规模不能满足市场需求的产业。短线产业可能是“瓶颈”产业，在产业结构调整和升级的过程中，主要支持短线产业的发展。

第三节　产业生命周期理论与产业发展

一、产业生命周期理论

(一)生命周期理论

对于单个产业的产生、成长和进化过程，可以用产业发展的生命周期理论来描述。和其他事物一样，每个产业都有一个产生、发展和衰退的过程，即具有自己的生命周期。对某单个产业而言，从本质上看，是一些具有某种相同生产技术或产品特性的企业的集合。因此，该产业存在的基础是这些企业及其产品。而企业，尤其是产品，是有生命周期的，一般可划分为四个阶段，即投入期、成长期、成熟期和衰退期。在产品的整个生命周期中，其销售额和利润额的变化表现为倒 U 形曲线。

既然某一产业是以其具有代表性的产品为基础的，所以可以借用产品生命周期的阶段划分方法，同样把一个产业周期也划分为四个阶段，即形成期、成长期、成熟期与衰退期。但是，由于一个产业的产出往往由多种相似的产品所组成，很难用某一产品的生命周期来代表整个产业的生命周期，这就造成了两者之间的差异，主要表现在以下几个方面。

第一，产业生命周期曲线的形状更为平缓和漫长。这是因为一个产业往往集中了众多相似的产品，因此，从某种意义上说，其生命周期是所有这些众多相似产品各自生命周期的叠加，故反映其生命周期变化的曲线比单个产品的生命周期曲线会显得更加平缓，长度更长。

第二，产业的生命周期具有明显的“衰而不亡”的特征。一个产业进入衰退期，意味着该产业在整个产业系统中的比重将不断下降。但世界各国产业结构演进的历史都表明，进入衰退期的产业占原有产业的比重必然会下降，但对该产业产品的市场需求不会完全消失。因此，大多数产业都表现为“衰而不亡”，真正“死亡”或“消失”的产业并不多见。

第三，产业生命周期曲线往往会产生突变，“起死回生”，进入下一个发展周期。有些产业虽已进入了衰退期，但由于技术进步或市场需求变化等原因，往往会重新焕发“青春”，再次显示出成长期甚至成熟期的一些特征。因此，有的经济学家认为，只有“夕阳技术”，没有“夕阳产业”。

划分产业生命周期的不同阶段，主要是按照该产业在全部产业中所占比重的大小及其增长速度的变化而进行的。在产业的形成阶段，由于不同产业代表产品的市场需求状况的不同或其他原因，有的产业在形成期发展的较快（斜率变化大，曲线上升很快），有的却发展得十分缓慢（斜率变化不大，曲线上升平缓）。因此，该阶段的产业生命周期曲线对不同的产业而言会呈现出不同的形状。但总体而言，这时期该产业在整个产业中所占的比重还很小。当某产业的产出在整个产业系统中的比重迅速增加，并且该产业在促进产业结构变动中的作用也日益扩大时，就可认为该产业已渡过了形成期而进入成长期阶段。处于成长期阶段的产业的一个主要特征是该产业的发展速度大大超过了整个产业系统的平均发展速度，其技术进步迅猛而且日趋成熟，市场需求容量也迅速扩张。在生命周期曲线上表现为斜率较大，上升较快。当某产业经过成长期的迅速增长阶段，由于一方面其产出的市场容量已渐趋饱和与稳定；另一方面，该产业对产业结构变动所起的作用也基本上得到了发挥，它发展的速度必将放慢。这就标志着该产业从成长期步入了成熟期，这时的生命周期曲线表现为斜率很小，变化平缓。这时期与其他阶段相比，该产业在整个产业中所占的比重最大。当技术进步向市场推出了在经济上可替代此产业的新产业时，该产业占整个产业的比重就会下降，发展速度开始变为负数，表明该产业已进入衰退期。这时的生命周期曲线具有不断下降的趋势，并且其斜率一般也为负数。

（二）不同生命周期的产业

如下从产业发展的生命周期理论的角度出发，探讨主导产业（或新兴产业）、支柱产业及“夕阳”产业（或衰退产业）。

1. 主导产业（新兴产业）

从产业发展生命周期的角度，我们可以把主导产业看作是正处于成长期阶段的产业。其特点是发展速度很快，增长率很高，并对整个产业结构的变动起到关键的作用。主导产业之所以能够打破原来相对平衡的产业结构，是因为它创造并满足新的社会需求。一般而言，主导产业往往代表市场上产生的新需求，代表产业结构转换的新方向，以及代表现代科学技术产业化的新水平。因此，主导产业对整个产业结构系统的运行和发展起着重要的导向作用，因而又可称之为“先导产业”。

2. 支柱产业

从产业发展生命周期的角度，也可以把支柱产业看作是正处于成熟期阶段的产业。因为一个产业只有到了成熟期，社会对它的需求或其市场占有份额才有可能达到最大，才能拥有较为长期和稳定的产出与收入。但是，这并不意味着所有处于成熟期的产业都是支柱产业，成熟期的产业能否成为支柱产业还应看它是否具备以下条件：其产出或收入在整个产业系统中所占的比重比较大，对其他产业发展的影响也较大，而且维系整个国民经济的增长。当然，支柱产业的地位也不是一成不变的。随着产业结构的演进，有的主导产业逐渐进入了成熟期，成为新的支柱产业，而原来的支柱产业则会渐渐步入衰退期而失去其“支柱”的地位。例如，从世界产业结构演进的历史来看，在不少国家，纺织工业、钢铁工业都曾充当过支柱产业的角色；随着这些国家经济的发展，它们也都先后从支柱产业的地位上退下来。

3.“夕阳”产业（衰退产业）

从产业发展生命周期的角度分析，可以把处于衰退期的产业称为“夕阳”产业。特点是其市场需求逐渐萎缩，发展速度开始变为负数，并在整个产业结构中的地位和作用持续下降。发达国家对“夕阳”产业一般采取两种措施：一是进行产业转移，将其转移到广大发展中国家去，通过开辟新市场使其重新焕发生机；二是对其进行高新技术改造，通过提升其技术含量来创造新的需求，再次走向发展。

二、产业发展

（一）当今世界产业发展的趋势

1. 产业集聚化

产业集聚化是产业呈现区域集聚发展的态势，就是指在一个适当大的区域范围内，生产某种产品的若干个同类企业，为这些企业配套的上下游企业，以及相关的服务业，高密度地聚集在一起，形成产业集群。产业基地、开发区和各类工业园区是产业集群的表现形式，是各级政府经上级政府（中央、省、市）的批准，专门划出一块特定的区域，通过一定的政策引导和资金投入，创造出优于其他区域的投资环境，实现以产业集聚和企业集群为目标的特殊空间。

产业集群的崛起是产业发展适应经济全球化和竞争日益激烈的新趋势，是为创造竞争优势而形成的一种产业空间组织形式，它具有群体竞争优势和集聚发展的规模效益是其他形式难以相比的。近几年产业集群化的趋势已引起我国政府和产业界的关注，各地都涌现出一批产业集群，有政府规划扶持的各种工业园区，如上海早在1996年规划启动的漕泾化学工业园区，已吸引了国际上著名的跨国公司前来投资。

2. 产业融合化

日本学者植草益从产业融合的原因和结果来解释产业融合化的内涵，他认为产业融合化就是通过技术革新和放宽限制来降低行业间的壁垒，加强行业企业间的竞争合作关系。也有学者对产业融合化的定义为：不同产业或同一产业内的不同行业相互渗透、相互交叉，最终融为一体，逐步形成新产业的动态发展过程。

产业融合的分类：一是高新技术的渗透融合，即高新技术及其相关产业，向其他产业渗透、融合并形成新的产业；二是产业间的延伸融合，即通过产业间的功能互补和延伸实现产业融合，这类融合通过赋予原有产业新的附加功能和更强的竞争力，形成融合型的产业新体系；三是产业内部的重组融合，即发生在各个产业内部的重组和整合过程中，例如，工业、农业、服务业内部相关联的产业通过融合提高竞争力，适应市场新需求。

3. 产业生态化

产业生态化是一种"促进与自然的协调与和谐"的产业发展模式，它要求以"减量化、再利用、再循环"为社会经济活动的行为准则，运用生态学规律把经济活动组织成一个"资源—产品—再生资源"的反馈式流程，实现"低开采、高利用、低排放"，以最大限度利用进入系统的物质和能量，提高资源利用率，最大限度地减少污染物排放，提升经济运行质量和效益。

产业生态化的目标：在促进自然界良性循环的前提下，合理开发利用区域生态系统的环境和资源，充分发挥物质的最大生产潜力，防止环境污染，达到生态经济的协调发展。即把一个产业、一个行业或整个企业看作一个系统，应用生态系统中物种共生、物质循环再生的原理，利用现代科技和系统工程的方法，通过一系列工艺链与生态链的连接组合，采用系统工程的最优化方法，设计出多层次利用物质的生产工艺系统，设计和建立物质转化和能量循环的区域企业集群和产业集群。

（二）我国的经济发展趋势及其对产业发展的影响

未来我国经济发展必将沿着市场化、城市化、全球化和知识化四个主要发展趋势演进。这些不可逆转的经济发展趋势对我国今后的产业发展必将产生重大而深刻的影响。研究并探讨市场化、城市化、全球化和知识化发展趋势及其对产业发展的影响，有助于推动我国产业的进一步发展。

1. 市场化趋势及其影响

我国经济发展的实践表明，推动我国产业发展和工业加速增长的主要因素之一是市场机制的引入和不断强化。经济体制改革、产业组织变迁和政府经济政策的调整，已经成为我国解放社会生产力、推动经济发展的根本动力。因此，不断推进经济的市场化，是现阶段乃至今后很长一段历史时期我国经济发展的一个重要趋势。

2. 城市化趋势及其影响

在我国20年的工业化高速发展过程中，城市化发展一直相对滞后。城市化水平滞后带来了一系列矛盾和问题，阻碍了我国的经济和社会发展：人口结构和资源占用结构不合理；就业结构与产值结构不对称；限制了第三产业的发展。

我国城市化的任务是有计划地塑造大中小城市并举、以中小城市为主的城市群体网络，引导形成具有专业化分工的城市功能系统，使大量农业剩余劳动力及其派生的非农产业群，由农村逐步转移到城市。

城市化趋势对产业发展和结构调整的影响主要体现在以下两个方面：一是通过农业剩余劳动力的逐步转移，提高农业的边际劳动生产力，实现农产品的规模经济，使城市与农村的分配关系趋于合理；二是通过来自流动性的效应及城市集约效应的实现，降低工业和相关产业的劳动成本，提高非农产业的劳动生产率，进而增加国民经济在生产可能性曲线之内的总产出水平。

3. 全球化趋势及其影响

经济全球化至少有以下三个方面的特征：一是资源配置国际化。服务国际化是经济全球化的核心，它促进创新、服务与资本市场的国际一体化，使资源在整个世界的范围内得以有效配置。二是跨国公司全球扩张。跨国公司的生产、管理、科研、融资、销售以及售后服务等，都向本地化发展，致使市场和竞争也趋向全球化。三是经济全球化带来新的国际分工。即劳动和资源密集型产业向发展中国家转移，少数发达国家实现技术和资本密集型的产业升级。

目前，我国产业发展的水平低、适应经济全球化的能力差，主要表现在以下几个方面：技术产业，特别是信息产业的发展不能适应经济全球化的要求；国际竞争力处于中等偏下水平；人口素质低使知识经济的发展受阻，将对我国未来适应经济全球化产生深刻影响；创造良好的投资环境以吸引更多的外资尚需进一步努力。

4.知识化趋势及其影响

经济知识化趋势主要表现在以下几个方面：知识成为创造财富的资本；知识密集型的高新技术产业成为新的经济增长点；技术密集、智力密集产业的就业比重显著上升；知识消费的需求势头迅速上升。总之，社会生产、分配和消费方式的结构性变迁，意味着以知识为基础的产业正在上升为社会的主导产业，预示着一个新的经济时代——知识经济时代的到来。

经济知识化趋势对我国产业的进一步发展将会产生极其重要而深刻的影响。一方面，随着知识经济的日益逼近，我国与发达国家的差距可能会被进一步拉大，经济发展将面临更为严峻的挑战。另一方面，知识经济的发展和知识产业的兴起又给我国带来了千载难逢的经济发展机遇。

第二章　产业组织理论研究

产业组织理论源自于微观经济学之中，兴盛于19世纪，并随着时代的发展而不断发展，是产业经济理论之中最为重要的一个组成部分。在当代，随着经济理论研究的不断成熟，产业组织理论也在不断成熟与进步，并在经济与社会发展中发挥着重要的作用。

第一节　产业组织的理论类型与发展历程

产业组织理论之中，新古典经济学独占鳌头。从过去上百年的发展过程来看，新古典经济学及其所围绕的争论始终都是产业组织理论讨论的核心。从其争论来看，关于新古典经济学的争论核心是市场—结构—绩效的范式。围绕这一范式，许多学者做出了重要的探讨，形成了一系列的相关理论。

一、新古典经济学企业理论

（一）企业的目标——利润最大化

从亚当·斯密的著作开始，竞争均衡范式就一直是经济学体系中的主要代表。根据这个范式：

·在所有市场中，供给和需求是相等的。

·这种均衡是通过价格调整达到的。

·个体主要对价格信号做出反应。企业(或其所有者、经理人)将要素投入价格视为给定的。

企业行为的目标被设定成了利润最大化。企业是一个抽象事物,是一个理想的商业形式,它的存在可以简单地用创造利润这个纯粹的经济动机来解释。一般来说,利润是在给定的市场上以给定的价格通过制造商品或提供服务满足需要而获得的。企业的法律特征和组织特征是不重要的,指导它运作的唯一目标是对利润最大化(或者成本最小化)的渴望。

它被描述成一个展现投入和产出之间关系的简单静态函数,只要投入价格在投入市场或者要素市场上是已知的,成本就可以从生产函数中推导出来。收入可以从需求表中推导出来。需求表显示了消费者愿意以不同单价购买产品的数量。支付的实际价格乘以购买的数量就是企业的收入。企业生产的数量就是利润最大化的产出水平。在边际理论的推动下,企业的产量可以被确定为最后一单位的产品不再增加利润为极限。

(二)利润最大化的障碍

1. 边际成本并非是企业的决策标准

"边际收益"和"平均收益"的精确边界是难以判断的,并且对所面对的需求曲线的本质提出了质疑。有研究者指出企业目标不是根据MC等于MR实现利润最大化;相反,他们在应用一种"全成本"的原则。这个原则通常是指以每单位的"直接"成本为基础,再加上一般管理费用(或"间接"成本)和传统的利润附加(通常是10%)。被采访者指出,"全成本"原则使企业制定了"正确的"价格或"应该收取"的价格。如果达到的利润最大化是应用"全成本"原则的结果,那它仅仅是"偶然"的。

也有人质疑这一方面的研究。企业所能接受的利润并不是固定的,传统的利润附加未必就是确定的。在缺乏信息的前提下,利润最大化可能是偶然的,但是那些直觉敏锐或能做出最佳猜测的决策者，即产业中的成功企业管理人员会做出最接近 MC 的决策。那些没有接近这个利润水平的企业很可能会离开产业。即使新古典的利润最大化原则不是企业决策者有意识遵从的规范，维护正统经济学的学者仍然认为它是解释现存企业行为的最好方法。

2.信息是不完全的

在新古典范式中，利润最大化是根据完全知道的成本和需求进行的。因为市场的性质是透明的，并且企业达到的均衡是现期所定义的各种变量相互作用的结果，所以这个理论中没有提及不完全信息和由此带来的不确定性。企业在无时间限制的环境中运营，未来是被忽略的。

当在企业的分析中纳入时间要素时，策略结果就具有了不确定性。决策者不知道利率和汇率在下个时期如何变化，需求是否会变化或者将发生怎样的变化，或者原材料的价格会有多稳定。然而，企业可通过观察未来利润流的决定因素来改进利润最大化的静态概念和降低不确定性。

每一个项目和策略必须根据事件的组合确定。各项目利润的净现值可能由于时间范围、贴现率、成本和收益的不同而不同。使事情更为复杂的是，这些变量的未来预测值具有不同程度的不确定性。因此，可能有着多种影响利润的要素，任何一种特定的行动或者策略都可能以不同的概率具有不同的结果。

3.企业组织的复杂性

现代企业的复杂结构和庞大组织构成了反对将其视为利润最大化实体的另一个理由。大多数产品和服务发生在由多个部门构成、多产品运作的商业组织内部，这些部门包括研发、生产、广告、销售和会计财务部门。随着企业逐渐壮大，活动变得越来越分散，所以保证信息的迅速交流和准确传递变得越来越难。和利润最大化一致的决定可能更难执行，官僚习气可能上涨。另外，活动的分离可能使不同目标互相冲突。至少有两个引起这种利益冲突的主要原因：第一个是技术方面的原因；第二个是文化或心理方面的原因。

技术方面的原因源自于企业各部门高效运作的产品数量差异。我们拿一个生产自己的软件指南的大型软件企业举个例子。由于印刷技术的约束，假定要使印刷指南的成本最小，任何一次印刷都不能少于10000本。销售部门可能要求印刷部门每次仅运输1000本指南。企业决策者可以求助于各种方法来决定如何解决这个问题，比如在生产成本中加入指南的存储成本。然而，有一个来自于印刷技术本身的利益冲突，这是个需要解决的冲突。

文化和心理方面的原因来自于已经形成的习惯、不同学科的培训、教育和经历。比如，在一个给定的药品公司，研发部门的科学家们可能确信他们将在一种新药的研究上做出突破。会计部门可能已经不准备增加该特殊项目的经费。研发部门需要更多可供利用的经费，但会计部门拒绝了。研发部门的科学家乐观地认识了突破的可能性；会计部门则认为自己的职责是在计划的范围内控制成本和限制费用。

当出现此类冲突时，通过由较高一级经理做决定可能会解决此类冲突。但是较高一级的经理可能得到的是被冲突各方利益所扭曲的消息。任何一方都希望处理的结果是对自己有利的，所以会尝试以一种能达到目的的方式展现这个问题。另外管理者本身可能和其中一方联系比较紧密。有会计背景的经理可能倾向于控制成本的决定，而有工程学、生产或者技术背景的经理会比较喜欢改善工序和产品的决定。

另一个片面的反对观点是：如果将企业的价值考虑为它所有未来收益和它所有未来成本差异的净现值，那么它可以用来估计决策在不同功能区域的影响。在软件公司的那个例子中，是否通过购买更大型的机器来提高人工印刷效率的决策需要分析其总体上对企业价值的影响。虽然印刷部门可能降低其印刷成本，但销售部门却可能增加其储藏成本。

企业不同部门的各种决策可以根据其企业价值由净现值公式表示的影响来评估。所以,价值最大化模型可以用于描述跨商业功能区域管理决策的整体性质。

尽管规模的扩大和企业复杂性的增加促使他们找到测量成本和评价整合不同功能决策的更多方法,但这并不排除企业内利益冲突的可能性。只要以上问题存在,就会刺激错误信息的产生。

企业内的差异、企业间的差异、产业间的差异、社会间的差异,所有这些都增加了利润最大化理论的难度:企业内的差异造成困难是由于它们产生了企业内部的各自利益;那些企业间的差异造成困难是因为这意味着可能有不同类型的利润最大化行为。

(三)弥补的手段——经理理论和委托代理理论

1. 经理理论

为了回答企业复杂性的问题,新古典理论发展出了经理理论。新古典经济学家认为,经理的目标和企业所有者的目标可能不一样,但是通过特定的措施能够将经理和企业绑在一起。

一种经理理论认为,雇用的经理可能更追求销售额或者收入最大化,而不是利润最大化,其原因包括以下几个方面。

· 如果销售额停止了增长,这往往等同于降低市场份额和市场力量,结果会容易受到竞争对手行动的打击。

· 当提及他/她的企业运营方式时,一个行政官员通常会根据企业的销售额水平做出回答。

· 金融市场和零售商对销售额上升的企业更加敏感。

这一模型试图调和利润最大化与销售额(即它的总收入)最大化之间的冲突。假定企业在最小利润的约束下最大化其销售收入。图 2-1 描绘了企业的销售收入(TR)总成本(TC)和总利润(Π)。产量 q_p 代表利润最大化企业生产的产出,而产量 q_r 代表了收入最大化企业生产的产出。

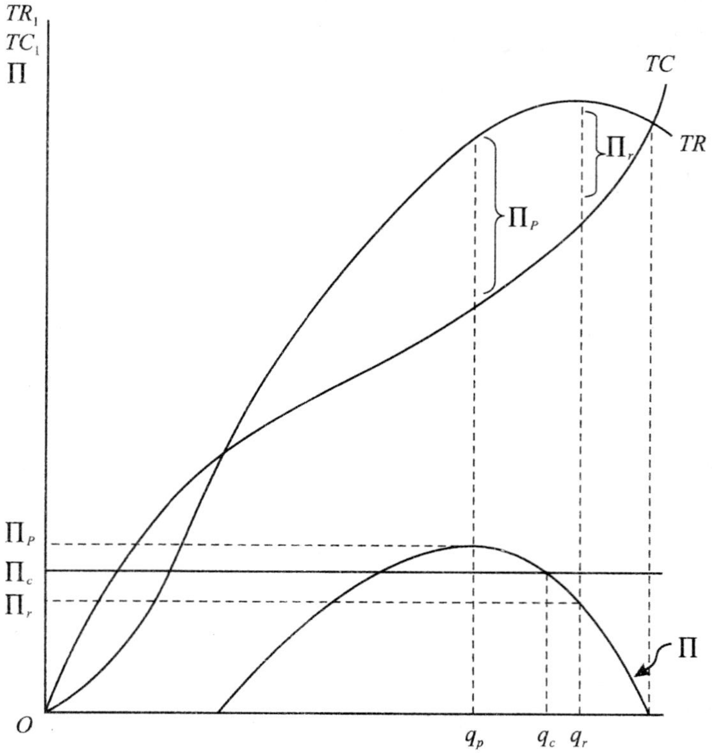

图 2-1　收益最大化

收入最大化的产出水平是在边际收入等于零时的水平，此时需求弹性是不变的。q_r 是收入最大化企业在最小利润 Π_c 的约束下的产出。最大可能的利润水平和最小约束利润之间的差（即 Π_p 和 Π_c 之间的差）是“可以牺牲的”。根据他的观点，这些利润会被企业主动放弃，目的在于增加销售收入。如果牺牲的利润太显著，他们就会吸引同一市场中的其他企业采取行动并且会实施接管威胁。这就是为什么这种牺牲“会悄然进行并且仅以看起来不像牺牲的方式进行”。在任何情况下，利润最大化的产出通常会低于收入最大化产出。利润约束下的收入最大化产出可能大于也可能小于收入最大化产出。如果 $q_c < q_r$，那么企业就会生产 q_c。如果 $q_c > q_r$，那么企业就会生产 q_r。鲍莫尔认为无约束的均衡位置在现实中永远也不会出现。

还有一种经理理论可以用图 2-2 来表示。在图 2-2 所示的模型中，经理控制将会导致以增长作为企业目标，并说明了与金融市场相比，股东在这样的企业里是不太重要的约束。增长是动态的，经理的目标是效用最大化而非利润最大化。经理实现效用最大化的方式是通过增长而非销售达到。

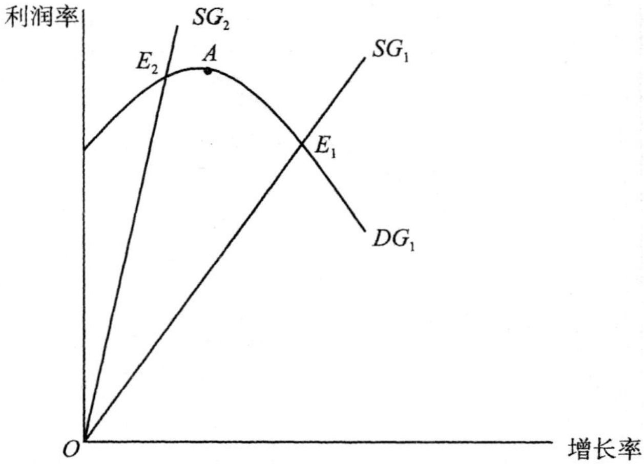

图 2-2　增长最大化

这个模型之中有两条最为简单的曲线，一条是供给增长曲线（SG_1），一条是需求增长曲线（DG_1）。两条轴分别表示利润率和增长率，该增长率是通过新产品的多样化产生的，而不是由产出扩张产生的。给定管理人员对增长和职位安全的态度，供给增长是从每个利润率所能产生的最大供给增长。供给增长和利润有直接、稳定的联系，因为高利润既能促进从留存盈利中拿出更多的资金进行投资，又有利于资本市场上筹集更多的资金。与需求增长和利润的关系不同，供给增长和利润之间的正向关系在低和高的利润水平（与增长水平）上都可能存在。

需求增长曲线显示了与每个需求增长对应的最大利润率。就需求增长而言，增长决定利润，而不是利润决定增长（在供给增长中就是这样）。增长意味着新产品的多样化，由于企业最早推出的新产品最有利可图，因此，当企业增长处于低水平时其利润会增加。随着越来越多新产品的推出(也就是说随着增长率的提高)，更多的资金不得不投入其他产品的研发和新产品的销售广告上。另外，由于产品的数量越来越多，管理越来越复杂，其他成本自然会增加。所以，在某个点上(图 2-2 中的 4 点)，进一步的增长会导致利润率的下降。

需求的增长存在着唯一的利润均衡点。需求增长的速度将会等于企业设备供给满足这种需求的产品数量和范围的速度。这会出现在两条曲线的交叉点上，即图 2-2 中的 E 点。管理人员会选择使企业处于(在特定约束下)增长率最大化的 E_1 点，而不是利润最大化的 A 点。

为了详细说明这些约束条件的性质，模型引进了可能存在的其他供给曲线的可能性。打个比方，假定管理者已经选择了一个相当低的利润份额用于再投资，而不是按照 SG_1 内在的保留比率进行投资。这可能会导致一个相当陡峭的供给增长曲线，称为 SG_2。沿着 SG_2，每个利润率会导致一个比 SG_1 情况低得多的增长水平，并且均衡点是 E_2 点，其增长率要低于 E_1 点。

2. 委托代理理论

最简单的委托代理理论研究这样一种情况，有两个参与人：一个是委托人，他通常是一项资产的所有者，还有一个代表委托人做决定的代理人，他的决定影响资产的价值。将该理论应用到企业中，通常把企业的所有者看成是委托人，把经理看成是代理人。但是委托人也可能是经理，被其任命的代表他处理某些事务的雇员可能是代理人。在这种情况下，代理人的决定可能提高或减少的资产就是经理的声誉。

委托代理理论主要关注所有权和控制权之间的关系，从这个角度上讲它可以被视为源自于经理理论传统。由于委托代理理论关注委托代理关系的契约方面，并且经常运用博弈论的方法，因此该理论可以被视为一个经理理论分支的新产业组织观点。

和新古典理论一样，委托代理理论将企业视为一个有生产功能的法人实体，企业与外部人（包括供给商消费者）和内部人（包括所有者和管理者）签订契约。尽管在委托人和代理人之间存在信息不对称，但和交易成本理论（通常假定有限理性）不同，它通常假定无限理性。在委托人和代理人设计契约的背景下，无限理性是指设计契约的人具有把所有可能的相关未来事件考虑在内的能力。委托人可能知道很多代理人不知道的事情（如关于企业的前景），并且反之亦然（代理人所承担的义务可能要比他使委托人相信的少），但是如果双方的义务可以在契约中详细说明，考虑到来自于私人信息的可能性，即使是信息不对称仍然存在着无限理性。

与新古典理论家不同的是代理理论家关注所有者和管理者处理不对称信息、绩效的测量和激励的问题。委托代理理论和交易成本理论之间最主要的区别在于前者关注契约而后者关注交易。委托代理理论的问题是如何制定一份契约，从而使得在经理和股东存在利益分歧的情况下，经理（代理人）依然会努力提升股东（委托人）的利益。问题就是“是否存在某种代理人（经理）报酬计划，从而对任意一组代理人和委托人的效用函数都产生帕累托有效结果”。

代理人的目标和委托人的不一样，并且委托人也不能轻易指出代理人在多大程度上偏离委托人的利益按照利己的方式行动，所以道德风险的问题就出现了。这个问题源自于保险业，是指参加保险的人可能会改变其行为，从而导致对保险公司的索赔额要高于其行为与参保前一致时的索赔额。此外，承保人可能了解这种行为上的变化，并且这可能不是欺骗性的行为。在委托人和代理人的关系背景下，道德风险是指这样一种可能性，即一旦有了契约，代理人的行为可能与他们之间没有契约时的行为不同。另外，判断这种行为是否与契约条款一致是很困难的。

通过制定诸如经理薪水等于其边际产品的预期价值这样的条件，委托代理理论已经尝试着以激励经理按照股东利益行动为基础设计契约。然而,管理工作中团队要素的重要性推翻了经理边际产品的概念。

委托代理理论更关心偷懒的含义,即团队中的一个代理人努力程度的降低。结果可能是产出轻微下降,但是通常找不出原因。偷懒的经理知道其努力程度的降低是无法察觉的。偷懒是一种来自于雇佣合同的道德风险。在合同的设计中,委托人怎样才能防止偷懒和其他不良行为是委托—代理理论中的关键问题。

有很多控制道德风险的方法。这些方法不用计算各经理的边际产品价值,而是支付给经理工资加上基于企业绩效的奖金。这里的问题是如果休闲的效用因经理而异,那么,有些人为了企业长期价值最大化会工作得多一些,而有的会少一些[另一方面,当文化同质时(比如日本),工资加奖金的体系似乎是有效的]。委托—代理理论家解决雇用合同问题的其他建议包括:建立有效的单个经理(或管理团队)绩效的监督方法;提供只根据结果奖励代理人的激励合同;保证金(代理人承诺,如果发现其有不当行为,他会付给委托人一笔钱);强制性的退休金。最后一项如同一种合同,该合同使雇员因为害怕被解雇从而损失退休金而阻止其不当行为。

应该强调的是,只要经理想要保住其职位,三个市场(公司控制权市场,管理劳动市场和公司产品市场)就可以控制道德风险。以公司控制权市场为例,“许多评论家已经将恶意收购看成对道德风险的矫正回应”。据称,收购者打算替换掉为追求自身利益而牺牲股东利益的“顽固经理”。

对于委托人和代理人之间的利益冲突问题,最明显的解决方法是委托人成为其自己的代理人。当存在着团队生产时,如果监督者的存在能够减少偷懒(通过支付给其足够工资的方式),那么,监督者也可以是企业的所有者。如果监督者不是所有者,那就需要对其进行监督以保证其不偷懒。由此得到这样一个结论,由一个所有者和一群作为一个团队为其工作的员工构成的企业，其存在是监督团队生产的需要，是监督者成为所有者并拥有其权力的需要（比如，辞退偷懒者的权力、根据其对团队成员生产效率的看法为他们支付工资的权力、保留剩余和出售企业的权力）。

二、利益相关者理论

利益相关者理论在某种程度上类似于行为理论，它也是关注所有企业参与者的利益以及如何最好地实现这些利益的问题。不同于行为理论的是，它没有明确采用像有限理性和满意这样的概念。该理论的许多观点与其说与经济学有关，还不如说与政治、辩论法、伦理学有关。利益相关者理论认为，企业关注于所有利益相关者的利益会比仅仅关注股东的利益运转得更好。利益相关者包括所有在企业工作的人（内部人）和其他一些人，如供应商、顾客、债权人、股东、政府和当地居民（外部人），这些人都在某种程度上受到企业行为的影响。

·利益相关者把自己看作企业团队的一部分。与传统情况相比，他们与企业更紧密的联系使其从企业绩效中获得了更多个人利益。所以，他们会更加努力以取得更好的绩效。

·作为团队的一部分，利益相关者不愿意令团队其他成员失望。对团队的忠诚使他们不会逃避自己的任何责任。

·合作行为会提高企业的绩效。借鉴行为理论，由于这里存在更多的共识，并且也更少需要为了达到另一团体的目标而补偿一个团体，所以管理松懈是没有必要的。

·在利益相关者企业中，参与者之间更易产生信任。信任的程度越高，机会主义的行为就越少，利用契约中漏洞的情况就会越少。机会主义的成本很高，对它的排除和减少可能是利益相关者企业的另一个优势。

·努力达到股东目标以外的目标会导致更少的短期主义。

检验利益相关者企业是否确实比股东企业运作得更好的困

难之一是概念界定问题。到底什么是利益相关者？莫斯坎瑞斯(Moschandreas)指出，所有企业都“考虑所有相关者的利益”。然而，股东企业只是把它作为达到最终目标的手段，最终目标是利润与股东利益最大化。这种目标是受约束的利益最大化，这些约束包括其他利益相关者的利益。另外，利益相关者企业的目标是提高所有利益相关者的利益。然而，莫斯坎瑞斯认为各相关利益相关者对于到底怎样达到这个目标无法达成共识。利益相关者企业有一个增加值最大化的总目标。对利益相关者企业的评价应基于公司的目标，即为社会创造财富。

莫斯坎瑞斯强调的不是增值或创造财富，而是强调“利益相关者会通过‘广泛的’和有社会效率的行为带来竞争优势的提高……利益相关者的目标必须以创造剩余及其在利益相关者间的分配来表述”。这就产生了剩余最大化和在利益相关者间公平分配的短期目标，以及稳定性和企业生存的长期目标。

德透匝斯等(Dertouzas et al.，1989)发现：“个人之间、企业内的群体之间、企业与供应商或顾客间、同一产业的企业间、企业与政府间缺乏合作”是企业失败的关键因素。相反，现实中最好的企业往往有较高程度的合作。阿普尔亚德(Appleyard，2001)提供了更深层次的间接证据。她通过理论和案例表明，购买者和供应商之间的紧密合作对于购买者成功运用供应商提供的设备是很重要的。

假设合作和利益相关具有优势，问题是，它们是否可由市场引入。这里我们介绍三种不同的观点。第一，弗里曼和菲利普斯(Freeman and Phillips)对于利益相关持自由主义观点，尽管这种观点支持利益相关，但反对为支持利益相关而进行政府规制。第二，阿尔马占等(Almazan et al.)提供了反对利益相关及其相关透明度的证据，其研究为支持规制的观点提供了基础。他们通过使用一个有事实证据支持的理论模型，证明了与利益相关同在的透明性减少了企业价值。而且这种透明度的负面结果是，促使“企业和利益相关者进行特定关系投资”的激励减少了。他们会更倾向于保守的资本结构。第三，在与日俱增的全球化以及随之发生的利益相关者集团的离散和分裂的背景下，企业不太可能自发采取利益相关者这种形式。莫斯坎瑞斯认为，就像莫尔特比和威尔金森(Maltby and Wilkinson，1998)所说的，“政府应该创立促进有社会责任感行为的机制”。

三、交易成本理论

利益相关者理论强调企业要提高利益相关者的利益，交易成本理论则强调企业应使交易成本最小化。为了解释交易成本，这里引入产权的概念。对商品或服务的所有权(产权)必须在其市场建立前确定。例如，在一个空气相对清洁的世界里，对可呼吸空气的产权是不能被确立的，并且这种商品的市场是不存在的。交易成本“是那些在实施产权、确定交易商和实际的交易过程中发生的成本”，如果一件商品的产权不能确立，那么交易成本理论就是不适用的。这个限定在商品转手的合同中尤其适用。在其他合同中，如一个企业转包给另一企业执行一些操作或提供服务，可能就会不断需要保证合同条款的履行。更加完备的交易成本不仅包括搜集信息成本、谈判成本、计量和履行成本，还包括监督和强制成本。

(一)科斯的交易成本理论

纳入交易成本理论的研究已经应用于许多领域，如日本汽车业转包合同中的风险吸收问题、东欧后共产主义时期的制度改革问题，以及在考虑到研发成果低适用性的前提下设计鼓励研发政策的问题。交易成本理论对于竞争法的形成和运用也有巨大潜在影响。

起初它仅仅是少数人关注的产业组织领域，科斯的研究提升了其学科地位。在1991年诺贝尔经济学奖得主的演讲题目中，科斯把这项研究称为“生产的制度结构”。在这次演讲中，科斯指责了在一些企业理论家中仍在延续的一种趋势，即忽略了“经济系统的效率在很大程度上依赖于这些企业是如何处理其事务的”这个事实。他甚至更惊讶于“对市场的忽略或尤其是对调节交换过程的制度安排的忽略”。然而，他很高兴地承认，制度因素正开始被引入主流经济学中。

在个人交易很困难、无效率或很昂贵的情况下，某种组织就会以比他们进行市场交易更低的成本协调他们，所以企业出现了交易成本以进行这种调节，因而从某种意义上说，企业通过内部化避免了那些交易。一般而言，“如果市场交易的成本大于交易所带来的收益，交易就不会发生，由专业化带来的大规模生产也就不会实现”。

（二）威廉姆森的交易成本理论

威廉姆森的经济组织研究集中于有限理性、机会主义和资产专用性。有限理性是指解决复杂问题的不完善能力。如在国际象棋比赛中，每个选手的信息量都和其他选手一样（信息对称），但是有这么多的可能性，即使是一个非常优秀的选手也可能无法做出完全理性的决定。当处理可用信息的能力是不完善的时候即为有限理性，或有关当前与未来事件的信息本身是不完善的时候（即不确定性）也存在有限理性。机会主义是指当存在有限理性时，人们会如何回应冲突。如果他们以自我利益为出发点，如寻找合同中的漏洞，那么这就是机会主义行为。如果存在无限理性，那么潜在的机会主义行为就会被人所知而被避免。资产专用性是指涉及大额投资并且专用于特定交易（如雇主—雇员合同中的技术）的资产。在这种情况下有两类资产：实物资产和人力资产。实物资产专用性与场地专用性和加工专用性有关。场地专用性，即安置在靠近顾客或供应商之处的厂房或设备；加工专用性，即只为特定顾客使用的厂房或设备。后者被威廉姆森称作“专门资产”。人力资产专用性特指仅对特定交易有用的个人（“干中学”）或集体（“团队结构”）技能。有限理性是认知条件，机会主义是行为条件，资产专用性是技术条件。威廉姆森认为这三个条件的不同组合会导致不同的契约模型。

需阐明的是，如果没有机会主义就不会有内部化的需要。威廉姆森认为，没有机会主义，“就没有其他经济组织形式取代市场交换的机会，前提是按联合利润最大化方式行事这个承诺能够自发实施，并且共享原则最初就达成一致”。没有机会主义，交易就会在市场上进行，而非在等级集团内部。但是有限理性是机会主义的前提条件。所以，机会主义和有限理性可能导致内部化。然而，这只是威廉姆森对为什么以及何时内部治理优于市场治理的部分解释。第三个要素是资产专用性：“市场契约让位于双边契约，而后者随着资产专用性的加深又被统一契约所取代（内部治理）。”所以，像拉佐尼克（Lazonick）所指出的，根据威廉姆森的观点，“资产专用性是使等级集团优于市场的关键条件”。对于资产专用性，由定义可以看出，交易中的资产不能自由用于其他用途。将其用于其他交易是有成本的。这导致了对连续性的需求，以使那些该资产的投资者可以从中获利。例如，就学习特定企业技术的个人而言，一旦个人掌握了特定技术，这就不再是那种市场交易所特有的“无特性契约”了——现在“参与者的匹配特性变得重要起来”。资产专用性越强，对连续性的需求就越大，内部治理取代市场管理的可能性就越大。

尽管对生产成本决定因素的理解不同，科斯和威廉姆森都同意交易成本最小化是企业存在的基础。然而对这个问题并没有完全一致的解释。阿尔钦和德姆塞茨（Alchian and Demsetz）认为技术的不可分割性是企业存在的主要因素。例如，在卸载货物时工人之间的基本合作。企业的存在是为了监督、测定并分配团队工作的收益。尽管这个概念在强调企业潜在关系网络时是有用的，但总体上说，它在更复杂组织的分析中没有交易成本那样成功。需要补充的是，德姆塞茨近来认为，很多关于交易成本的著作并没有充分解释企业在获取和使用知识中的作用。

第二节　市场以及企业的行为

一、市场结构以及市场结构的决定因素

市场结构就是指市场被组织的方式。通常而言，结构是个人和机构（包括企业、其他商业组织和公共团体）的活动以及相互作用的结果。市场的结构根据竞争企业的数量和规模分布定义。在传统模型里，市场结构有以下三个主要因素。

· 卖方（买方）市场的集中度。

· 单个市场上产品差异化的程度。

· 进入退出条件。

在简单的竞争模型中，大量企业在给定市场中出售一个标准化产品。然而，高水平的价格竞争刺激企业将产品差异化。当消费者认为在同一市场上出售的产品不是完全替代品的时候，产品差异化就出现了。而且，一个企业越成功地将产品差异扩大，这个市场的进入壁垒就越高。因而，产品差异化可被视为市场结构的一个因素，但是在很多经验研究中，它是作为进入壁垒而纳入其中的。

基于以下假定，人们已经尝试着测量产品差异化程度：在一个给定市场内，产品差异化程度可以表示为广告的密度。我们对决定因素的分析仅仅集中于市场结构的另外两个因素——集中度和进入条件。

（一）集中的度量和定义

集中是对竞争或控制强度的测度，它提供了在一个特定市场上企业相对规模的信息。企业的相对规模可以通过它们的市场份额测量。在一个特定产业（I_j）中，企业（F_i）的市场份额（MS_{ij}）

被定义为企业 i 的销售收入占产业 j 的总销售收入的份额，可以记作：

$$MS_{ij} = \frac{F_i \text{ 的销售收入}}{I_j \text{ 的销售收入}}$$

其他可以用来计算市场份额的变量有产量、营业额、附加值、员工人数和资产。可以用集中度指数来归纳企业的市场份额分布。最常用的指数是：

- n 企业集中率。
- 赫芬达尔指数。
- 基尼系数。
- 熵指数。
- 勒纳指数。

1. CR_n 或 n 企业集中率

CR_n 表示产业内 n 个主要企业的累计市场份额。一般来说，n 在 4 和 8 之间，但是 4 个企业的集中率（CR_4）应用更广。衡量四个最大企业的市场（产业）份额。CR_n 的计算公式如下：

$$CR_n = \sum_{i=1}^{n} S_i$$

这里企业 i 是按照从大到小的顺序排列的第 i 个企业（即最大的企业 $i=1$，其次是 $i=2$，等等）；S_i 是第 i 个企业的市场份额。市场份额可以按照产量、营业额、销售额、雇员人数、货运量等指标计算。

CR_n 的值接近 0，表示着 n 个最大企业占有少量市场份额。相反，CR_n 的值接近 1 表示一个高的集中水平。集中度的应用较广是因为它对数据的要求有限。在欧盟，有关市场规模和大企业市场份额的信息可通过多种渠道获得。尽管这种方法很流行，但它的缺点在于无法提供一个特定产业里各企业的相对重要性的信息。比如，在两个假定产业 A 和产业 B 中的四企业集中率都为 0.9。表 2-1 给出了四个最大企业的相对市场份额。同样集中率表示了完全不同的企业分布。

表 2-1 两个产业中最大四家企业的市场份额

	企业 1	企业 2	企业 3	企业 4
产业 A	0.80	0.05	0.03	0.02
产业 B	0.25	0.23	0.22	0.20
产业 A：$CR_4=0.90$				
产业 B：$CR_4=0.90$				

产业 A 的数值等于产业 B 的 CR_4 数值，这表明两个产业的集中度是一样的。但是，在产业 A 中一个主导企业占有 80%的市场份额，而在产业 B 中四个企业的市场规模几乎相等。四个企业集中率不能揭示在一个特定市场中，四个企业中的一个或者几个主导市场的程度。但是这种批评可以通过计算 CR_n 其他数值，如 CR_1/CR_2 来解决。然而，这并不能完全解决问题，因为在理想的情况下，指标应该是单一的。

2. 赫芬达尔指数

第二个被广泛应用的集中指标——赫芬达尔指数（Herfindahl index，简称 H 指数）被定义为产业中 n 个企业的市场份额的平方和，即：

$$H=\sum_{i=1}^{n}(S_i)^2$$

在这里第 i 个企业和 S_i 的含义与 CR_n 中的一样。举个例子，S_i 可以根据企业 i 的销售额（Q_i）占市场总销售额（Q_t）的比例来测定。

这样 H 指数可表示为：

$$H=\sum_{i=1}^{n}\left(\frac{Q_i}{Q_t}\right)^2$$

H 指数可以反映市场上所有企业的规模。它是对分散程度的一种测量，取值在 0 和 1 之间。其值越高，就越分散。如果 H 等于 0，表示在某一市场上有很多规模相等的企业，该产业的集中度也比较低。如果 H 等于 1，该市场就被一家大企业控制。我们拿表 2-2 中的数据举个例子，假定在产业 A 和产业 B 中，企业 5 到企业 14 平分余下 10% 的市场份额(即每个企业的市场份额是 0.01 或者是 1%)。赫芬达尔指数(分别加总表 2-2 中前两行的数据)表明产业 A 的集中度远远大于产业 B。这与 CR_4 和 CR_{14} 形成对比——对这两个产业而言，它们有着相同的 CR_4 和 CR_{14}。

表 2-2　每个产业中 14 家企业的市场份额的平方

	企业 1	企业 2	企业 3	企业 4	企业 5	…	企业 14
产业 A	0.6400	0.0025	0.0009	0.0004	0.0001	…	0.0001
产业 B	0.0625	0.0529	0.0484	0.0400	0.0001	…	0.0001
产业 A：$H=0.6448$							
产业 B：$H=0.2048$							

3. 基尼系数

基尼系数(Gini Coefficient，简称 GC)是根据洛伦兹曲线得到的一种统计指标。洛伦兹曲线表示某一变量(货运量、增加值、雇员人数等)的总市场价值比率与市场中企业数量的比重(按从小到大顺序累积)之间的关系，如图 2-3 所示。

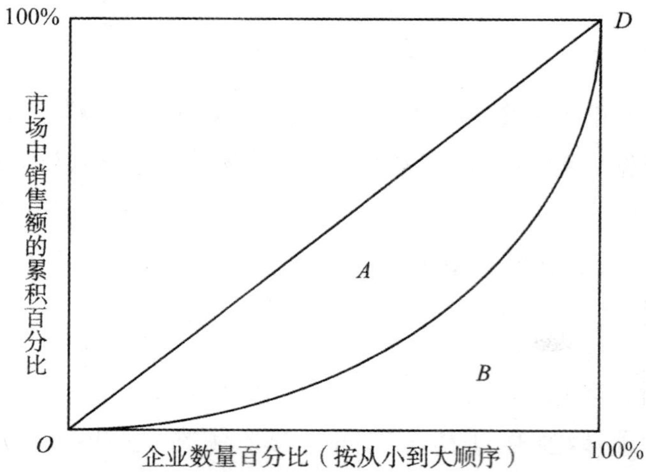

图 2-3　洛仑兹曲线

对角线 OD 表示一种极端情况——完全均等的分布。它表示市场销售额在企业中的平均分布。曲线越远离对角线 OD，企业的规模就越不均等。基尼系数(GC)使我们可以计算位于对角线和洛伦兹曲线之间的区域所占的比例。它可以被定义为区域 A 的面积除以区域($A+B$)的面积。

如果洛伦兹曲线就是对角线 OD，那么从某种意义上讲，$S_A=0$ 且 $GC=0$。另一种极端情况，如果企业的规模完全不均等(即 $S_B=0$)，基尼系数就会趋近于1。

基尼系数的一个局限性是，同样的基尼系数可以对应于市场中不同的企业规模。

4. 熵指教

熵指数(Entropy Index，简称 E 指数)等于市场份额与其倒数对数的加权和：

$$E=\sum_{i=1}^{n} S_i \cdot \log \frac{1}{S_i}$$

借用信息理论，熵指数测量了某一特定市场结构的不确定程度。如果市场上只有一个企业，指数就是0，垄断者能否留住任意顾客的不确定性是最小的。相反，当市场份额均等时，不确定性是最大的，$S_i=1/n$ 在这种情况下：

$$E=n \cdot \frac{1}{n} \cdot \log n$$

由 n 个同等规模企业组成的产业，熵指数等于 $\log n$。熵指数法同其他测量集中度的方法相比，其优点在于当分布涉及属于不同规模、不同产业、不同国家的企业群时，指数可以分解为几个组成部分。这不但方便了不同组内的熵指数测量，而且使组间上的测量变得容易。

(二)集中度指标的困境

几种集中度的测量方法通常暗含着企业和市场有明确对应关系，并且在国界内运作的假设。在实践中，这两个条件都不满足。打个比方，多工厂、多产品的企业就不属于可被精确定义的单个市场。这时产业和市场是不一致的。像弗兹(Fermzzi)和路易威登酩悦轩尼诗(Louis Vuitton MoSt Hennessy，简称LVMH)这样的集团应该分到哪个产业中？公开的账目没有详细报告一个专门从事多种产品生产的企业不同部门的运营状况。因而，集中度指标并没有揭示掩藏在企业集团内部的主导地位。

第二个问题就是集中和竞争的联系。通常认为市场的集中度越高，竞争就越少。为了说明问题，我们假定两个有同样集中度的产业，产业 A 和产业 B，每个产业中，前 3 家企业的市场份额是 75％。每个产业中的 3 家企业分别是 A_1、A_2、A_3 和 B_1、B_2、B_3。如果没有其他信息，无论我们采取哪种集中度的测算方法，都不能得到两个产业拥有同样竞争水平的结论。然而，进一步假设几年来 3 家主要企业的地位变化情况，如表 2-3 所示，那么，即使集中度保持不变，也可看出两个产业的竞争水平是不同的。

表 2-3　两个产业的前 3 家企业的市场份额

企业 / 年份	A_1	A_2	A_3	B_1	B_2	B_3
2009	40	20	15	40	20	15
2010	30	15	30	40	20	15
2011	20	20	35	40	20	15
2012	25	25	25	40	20	15

像产业 A 中的领先企业的市场份额是不可能在短时间内发生的。事实上有经验表明，在企业的市场份额变化和集中水平之间存在着反向关系。然而，表 2-3 说明在集中率不变的情况下，有可能存在着较高的排名波动性，即领先企业的排名频繁发生变动。该表暗示，无论是通过价格竞争还是非价格竞争，产业 A 中的企业对市场领导地位的争夺都比产业 B 中的企业激烈得多。

第三个问题是，这些根据产量、营业额、销售量或者是雇员人数计算集中度的方法在数据计算上都忽略了国际贸易。在开放经济中，国内的集中度指标可能夸大了实际的集中度。我们可以举一个例子来证明。

假定A国中的一个企业占有本国90%的营业额，其余的$n-1$家企业占有剩下10%的国内产出。通过以上介绍的任何一种方法计算都会得出高水平的集中度；比如，四企业集中率就接近于1。然而，假如我们把国际贸易考虑在内，并假定这n个企业将产出的大部分用于出口，国内大部分销售量要靠进口，那么实际的集中度就会锐减。主导企业可能占有少于90%的国内销售量（依赖于国内企业用于出口的营业额的相对比例），在A国的市场中，国外的企业可能是主导性的。

贸易调整的集中率也适用于诸如中国这类多样化的大经济体。将进口计算在内的中国市场销售额降低了中国的集中率（除非是大供货商的进口）。一般来说，允许进口会增加国内市场的竞争程度，因为正如凯夫斯发现的那样，国内生产和进口商之间的共谋强度要小于两个国内生产商之间的共谋强度。所以，进口/进口商越多就意味着共谋越少以及国内供应商之间更激烈的竞争。如果在给定的市场中，进口占总供给的份额越来越大，最终我们将重新定义市场，这个市场要大于国内市场。

（三）进入条件

根据壁垒的高度，进入一个特定的市场或产业可以是困难的或不可能的。壁垒是由在位企业、产品工序特性或政府竖立在市场边缘的所有类型的障碍物，目的是使潜在进入者难以进入。壁垒的概念早已有之，第一个被观察到的壁垒是1894—1901年美国的信用风波。贝恩对壁垒的分类包括技术、规模经济和产品差异化。从那时以后，人们在这方面做了大量工作。谢泼德（Shepherd）强调进入壁垒的两个主要来源。

谢泼德强调外生条件是“不能改变的基本起因”。它们处于领导企业的控制之外，和产品的特性相联系。它们包括必要资本金、规模经济、产品差异化、绝对成本优势、多样化、R&D密度，包括沉淀成本在内的企业特定资本的高耐用性以及垂直一体化，它们全都是经济特性。尽管有些学者将规制壁垒算作外生和内生壁垒之外的第三种壁垒，但在以上外生条件中还可以加入或多或少在企业控制外的制度壁垒，比如政府规制。

还有来自于主导企业的内生条件。这些内生条件是主导企业策略行为的结果。它们包括：报复和占先行为、阻止进入的超额生产能力，广告和其他销售费用、专利、战略资源的控制，还有诸如不给其他潜在品牌产品留有空间的“挤占产品空间”等战略。这些壁垒反映了市场不完善的程度，被在位企业用于防备潜在进入者和当前的竞争对手。

而最初把壁垒分为（强加给企业的）外生壁垒和（企业创造的）内生壁垒的分类法看起来简洁，但在实践中很难决定一个壁垒是外生的还是内生的。比如，产品差异性（被划分在外生类）和由公司决定的广告有紧密联系，而公司的决定是内生的。谢泼德（Shepherd）将研发密度定义为外生的，而研发密度是保持技术开发与应用的领先优势策略的直接结果，而这种策略是内生的。专利也和研发密度有紧密联系。

这种分类法的第二个批评与外生条件的基本程度和不可改变程度有关。这取决于对企业的观点。像演化理论这样的动态观点就建议即使是企业最基本的技术（必要资本金、规模经济等）也是可变的。可以将“规制的俘获理论”加入这种批评中，根据该理论，规制受产业中被规制企业的影响，这样规制的制定和执行主要是出于产业的利益而不是这种产品的消费者和普通公众的利益。

二、不同类型市场结构及其企业活动

集中、产品差异和进入壁垒被认为是区分四种市场结构类型的主要因素。两个极端情况是完全竞争和垄断，在完全竞争中，竞争最激烈、企业数目最多；而在垄断情况下，竞争最少、企业数目最少。其他两种情况是垄断竞争和寡头垄断。

市场结构是根据一系列假设得出的抽象模型，真正的市场很少符合这些市场的任何一种。有多种假设，在完全竞争下假设有大量小企业生产同质产品并且没有进入壁垒，而在垄断下则假设只有一家企业。这些抽象模型使我们能够检验该模型内的企业是怎样行动的（根据有限的选择）。一般而言，这里所考察的企业都是新古典企业。

（一）完全竞争

用图形来解释，完全竞争模型是建立在单个企业面对的需求曲线是完全有弹性的（即水平的）基础上的。这遵从以下假设：有很多企业，每个企业的规模都很小而不能影响价格和数量；对单个企业而言，价格都是给定的。已经画好的水平线上的价格水平是由市场需求和供给的交点决定的。企业面对的水平价格/需求曲线也是企业的边际收益。这是因为每单位产品企业得到的价格是一样的，这也是每增加一单位生产企业得到的价格。

像所有的利润最大化企业一样，企业的产量由边际收益（MR）和边际成本（MC）曲线的交点决定。这里的需求曲线是水平的。$MR=MC$ 就暗示价格等于 MC。如果价格定在平均成本（AC）以上，利润就会超过正常利润，就会有更多的企业进入市场。这也符合假定中的没有进入壁垒的要求（如果最初的价格很低，就会有损失，一部分企业就会离开这个产业。退出也没有壁垒）。图 2-4 中的企业就代表了产业中任何一个企业，因为根据完全信息的假定，每个企业都采用最佳生产方法、以最好的价格获得投入和生产要素，所以它们都会拥有同样的成本曲线。参照图 2-4，如果 $p_1>AC_1$，那么矩形就代表超额利润，新的企业就会进入这个产业。市场的供给曲线就会向右移动，并且在短时间内一直移动，直到市场供给曲线和需求曲线的交点（价格和数量的均衡点）就是价格等于最小平均成本 P_2 的点时为止。这是长期均衡位置。

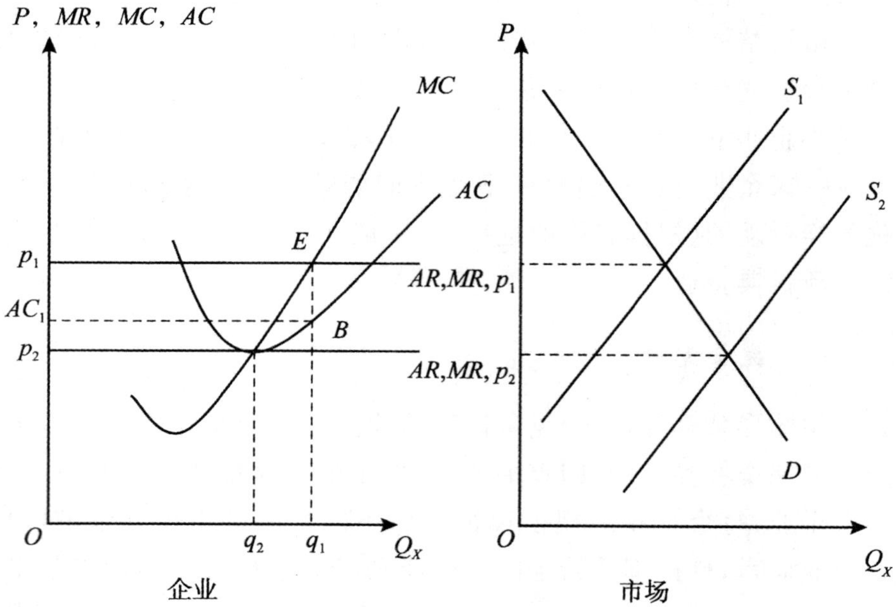

图 2-4 完全竞争

可以发现在这个模型中有一个固有的矛盾。一方面，它遵循两个假设：所有生产者的信息是完全的，没有产品差异化，所有企业是一样的。然而在推到长期均衡位置的时候，模型描述到，如果有损失，那么一些企业（“领导”企业）就会离开。另一方面，如果超额利润存在，那么一些不在产业内的企业（领导企业）就会进入。第一种情况，市场供给曲线会向左移动；后一种情况，市场供给曲线会向右移动。如果领导企业与其他企业没有差别，那么在存在亏损的情况下，所有企业都会离开产业并且产业也会中止退出；如果超额利润存在，所有不是该产业的企业就会进入。因而，并不是所有企业都是一样的。

另外，一旦接受了这里存在领导企业，那么如果短期利润存在的话，也很有可能是由领先企业而非其他企业制造的。这些企业就会积累超额利润，有资本使自己的产品和其他的产品存在差异。如果它们比其他企业行动快，它们就会领先一步差异化其产品，改变工序或组织结构，通过内部化或兼并某些竞争对手来实施扩张。结果，一些企业就会变得比其他企业更大，并且可能成为产业中的主导企业。因此，完全竞争的基础条件在某种程度上是矛盾的。

在实践中没有一个企业喜欢完全竞争的市场结构而讨厌一个存在着超额利润的市场结构。企业会不断努力寻找阻止完全竞争的方法：差异化它们的产品，阻止泄露有关企业运营和产品的信息，加强新企业的进入壁垒，等等。一旦产业中的一个或更多的企业达到了其中任意一个目标，完全竞争就垮掉了。

完全竞争模型在理论上是有缺陷的，但并没有破坏它的力量和影响。毕竟，如果所有条件都达到了，价格就会尽可能低，使消费者的利益最优化；市场会保持尽可能多的企业数目，供给者的利益也会最优化；效率也会最优化，因为生产发生在尽可能低的平均单位成本处。这种普遍的最优化正是完全竞争的魅力所在。它为反对政府干涉、反对集中（如通过兼并和收购）和支持小企业的思想观点提供了基础。从这个模型中可以得到一些结论，比如，市场上的企业越多，每个企业的利润就越低；进入壁垒越低，竞争就越激烈；竞争越激烈，价格越低；信息流动的壁垒越低，创新在产业中企业间的扩散速度就会越快。这些中的每个都曾经过实证检验，结果是混合性的。最终，正是通过对完全竞争的批评和实证检验，其他市场结构模型和许多产业经济理论发展起来。

（二）垄断竞争

在 20 世纪 40 年代以前，完全竞争模型是主要的新古典理论模型。然而，主要由于市场和企业的行为与模型不一致，人们就努力发展与不完全竞争行为更为一致的模型。科特索亚尼斯提到三个背离完全竞争的主要经验证据：产品差异化；企业做广告；企业经历了逐渐降低的平均成本并且扩大产出以达到规模收益，但是直到一个点为止——即使这时产出的继续增加会导致较低的平均成本，企业也不会增加产量。在此期间，使新古典经济理论更接近现实的尝试在垄断竞争模型中达到顶峰。

张伯伦和罗宾逊各自建立的垄断竞争模型表达了这样一种观点：在某种情况下，即使是有很多企业的市场中的较小企业也会行使一定的垄断权力。垄断竞争模型的假设接近完全竞争的假设，最大的不同点是产品非同质(产品有一点差异)。另一种表达方式是，虽然在完全竞争模型中，产业中不同企业的产品是完全替代品，而在垄断竞争模型中它们是近似替代品。所以，在垄断竞争模型中有大量的买者和卖者，并且企业进入和退出产业是自由的。

在垄断竞争模型中有一个单一市场，但是产品是差异化的。我们可以认为市场被分割成几部分，每个企业(或产品)对应于一个不同的市场部分。企业可以通过很多途径差异化它们所出售的产品：质量、技术性能、耐用性、设计、及时的服务等。产品差异化可以通过品牌和商标感知与加强。

张伯伦第一次在企业理论中运用销售成本的概念。之所以引用这个概念是为了说明广告和其他销售行为的成本。张伯伦写道："卖者会通过拿出经费做广告来影响其销售数量。这种支出提高了产品需求和其成本。"他还强调这是垄断竞争特有的性质，因为完全竞争企业没有理由做广告，毕竟完全竞争企业不用做广告也可以想卖多少就卖多少。

张伯伦假定销售成本曲线是 U 形的，呈现出经济与非经济性。超出一定产量，企业就不得不花费更多在广告和其他促销策略上，目的是留住及(或)吸引消费者。由于产品的独特性，企业可以提高价格而不损失全部销售量。如果它降低价格，它会从其他竞争对手那里吸引消费者。所以，和完全竞争以外的所有其他情况一样，企业所面对的需求曲线是向下倾斜的。产品的独特性可能是企业提供的服务及(或)企业的特殊销售策略的结果。

和所有现代教科书呈现的一样，此模型仍然是张伯伦和罗宾逊最早于 1933 年提出来的。在垄断竞争市场结构中，有很多出售不同产品的销售者。假设这些企业以价格、质量、广告和产品的其他非价格特性为基础进行竞争。模型还假定进入和退出市场是自由的。

图 2-5 说明了在垄断竞争市场结构中单个企业的成本曲线。此企业面对一条代表起初对其产品感兴趣的那部分市场的需求曲线。当 $MR=MC$ 时，也就是边际收益曲线和边际成本曲线的交点处，企业实现利润最大化。这表明企业应该生产的数量为 q_1，根据需求曲线 A，它每单位的产品价格将为 p_1。生产（和销售）数量为 q_1 时，产品的单位成本是 AC_1。价格（也就是平均收益）高于平均成本，所以企业获得超额利润。总超额利润（由矩形代表）等于单位利润（p_1AC_1）乘以数量 q_1。

由于没有进入壁垒，并且存在获取超额利润的可能性，新的企业就会进入。企业数目的增加会降低每个企业的需求量，单个企业的需求曲线会向左移动。这个模型表示最后（在长期）所有的超额利润会消失。当需求曲线移至 D_2 和平均成本曲线相切于点 F 时，此时的 q_2F 就是使利润最大化的价格。最后，价格 p_2 和平均成本相等，市场上没有超额利润。

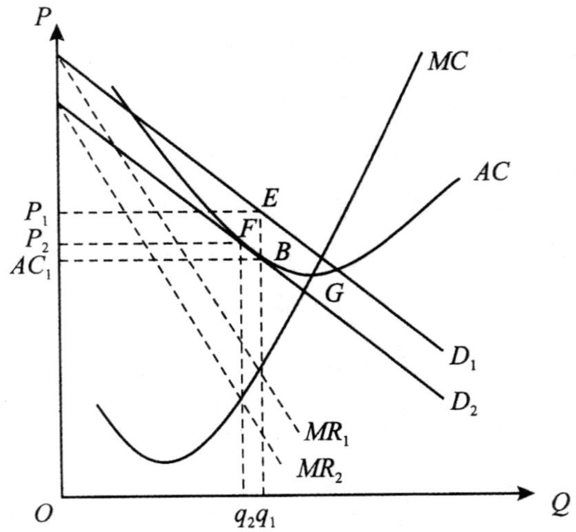

图 2-5　垄断竞争

点 F 必须很明显地位于平均成本曲线的最低点 G 的左上侧

(最小平均成本也被认为是最小有效规模)。因此,垄断竞争企业的产量低于效率产出。价格和最小平均成本的区别在福利经济学中被解释为消费者在各种相似产品中做选择时所接受的成本(而不像在完全竞争中选择单一的同质产品)。

价格的下降和新企业的进入的共同作用带来了模型的均衡。但是从策略的角度讲,不同于生产成本的销售成本的加入使模型更有趣。从某种程度上来说,销售成本是任意的:企业可以增加或减少它们。它们的作用是根据企业的意愿,改变企业所面对的需求曲线。这就意味着企业在降低价格和提高广告等销售成本之间存在策略的选择。在图 2-5 中,企业可以选择将它的 AC 曲线下移并且将需求曲线向左下方移动(可能变得更平坦),或者将它的曲线上移并且将需求曲线向右上方移动(可能变得更陡峭)。

垄断竞争模型考虑到了上文提到的完全竞争的三个经验矛盾:它纳入了产品差异和广告因素,表明均衡点有可能位于平均成本向下倾斜的部分。

旅店、洗衣服务、商业服务(如法律顾问服务)、修理、美发美容店的服务都有产品差异,在某种程度上,其运营和垄断竞争市场相似。特别是,市场可能有很多销售者,产品存在差异并且企业做广告。然而进入从来都不是自由的。比如,产品差异越大,企业为自己产品建立的商标忠诚度就越强,新企业进入市场就越难。和完全竞争一样,模型中有一个理论上的矛盾。进入壁垒——尤其是共谋——是寡头垄断的特征。

垄断竞争模型和寡头垄断模型在本书中的另一个区别是在前一种情况中,企业独立行动,而在后一种情况中,企业时刻提防竞争对手的行为,并受它们竞争对手行为的影响。尽管企业的策略选择可以并入垄断竞争模型,但这些选择不受竞争对手可能的反应的影响。由于近似替代产品之间的差异性,企业几乎不可能忽略其竞争对手对其行为做出的可能反应。所以一旦考虑到了产品差异,这种市场结构就很可能是寡头垄断。

就垄断竞争的经验定义而言，最大的难点就是产业中的产品有多高的需求交叉弹性才算是近似替代品。这是个不可避免的问题，被一个人（或一些人）认为是近似替代的两种产品可能被其他人认为不是近似替代的。

（三）垄断

在垄断中，产业由一个生产和销售没有近似替代品的单一企业组成。为了使产业中只有一个企业，就必须有进入壁垒，或者是产业中没有超额利润。根据定义，企业面对的需求曲线就是产业的需求曲线，因此就像垄断竞争中的企业一样，它所面对的需求曲线是向下倾斜的。

根据图 2-6，当 $MR=MC$ 时垄断企业实现利润最大化，产量为 q_1。在这个产量上，它可以控制价格为 p_1（一旦企业确定了生产数量，价格就由市场需求决定），如果它生产数量为 q_1，那么每单位成本就是 AC_1。超额利润就为（p_1-AC_1）q_1，表现为矩形完全竞争没有超额利润，因为新企业的进入会导致价格的降低。如果新企业被阻止进入，那么垄断企业就可以继续赚取超额利润。垄断企业通过采用不同的机器设备可以在长期内降低成本（AC 曲线下移），但除非是巧合，否则它不可能在曲线的最底部组织生产。如果产出扩大到价格（社会边际收益的指标）和边际成本（最后一单位产品的社会成本）相等之处，社会福利就会增加。垄断市场结构的唯一受益人是垄断企业本身。

分配的无效率可以解释所有欧洲国家在现实经济中对垄断的敌意。垄断只有在一种特定的情况下被接受：最小的效率规模对于需求来说是如此之大，导致只有一个企业能实现规模经济。在平均成本曲线向下倾斜的部分组织生产的垄断者是自然垄断者（图 2-6 就是自然垄断）。很多公用事业部门，如电力、煤气和水的配给，以及当地的电信服务都是自然垄断。只有自然垄断者可以亏损。除了自然垄断，其他垄断（AC 曲线与 MC 曲线的交点在最低平均成本的右边，也就是图 2-6 中 G 点右边）都肯定有超额利润。

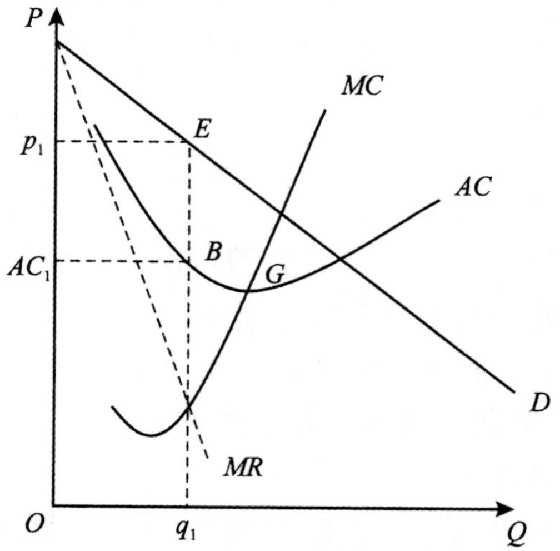

图 2-6 垄断

许多国家都建立了规制垄断的部门。理论上,降低垄断的超额利润的方法有:(1)税收;(2)价格控制;(3)去除进入壁垒。

简单地对利润增税可以降低税后利润并且不影响利润最大化的价格和产量。销售税会使 MC 曲线向上移动,产量下降,价格上升。税收主要是由垄断者承担而非消费者承担。如果是自然垄断,生产会发生在更远离最小平均成本的地方;如果不是自然垄断,销售税会将生产带到更接近最小平均成本的地方进行。

政府(或垄断规制机构)还可以通过强制规定最高价格降低垄断者的利润。为了使其有效,这个限制价格必须定在利润最大化价格和利润最大化产量的平均成本之间;根据图 2-7,最高限价必须在 p_1 和 AC_1 之间。我们假定最高限价定在 p_m。从到需求曲线 D 的水平线表示了垄断企业会为这些产量而收取的价格;它等价于完全弹性需求曲线,因此也是边际收入曲线。利润最大化产量(此处也就是点 H)是 q_2。超额利润已经从降低到 p_mAC_2JH。如果干涉的目的是使垄断分配有效率,那么就会实施一个像 $MC=p$ 这样的最高价格,即通过 K 点的最高价格。这被称为边际成本定价。在 MC 曲线与需求曲线的交点,垄断企业也可能亏损。在这种情况下，政府可按照平均成本定价法，在平均成本曲线与需求曲线相交的地方制定最高限价。这样可以留给企业足以使它在产业中生存的正常利润。

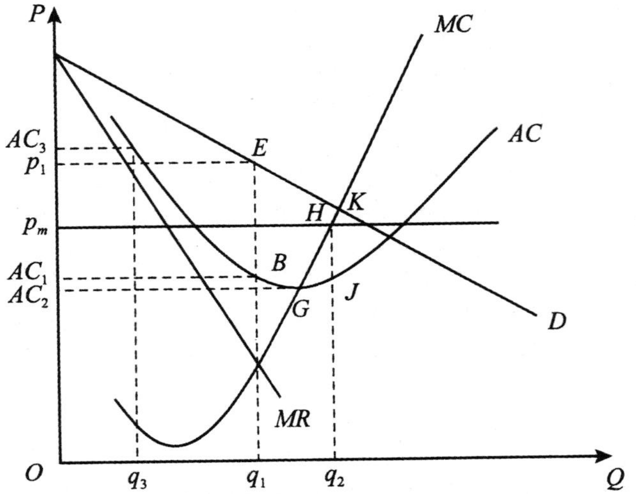

图 2-7 限制垄断的最高定价

可在政府权力范围内去除进入壁垒。如果新企业能够进入该产业，那整个市场结构就会要么向垄断竞争转变，要么向寡头竞争转变。记住，这种方法对自然垄断可能是无效的，因为如图 2-7 所示，如果一两家新增企业进入该产业，假定每个企业的产量都是 AC_3，它们的平均成本将是 q_3。即使没有超额利润，它们为了在产业中生存，所定的价格也会不得不高于自然垄断价格。平均成本即使低于 AC_3，也会远远高于自然垄断企业的 AC_1，因此产量将更加远离最小有效规模。

公共所有权有时也被视为控制垄断的一种方式。然而，可以证明，决定企业定价和其他策略的并不是企业的所有权，而是它所面对的竞争以及它的决策者所面对的激励结构。

双边垄断模型接近了讨价还价模型（这是很多现代寡头理论的基础）。在双边垄断模型中，有一个卖者（垄断卖者）和一个买者（垄断买者）。我们假定买者是唯一要求工人有特殊技能的企业，而卖者是一个将拥有该技能的所有工人组织起来的行业联盟。比如，它们可能分别是经济体中唯一的啤酒酿造商（酿造技术的垄断买者），以及所有酿造工人的行业联盟组织者（酿造技术的垄断卖者）。

根据图2-8，企业对劳动的需求D_L也就是劳动的边际收益产品（MR_L）。MR_L是多雇用一单位劳动所得到的额外收益（或者是边际收益乘以劳动的边际产品）。S_L是劳动的供给，从企业的角度出发，它有一个相应的边际成本MC_L。这是因为多增加一单位就业，企业必须增加所有单位（工人）的工资。所以，企业愿意雇用的工人数量等于q_F，即D_L和MC_L的交点所确定的数量。它能以每单位W_F的价格获得这个数量，所以W_F就是企业支付的工资。

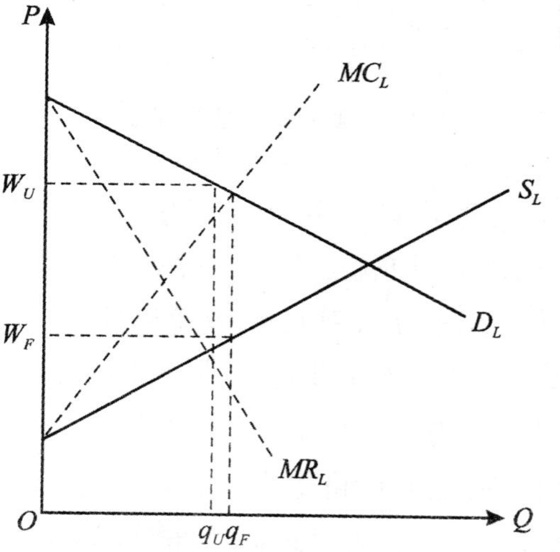

图 2-8　双边垄断

从联盟的角度看，它面对的需求曲线D_L是平均工资。将目光从需求曲线向下移动，联盟看到增加一单位就业带来的额外收益MR_L小于每单位就业的支付；如果支付给新雇用工人的工资带来平均工资水平的下降，那么支付给他们的工资一定更少。联盟愿意提供的劳动就业数为q_U，这是它的供给曲线（从联盟的角度看就是边际成本)和边际收益曲线的交点确定的数量。对于这个数量,它希望每单位的工资为 W_U。

这个模型的优势在于其结果是不确定的,就像企业间的竞争所发生的那样。联盟希望提供 q_U 单位劳动,每单位价格为 W_U;企业希望雇用 q_F 单位的劳动,每单位支付 W_F。它们将不得不和对方讨价还价。这最终结果很可能是在 W_U 和 W_F 之间的一个工资,它的准确水平要根据很多其他因素而定,结果取决于诸如相对力量和战略技巧等因素。

第三节　产业组织的新发展——产业生态理论

产业生态理论严格来说并不算是一种产业组织理论,只是将一部分产业组织理论包含在内。产业生态理论认为产业活动不应该从其外部世界中孤立出来单独考虑,而应该是产业生态系统在自然生态系统或生物圈中的功能运行。产业系统,与自然生态系统类似,本质上都具有物质、能量、信息流动的功能,并且依赖于生物圈提供的资源和服务。也就是说,产业系统应该作为自然生态系统的一个组成部分,实现人类与自然环境之间能量交换的和谐推进。

一、产业生态理论的定义

到目前为止,产业生态理论还没有标准的定义。从不同学者的论述来看,产业生态理论的核心至少包含了以下三个方面的关键因素。

第一,产业生态理论以系统和整体的观点看待产业经济发展与生物圈层之间的关系。

第二,产业生态理论的方法主要是考虑抽象货币单元形式的经济和能量流动。与此相比,产业生态理论强调人类活动的生物学基础，重视产业系统内部的物质和能量流动。

第三，产业生态理论考虑技术的生态活力，也就是说为了实现从现在不可持续的产业系统向可持续的产业系统的转变，关键技术必须围绕生态系统理论持续改进。

从以上的论述可以看出，产业生态理论不仅关注产业对生态的影响问题，同时还关注技术、经济和商业关系等因素推进产业和自然生态的融合。

人们在讨论产业生态学的时候，通常会考虑两个方面的问题，一个是产业生态理论，另一个则是产业代谢理论。所谓产业代谢也就是经产业系统所产生的物质和能量从输出到再利用的一个经济和自然循环。从产业经济的发展来说，代谢一词主要用于分析产业经济活动领域中不同产业的物质和能量流动关系之间构成的循环。

二、产业生态理论的发展策略——重建产业系统

产业生态理论的发展目标是实现产业系统重组，实现人类社会与生物圈层的和谐相处。因此产业生态理论的策略通常包括以下四个方面。

第一，资源的优化利用。

第二，闭合的物质循环，排放最小化。

第三，物质减量化。

第四，降低或者消除对不可更新能源的依赖。

（一）优化资源利用

资源是产业发展的基础。产业生态理论研究的一个重点就是通过对物质和能源的流动分析，实现物质和能源在人类社会发展中的优化利用。

谈到优化资源利用就必须要探讨帕累托最优。现有的帕累托最优体系是基于人性论假设的一个福利经济学原理。然而，在

产业生态理论的框架之下，帕累托最优在理论上说应该做出一些改变，将一些生态学原则融入帕累托最优的体系中。也就是说要构建一个融合生态系统的埃奇沃思盒，并且将影响到的生态系统规则逐渐融入人类生活的无差异曲线之中，形成基于生态系统和人类生活共同选择的无差异曲线群组，以此为分析基础形成资源的最优化配置方式。而且随着技术的不断进步，这个资源最优化配置方式还是可以不断进步的，尤其是那些新兴国家。

基于流动和代谢的观点，在产业生态学系统之中，产业生态学也提出了“产业食物链”的观点，在这条链状结构中，企业以网络的形式联系在一起，使以前未能充分利用的资源和副产品得以利用，最终提高资源利用效率。

在20世纪90年代初期，产业生态园这个概念诞生了。在产业生态园中，企业通过合作，互相利用产出的废物（一个企业产出的废物作为另一个企业的原材料），从而实现资源的优化利用。这里的“园”并不是指地理学意义上的某个区域。产业生态园可以吸纳一个临近的城市，也可以吸纳一个远方的企业，尤其是当只有这个企业是周边唯一一个能够重新利用某种稀有废物，使其可以进入生产循环的企业时。因此，一个新的表述——“产业生态网”可能更加合适，“园”只是其中一类。产业生态园（或产业生态网）与传统的废物转换项目不同，实际上，在科学的生态学概念框架内，它不仅仅意味着只是在某一特定基础上重新循环废物，而且包括了特定区域内所有资源系统的再利用过程。

产业生物群落这一概念与产业生态园具有类似的内涵。在生物学中，生物群落是指生态系统中相互之间具有各种关系的有机体的总和。像自然生态系统一样，产业生态群落也存在“关键物种”，如发电厂。如果存在一定强度的物质流动以及供热所需的大量能量消耗，那么，在热电厂（煤炭、石油、天然气、核能）周围就可以发展各种形式的产业生态复合区。

一旦形成了最适合的组合，包括最恰当的各种产业活动的组合，那么这一概念就扩展到了产业集群。例如，在设计阶段，就规划建立一个以最高效综合利用蔗糖生产过程产生的物质和能量流动为目标的产业复合系统，替代建立独立的蔗糖生产厂。在这个案例中，造纸厂、蒸馏厂、热电站等许多个体互相联结，这样可以重新利用蔗糖生产过程中产生的各种副产品，还可以衍生出其他很多种组合，如纸浆—造纸厂、肥料—水泥厂、钢铁架—肥料—水泥厂等。实际上，现实中很早就存在很多这样的自发形成产业复合体的例子。目前的研究重点应该集中在如何使其更加简单而不失系统性。

（二）闭合的物质循环和排放最小化

在自然生态系统中，所有物质流均在一种近似闭合的回路中循环着。例如，细菌、真菌和小型无脊椎动物将死尸和植物残体分解成较简单的化学复合物，然后再对其循环利用。在产业生态系统中，一些企业也具有类似的循环利用废物的功能，通常被称作“回收者”。不过，遗憾的是，自然生态系统的闭合物质循环是高效的，而产业生态系统却还差得很远，只有一部分的废物能被循环到系统中再次利用，其他大部分都“从产业生态系统中流失了”。主要的流失过程有：第一，在产品生产中形成废物流失；第二，生产产生的废物由于被认为不再有利用价值而流失；第三，因产品的形式被设计成在使用过程中可以完全或部分分解而流失。现实中，由于消费造成的物质流失（如第二和第三描述的情形）远远大于生产过程。

产业生态学中的闭合物质循环需要彻底实现产品的生命循环。方法之一就是提高产业循环的效率，既要改进技术方法，又要加强产业之间的逻辑关系。不过，在自然或产业生态系统中，实现物质闭合循环必须输入能量。如果我们在产业生态系统里继续使用化石燃料作为我们的主要能量来源，那么，再循环必须要考虑燃烧过程会产生的废物。因此，当决定实施一个闭合循环战略时，必须考虑物质再利用过程中的能量需求问题。例如，从废料中回收铝所需的能量比从铝矿石中分离提纯铝要低得多，回收铝造成的环境影响仅仅是矿石炼铝的十分之一。

尽管,可以设计上述第一和第二两种消费模式的闭合物质循环,但是实际中仍然有些物质在产品利用过程中会全部或部分分解,例如,医药品、化肥、杀虫剂、清洁剂、溶剂等。显然,这些物质在使用后不可能被回收,这是无法避免的资源流失。减少此类产品的浪费非常困难,不过,也许通过重新考虑服务需求,情况会有所改善。

如果一些物质是有毒有害的,甚至还具有在生物体内持久留存和生物富集(在活的有机体内富集)的特性时,对这些物质来说,开放式物质流是不可取的。无论物质损失是由于循环效率不高还是因为分解性使用,从可持续发展的角度出发,都要考虑其将来使用的替代方案。

(三)物质减量化

产业生态学不仅要实现物质循环流动,还要尽可能地减少获得同等服务投入的物质和能量总量。技术进步能够提高相同量的物质提供的服务总量,如生产出更轻的产品,或者使用另一种更为高效的替代物(如几公斤光缆的信息传播能力要大于一吨铜丝)。但是,物质减量化却没有那么容易,质量小的产品的生命周期也会更短,因此会消耗更多的资源、产生更多的废物。另外,物质减量化并不仅仅要应用于消费商品,也要应用于产业系统的大型基础设施,如厂房、道路、运输网等。

当前,主要有两种物质减量化战略,一种是相对物质减量化,这种方法旨在从定量的物质里获得更多的产品和服务;另一种是绝对物质减量化,这种方法旨在尽量减少产业系统中循环的物质总量。在当今“新经济”(即“知识型经济”)背景下,物质减量化越来越受到人们的重视,人们认为,新兴的信息技术可以推动经济领域物质减量化的发展,不过,这些还有待证明。现阶段,我们对于新兴的信息技术会对资源消耗产生哪些影响还一无所知。

实现经济领域物质减量化的最佳方法之一是强化产品服务、

功能以及产品在市场的使用而非产品本身。多年来，现有的经济系统不断扩大商品的生产规模，而在产业生态学理念中，希望通过优化利用构建真正的以服务为主的社会，也称为“功能型经济”。其中包括“耐用战略”（延长商品的使用寿命）、“租赁大于拥有战略”、“出售使用功能战略”等多种战略。例如，复印机生产商通过出售复印服务来替代出售复印机，这样他可以一直保持对复印机的拥有权，只需要很少的物质投入，还能延长复印机的使用寿命，并且很容易回收利用，生产商也会因此获得更多的利润。

（四）降低或消除对不可更新能源的依赖

在产业系统生态重建中能源是一个至关重要的因素，要努力通过各种方式提高能源利用效率，如发展联产、能量梯级利用等技术。

化石燃料（煤炭、石油、天然气）是推动产业经济发展的关键因素，化石燃料因燃烧而基本完全分解，这是许多环境问题产生的根源，包括不断加剧的温室效应、烟雾、原油泄漏、酸雨等。因此，我们进行生态重建时，必须改变原有的能源获取方式，使其更加符合产业生态的目标。我们要尽量降低使用化石能源带来的危害，例如，重新利用二氧化碳气体或者降低能源中碳的含量，如使用天然气（最终有可能利用氢能）来代替煤和石油类燃料。不过，这只是权宜之计，化石能源需要尽快向可更新的替代能源转变。

三、产业生态理论的资源生产力框架

资源生产力有很多定义，具有多方面的刺激作用，能够促进商业竞争，提高质量管理水平，促进成本节约，减低依赖度，是产业创新的一种重要方法。资源生产力的狭义定义将其看作是度量资本、劳动力或原料单位投入的经济产出的一种方法，其广义的定义并不局限于“投入”“产出”，而是关注在供需链终端人类福利的最终实现。

为了实现资源生产力的这一广义定义的目标，我们给出了其定义和量化的一般框架。这个框架是“基于可持续发展的城市综合评价方法”。在这里对此的讨论包括建立经济流、环境流、社会流和资本相互作用的总体框架，以及此框架如何应用到区域、企业和产品层面上的资源生产力的不同概念中的研究。

（一）资源生产力的一组循环

从图 2-9 可以看出，有用的映射可以描述经济流、环境流、社会流与资本之间的相互作用，此图还描述了可以被概念化和可能被模拟成循环过程的多种类型的流。

（1）资源/物质流，从开采到制造、使用、废弃、返回环境的循环过程。

（2）经济流，与传统的货币/资本的“经济”循环流一致。

（3）社会流，是指投入劳动力、生产、消费/“利用”/“产出”，最后“产出”社会福利的循环。

（4）需要指出的是，严格地讲，该图不是一种社会理论，也不是一个确定性的模型，只是一个探索，还存在许多的问题。该图指出了在“物质减量化”和“再社会化”思想的启发下产生的政策目标和规范化方向。

（5）资源流：使影响最小化，以维持生命支撑系统。

（6）经济流：鉴于以上目标，对经济流进行优化。

（7）社会流：使社会福利和社会资本最大化。

当然，为了更加清楚地识别自然、经济和社会系统/循环中每个循环之间相互作用的基本类型，这一综合框架被大大简化了。我们仅将它作为一个概念性工具，而不必把它看作是解释性的理论。特别需要说明的是，它将自然、经济和社会系统/循环之间的相互作用看成了系统化的类型。需要注意的是，并不一定必须将其分为三个循环过程，比如，在一个区域可持续发展早期评估框架中，就将资本分成了四种类型，即自然资本、人力资本、生产资本和社会资本。

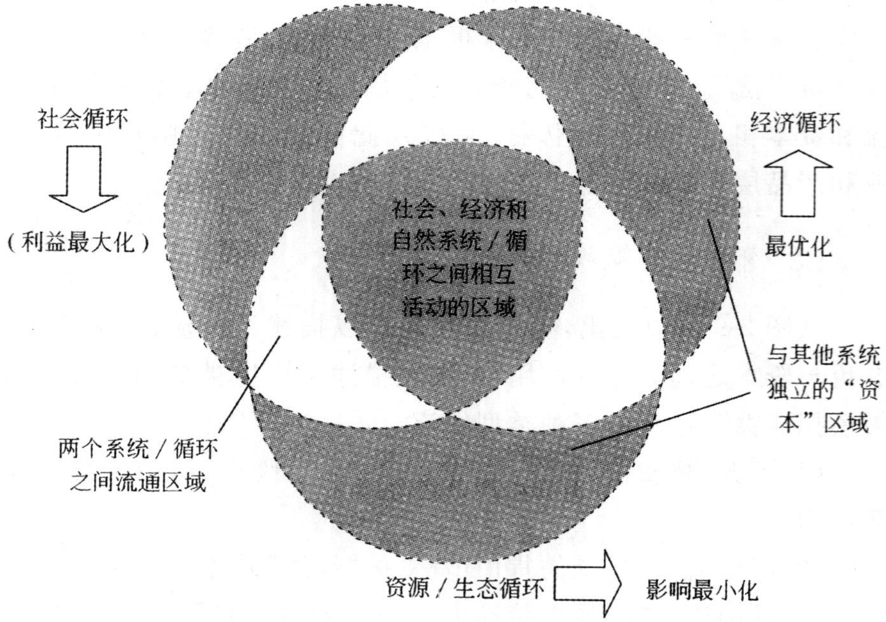

图 2-9　资源生产力框架(a):系统和循环

针对不同的问题,循环过程或“循环”会有不同的方向,这就是系统动力学中的主题再现。例如,对于环境循环,物质转移有相对清晰的路径,从原材料开采到使用、废弃,再返回生物圈。然而,也有完全相反的路径,例如,由于市场的拉动,消费需求增加,材料使用加速,又促进或“导致”了原料的开采。由于其因果关系的本质,货币的循环流可能是双向等同的。

(二)循环中的“资本”识别

在经济学术语之中,资本是一个基本的概念,与流通、利息、资产净值、时间偏好等概念相类似。目前,对环境资本资产的价值还不是太明确:就经济功能来说,其价值可能是明确的(如一公顷商业森林);但就其社会功能来说,它可能是多变的或不明确的(如一公顷混合共生林地)。这表明“资本”就如银行里的货币一样,并不一定就是直接发挥作用的因素,而是与流通具有的“潜在性”相类似，对于其他相关的（经济的、环境的或社会的）每一个循环都是有效的。换而言之，正如货币只有被从银行提取出来才“实现”其经济价值一样，环境资本的价值也只有进入经济或社会过程中才能得以实现。

如果我们能够确定各类资本以与其他类型的资本联合或转化的方式流通的位置，我们就可以得出每个循环之间可能的相互作用。图 2-10 中 1～6 各节点代表了在经济、环境和社会流之间可能存在的常规的相互作用。

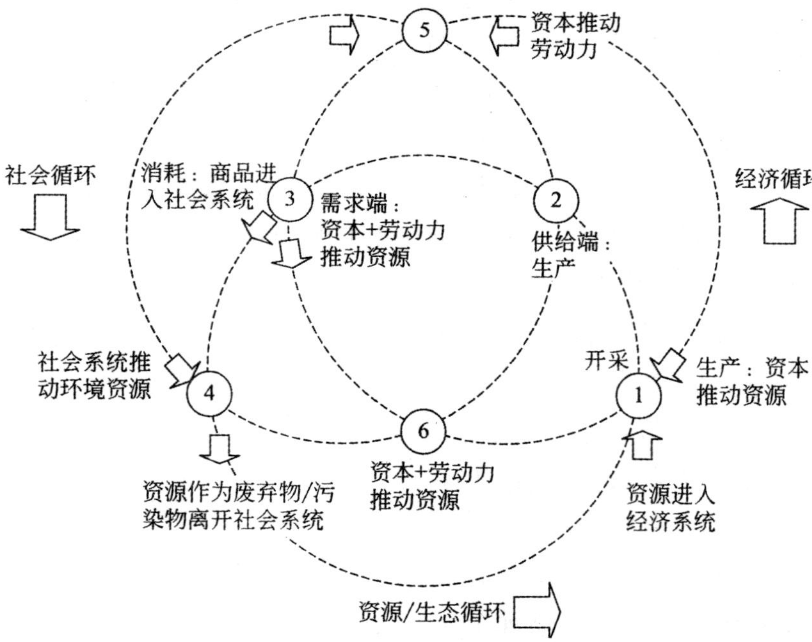

图 2-10　资源生产力框架（b）：相互作用

（三）资源生产力图示

关注经济、环境和社会系统的各种循环的各个环节之间的相互作用，以及在每个节点上产生效果的作用或影响，这是关于资源生产力的更加前沿的一种视角。如下面一种循环示例。

（1）经济资本驱使工厂进行矿物开采，为建筑提供水泥，从而满足社会建房需求。

(2)当地的采石场为远处矿物市场提供建材,增加当地的就业机会,从而提高了居民的消费水平,但同时却使国家公园失去了往日的宁静,从而减少了游客的数量。

因为社会系统常常是复杂多变并且很难量化,所以在传统资源生产力的计算中通常对其不予考虑。例如,在没有考虑更长远的可持续发展的问题时,如果假设建筑矿物的“价值”与其零售或批发的交易价格相同的话,这样就会使问题简化。这样确定价值可能是可行的和可接受的,除非当社会系统及其内在的“资本”/“价值”占支配地位。例如,未被外界干扰的景观的“价值”;或者向社区及其邻郊供给住房的“价值”。显然,这为生态经济的制度化和外部性的度量提出了一个挑战性的研究日程。

上述资源生产力框架可以作为绘制不同类型资源生产力图的基础,这些图主要描绘经济、环境和社会各循环主要环节之间的对比关系,如图2-11所示。

图2-11并不是固定的,也不是最终版本,不过它展示了大部分资源生产力指标。

①A:初级资源/公司资本。

②B:初级自然投入/产出。

③C:环境影响/总周转额。

④D:消费“效用”/最终资源流。

⑤E:中间资源流/增加值。

⑥F:物质生产量/劳动力。

⑦G:劳动生产力,净产出/员工。

⑧H:初级物质输入/物质生产量。

⑨“资源生产力”合计可以用总物质需求量/总GDP来计算。

无疑,给任何现实的工业、生产过程或产品选择一套切实可行的绩效指标都是非常困难的。供应链、劳动力效率、社会影响、代际影响的复杂性很快就超过了已获得的数据的解释。在上面提到的关于矿产案例的研究中,就选择合适的指标来表示在供应链的不同阶段，用不同类型的矿产而产生不同环境影响这个问题，资深工业家和顾问进行了长期的讨论。

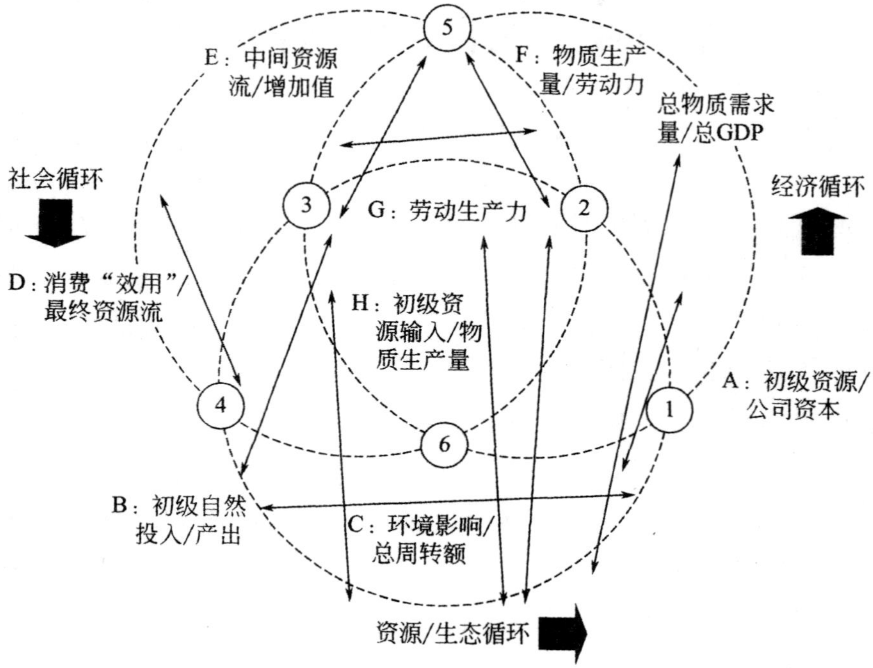

图 2-11　资源生产力框架(c)：资源生产力

第三章　现代产业结构研究

现代经济发展的种种历程已经表明，一个国家经济发展不但表现在国民生产总值的增长，同时其产业结构也在不断成长。在整个过程中，总量与结构总是紧密结合在一起的，总量与结构也就成了整个社会经济发展过程的两个非常重要的变量。总量主要通过国民经济发展水平与诸多动态的数量参数体现出来，比如国民生产总值、国民收入、总供给与总需求等。而产业结构则指国民经济各个产业之间以及各个部门之间的联系和呈现出的数量比例关系。所以，一个国家、一个地区的经济发展必然伴随着总量与结构的发展。

第一节　产业结构理论概述

一、产业结构的类型

在经济领域，“产业结构”最初使用于20世纪40年代，其内涵是随着生产力的发展被人们逐渐认识的，并且在对产业结构研究中不断发展和深化。产业结构是指国民经济中各产业的构成及其相互关系，基本上可以理解为是产业间的技术经济联系与联系方式。这种产业间的技术经济联系与联系方式存在广义与狭义之分。狭义的产业结构，主要从“质”的角度动态地揭示产业间技术经济联系与联系方式不断发生变化的趋势，揭示经济发展过程中的国民经济各部门,起主导地位的产业部门不断更替的规律及其相应的“结构”效应。广义的产业结构除了以上内容以外,还包括各产业间的数量比例上的关系。产业结构根据不同的标准可以划分为不同的类型。

(一)三次产业比重不同的结构类型

按照三次产业在国民经济中所占比重不同的方法将产业结构分类,也可以称为三次产业分类法。这种方法是 1935 年由澳大利亚经济学家费希尔在《安全与进步的冲突》一书中首先提出来的,他以社会生产发展阶段为依据,以资本流向为主要标准,把人类的经济活动发展过程分为三个阶段:初级生产阶段,即人类的生产活动主要是农业与畜牧业;工业阶段,即以机器大工业的迅速发展为标志;20 世纪初至今,大量的资本和劳动力流入非物质生产部门。与此相应,三次产业的划分也随之产生,即与农业相对应的为第一产业、与工业相对应的为第二产业和以服务业为主的第三产业。

三次产业分类法将产业结构分为 1—2—3 型,1—3—2 型,2—1—3 型,2—3—1 型,3—1—2 型,3—2—1 型六种类型。其中,数字 1、2、3 分别代表三次产业,数字越排在前面,代表的产业部门在国民经济中所占的比重就越大。

1—2—3 型产业结构,又称金字塔形产业结构。其中,第一产业在国民经济中所占比重最大,工业和服务业所占比重比较小,工业又以手工业为主,是农业社会或农业国的产业结构。

1—3—2 型产业结构中,第一产业在国民经济中所占比重最大,第三产业次之,第二产业比重最小。3—1—2 型产业结构中,第三产业在国民经济中所占比重最大,第一产业次之,第二产业比重最小。1—3—2 型和 3—1—2 型产业结构又统称为哑铃型,这种特殊的产业结构具有其自身特点:第二产业在国民经济中所占比重与第三产业相比较小,一般情况下是对应于部分发展中国家或地区在特定条件下形成的产业结构。

2—1—3 型产业结构中第二产业在国民经济中所占比重最大，第一产业次之，第三产业比重最小，是工业化前期的结构。2—3—1 型产业结构中第二产业在国民经济中所占比重最大，第三产业次之，第一产业比重最小，是工业化后期的结构。2—1—3 型和 2—3—1 型产业结构又统称为橄榄形产业结构，其特殊性在于第二产业在国民经济中所占比重最大，也就是以制造业为主，这是工业社会或工业国的产业结构。

3—2—1 型产业结构，又称为倒金字塔形产业结构。其中，第三产业在国民经济中所占比重最大，第二产业次之，第三产业最小。这是后工业化社会或发达的工业化国家以服务业为主的产业结构。

值得注意的是，三次产业分类法在实际运用上的具体划分标准和范围还未达到完全一致，例如，第三次产业不同行业差别悬殊，既包括企业商贸部门与公共行政事业单位及国防部门，又包括最为简单的劳动密集型产业，还包括最为繁杂的知识密集型产业。

（二）农轻重地位不同的结构类型

在马克思两大部类分类法的基础上，包括我国在内的一些社会主义国家，在计划经济时代，都长期使用过以物质生产的不同特点为标准的分类方法，即“农轻重分类法”。这种方法按照农业、轻工业、重工业在产业结构中的地位不同，将产业结构分为重型产业结构、轻型产业结构和以农为主型产业结构。

重型产业结构是以重工业为主的产业结构，包括冶炼、钢铁、煤炭、化学、电力等工业，这是处于工业化中后期的大部分国家或者强调发展重工业的国家的产业结构；轻型产业结构是以轻工业为主的产业结构，包括纺织、服装、印刷、食品、家具等工业，这是处于工业化初期的国家的产业结构；以农为主型产业结构，包括种植业、养殖业、畜牧业和渔业等，这是没有实现工业化国家的产业结构。其中，重型产业结构又分为中心的重型产业结构和重心的重型产业结构，前者主要以原材料、燃料、动力、交通运输、基础设施等基础工业为主，后者主要以高加工制度化、起重机械化后期的产业结构。

（三）生产要素需求不同的结构类型

按照不同产业在生产过程中对生产要素的需求种类和需求依赖度的不同，将产业结构分为劳动集约型产业结构、资本集约型产业结构和技术集约型产业结构。

劳动集约型产业结构，是指在生产过程中对劳动的需求和依赖度较大、资本的有机构成较低的产业，在生产中主要消耗的是劳动。通常某个产业对劳动力的依赖程度可用产业的就业系数等指标来衡量，例如，食品、纺织、服装等就是典型的劳动集约型产业结构。资本集约型产业结构，是指在生产过程中对资本的依赖度较大，资本的有机构成较高的产业，在生产中主要消耗的是物化劳动，例如，钢铁、石油等就是公认的典型资本集约型产业结构。技术集约型产业结构，指在生产过程中依靠大量科学技术知识和先进的工业技术生产的产业部门，通常具有产品的物耗小而附加值高的特点，例如，计算机、航天、生物、高分子、新能源等新兴产业。

（四）产业层次发展不同的结构类型

按照产业发展程度、技术水平、生产要素密集度、加工程度和附加值大小的不同，产业结构可以分为初级产业结构、中级产业结构、高级产业结构。

初级产业结构，是发展水平最低的产业结构，以技术落后产业、劳动密集型产业、加工度比较低和附加值比较小的产业及第一次产业为主的产业结构；中级产业结构，是发展水平中等的产业结构，以技术水平较高产业、资本密集型产业、加工度比较高和附加值比较大的产业及第二次产业为主的产业结构；高级产业结构，是发展水平最高的产业结构，以高新技术产业、技术密集型产业、高加工度和高附加值的产业及第三次产业为主的产业结构。

二、产业结构的影响因素

（一）供给因素

供给因素从广义上来说包括自然条件和资源禀赋、提供劳动力的人口、投资（包括国内资金供应和外来投资）、商品供应、进口、技术进步等，也包括国内和国际的政治、经济、法律等环境，还包括体制和人的思想、观念等因素。这些因素的变动也往往会引起产业结构的变动。

1. 自然条件和资源禀赋

一国的自然条件和资源禀赋对该国产业结构的形成与变化有重要的影响。一般而言，那些自然资源丰富的国家的产业结构或多或少地具有资源开发型的特性。当然，如果该国国土辽阔、资源丰富，那么该国也可能形成资源开发、加工和利用全面发展的产业结构；而资源匮乏的国家就不可能形成资源开发型的产业，最多只能形成资源加工型的产业结构。由于自然条件和资源禀赋一般是人力因素难于改变的，同时资源禀赋又是一国经济发展的基础因素，因而对一国的产业形成和经济发展具有重要的影响。受资源制约的国家也可以借助科技的发展和贸易来克服其资源匮乏的弱点。

2. 人口因素

从供给的角度来说，人口因素影响着劳动力的供给程度和人均资源拥有量以及可供给能力的程度。从人口—资源的平衡角度来讲，过度的人口增长会过度地把国内的有限资源转化为衣食供给，以满足人们基本的生活需要。其结果，一方面减少了其他资源的供给，另一方面又减慢了农业人口向第二、三产业的转移，从而延缓了工业化的进程，阻碍了产业结构的高度化和合理化。所以，依据一国经济发展的条件和水平，保持适当的人口增长率，提高人口素质，对产业结构的高度化、合理化有着重要的影响。

国内外经济发展的历史证明，劳动力丰富且价格低廉、资金又缺乏的国家应该多发展劳动密集型产业；劳动力不足而资金比较充裕的国家应该多发展资本密集型的产业。从这个角度来说，劳动力资源的多寡和劳动力素质的高低也决定了一国产业结构调整的方向和产业的发展战略。

3. 技术进步

科技进步是推动一国产业结构变化的最主要因素之一。一国的产业结构表现为一定的生产技术结构，生产技术结构的进步与变动都会引起产业结构的相应变动，一旦技术发生变革，产业结构将会发生与之相适应的改变。科学技术的日益现代化促使各产业部门发生变革，并通过主导产业扩散效应的作用推动相关产业部门不断高度化；技术进步不断拓宽劳动对象，使产业部门不断细化、新的产业部门不断产生；技术进步还不断地引发人们的新需求，从而使新需求成为新产业部门成长的动力。

技术水平的不同决定了比较劳动生产率的不同，技术进步又引起比较劳动生产率的变化。产业结构转换的动力来自比较生产率的差异，它表现为生产要素从比较生产率低的部门向比较生产率高的部门转移；产业结构的转换和升级，取决于部门之间生产率增长速度的差异。不同的部门由于创新和技术进步，其生产率增长速度也是不同的。那些研究与开发投入强度大、能够最先吸收新技术的部门，往往也是生产率提高最快和产出增长最快的部门，这是由部门内在技术经济特征所决定的。

4. 资金供应状况

资金供应对产业结构变动的影响，一方面包括资金的充裕程度对产业结构的影响，另一方面包括资金在不同产业部门的投向偏好对产业结构的影响。前者主要受经济发展水平、社会发展水平、储蓄率、资本积累等诸多因素的影响；后者主要受投资倾斜政策、投资者的投资偏好、利率、资金回报率等方面的影响。前者主要是资金总量方面对产业结构变动的影响，后者主要是投资结构方面对产业结构变动的影响。投资结构决定了资源向不同产业部门的配量与再配量，因而对产业结构的形成和变化产生影响。可以说，资金供应总量和资金供应结构的变化是产业结构改变的直接原因。

5. 商品供应状况

对产业结构变动产生较大影响的商品包括原料品、中间投入品、零部件、进口品等。一般来说，后向关联系数越大的产品对产业结构的影响就越大。从广义的角度来说，商品供应还可以包括电力、原料、燃料的供应，服务的提供，技术的供应等更广的范围。这些商品的供应在很大程度上受制于基础工业、上游工业、后向关联产业的技术水平和产业发展水平。这些产业的技术水平和发展水平影响着产业结构的变动。从发达国家的实践来看，产业结构的高度化也是在基础产业、上游产业或后向关联系数较大的产业得到了一定程度的发展以后，下游产业或前向关联系数较大的产业才能得到比较大的发展。

6. 环境因素

环境因素包括国内环境因素和国际环境因素，或称作政治、经济、社会、法律、文化等环境因素。一国的国际政治环境对该国的产业结构变动有重大的影响。例如，美国在建国初期受到英国的经济封锁，重要的工业产品不允许输往美国，并在 1812 年受到英国的入侵。这一系列事件促使美国重要工业的快速发展，并比较早地摆脱了农业国的落后地位。

文化环境对产业结构的影响也很大。例如，在美国，美国人崇尚个人主义、经济自由的文化环境，一方面刺激人们的高消费、超前消费和个性消费，促进奢侈品、个性产品的快速发展；另一方面也使政府在制定经济政策的时候更多地奉行自由经济的思想。例如，制定限制垄断、扶持小企业发展、营造自由竞争市场环境等方面的政策，从而影响产业结构的变化。又如，在日本，日本文化受典型的东方儒家文化的影响，日本人的消费观念属于节俭型，比较偏向于滞后消费。这一文化取向影响了日本内需市场的发展，也刺激了日本产品向海外市场的快速发展，并形成了严重依赖海外市场的产业结构。

法律环境对产业结构的影响也相当大。良好的法律环境会促进投资的增加，加速产业结构的快速演进。法律环境还对科学技术等其他活动有重要影响。良好的法律环境可以使知识产权得到很好的保护，这必然刺激科技进步，从而刺激产业结构的加速高度化和合理化。经济等其他环境也同样对产业结构的变化产生这样或那样的影响。

（二）需求因素

1. 消费需求

消费需求变动与人口数量、人均收入水平、经济发展周期、经济发展水平、社会发展水平和技术水平等因素密切相关。需求变化包括两方面：一是需求总量的增长，二是需求结构的变化。需求总量与结构变化都会引起相应产业部门的扩张或缩小，也会引起新产业部门的产生和旧产业部门的衰落。从总量角度来考虑，人口数量的增加和人均收入水平的提高都会扩大消费需求；经济发展水平、社会发展水平和技术水平的不同，消费水平通常也会不同；在不同的经济发展周期，各种消费需求也会出现波动。从结构角度来考虑，需求结构对产业结构变化的影响最为直接，需求结构的变化促使生产结构和供给结构发生相应变化，从而导致产业结构的相应变化。需求结构包括个人消费结构、中间需求和最终需求的比例、消费和投资的比例等几个方面。

2.投资需求

投资是企业扩大再生产和产业扩张的重要条件之一。资金向不同产业方向投入所形成的投资配置量的比例就是投资结构。不同方向的投资是改变已有产业结构的直接原因:对创造新的需求投资,将形成新的产业而改变原有的产业结构;对部分产业投资,将推动这些产业比未投资的那部分产业以更快的速度扩大,从而影响原有产业结构;对全部产业投资,但投资比例不同,则会引起各产业发展程度的差异,导致产业结构的相应变化。由于投资是影响产业结构的重要因素,所以,政府往往采用一定的投资政策,通过调整投资结构来达到产业结构调整的目标。

(三)国际贸易因素

社会分工打破国家界限,导致了国与国在资源、产品、技术、劳务等方面的交换,即国际贸易。国际贸易是通过本国产品出口刺激本国需求增长和外国产品进口增加国内供给来影响本国产业结构的。进出口贸易有利于各国发挥自己的比较优势,获得比较利益。进出口贸易对产业结构的主要影响有:资源、商品、劳务的出口,对国内相关产业的发展起推动作用;国内紧缺资源、劳务的进口,可以弥补本国生产该类商品的产业不足,同时进口某些新产品、新技术还对开拓本国市场、为本国发展同类产业创造有利条件,有利于推动本国产业结构的高度化。当然,有些商品的出口,也可能会对本国某些产业的发展起抑制作用。

(四)国际投资因素

国际投资也是影响产业结构变动的一个重要因素。国际投资包括本国资本的流出即本国企业在外国的投资以及外国资本的流入即外国企业在本国的投资。对外投资会导致本国产业的对外转移,外国投资则促使国外产业的对内转移。这两方面都会引起国内产业结构的变化。特别是，外国直接投资对国内产业结构的影响更为直接和深远，表现在三个方面：一是外资企业直接决定生产什么，生产多少。产品品种的变化和数量的变化会直接改变原来的产业结构。二是外资企业中间产品的供应结构和最终产品的销售结构的变化会直接影响到国内产业结构的变化。外资企业进入国内市场以后，其中间产品的供应可以来自国内，也可以来自国外；其最终产品可以在国内销售，也可以在国外销售。这样外资企业的经营活动导致国内供应结构和需求结构的改变，从而促使国内产业结构的变化。三是外资企业的技术创新间接地影响一国或一地区的产业结构。

（五）其他因素

产业结构的变化除了受到上述各种因素的影响外，还受到政府经济政策和市场等因素的影响。

产业结构的变化受到政府产业政策的影响最直接。产业政策是指导产业发展和产业结构调整最主要的依据。为了实现政府制定的经济发展目标，政府通过制定产业发展战略和政策来鼓励或限制某些产业的发展，产业结构因此而相应变动。政府对产业结构的调整主要就是通过产业政策来实现的。政府可以对影响产业结构变动的诸因素进行调整，包括通过政府投资、管制等措施，通过制定财政、货币等政策，通过立法、协调等手段来调整供给结构、需求结构、国际贸易结构和国际投资结构，进而影响产业结构。

市场是社会资源配置的重要手段，市场给出的信号直接引导人们的投资与消费行为，进而影响产业结构的变动。因此，市场法规与机制的完善程度也成为影响产业结构的因素之一。

总的来看，以上这些因素都不是孤立存在的，而是相互联系、相互作用、相互交织在一起，综合地影响和决定现有产业结构及其未来的发展变化。

三、产业结构理论发展

（一）李斯特的产业结构阶段论

李斯特是德国伟大的经济学家，在他看来，每个国家产业结构演进都必须要经过原始未开化时期、畜牧时期、农业时期、农工业时期、农工商时期等阶段。[①] 而且李斯特也提到了产业结构转换方面的问题。他持有这样的观点，一个国家无论是政治制度、科学技术，还是人员素质、民族精神，都构成了生产力发展和工商业迈向繁荣之路的重要条件和源泉。他也涉及更为广泛的一些政治问题，诸如应该采用国家干预经济、推行关税扶持、协助本国幼小产业、主动发展基础设施、努力发展教育事业、引进先进技术等。

李斯特的产业演进理论以及采取国家干预经济的思想极大地推动了产业经济学的发展，而且一些政策主张后来也受到日本、德国等许多国家的推崇和采纳。

（二）库兹涅茨人均收入影响论

库兹涅茨大力地吸收、借鉴了克拉克的研究成果，并认真挖掘了各个国家的历史资料，通过现代经济统计体系对整个产业结构的演变规律给予了更进一步的分析，阐述了劳动力和国民收入在各个产业之间分布结构演变呈现出的一般趋势，进而在不断深化产业结构演变的原因分析方面有着很大的成就。他立足于国民收入和劳动力在产业之间的分布状况，对随着经济发展而发展的产业结构变化进行了分析研究，并大力收集和整理了很多国家的大量数据，将三次产业分别称作农业部门、工业部门和服务部门。针对各个产业中相对国民收入呈现出的变化趋势，库兹涅茨

---

① 价值中国.我没有为布什格林斯潘们辩护的义务[EB/OL]. http://www.chinavalue.net/Finance/Blog/2009-9-8/200848.aspx.

给予大力分析，并得出下面的结论。

第一产业的相对国民收入（比较劳动生产率＝该产业的国民收入的相对比重/该产业的劳动力的相对比重）在大部分国家都小于1，但是第二、三产业的相对国民收入却高于1。从时间方面进行分析，农业相对国民收入呈现出下降的趋势意味着，在劳动力、国民收入所占据的相对比重都降低时，国民收入相对比重降低的程度高于劳动力相对比重降低的程度。

对于第二产业来讲，国民收入相对比重呈现出上升的趋势，但是劳动力相对比重却变化很小，因为过度工业化有着不同甚至有着很大差异的水平，整体来看呈现出微增的变化。

对于第二产业来讲，相对国民收入，也就是比较劳动生产率，从时间方面进行分析，一般呈现出下降趋势，但是劳动力在相对比重方面却是呈上升趋势的。这再次印证了第三次产业有着非常强的吸收劳动力的特性，不过劳动生产率却并没有很大的提高。

（三）罗斯托主导产业扩散效应理论和经济成长阶段论

罗斯托在很长时间的研究之后，提出了主导产业扩散效应理论和经济成长阶段理论。在他看来，在每一个时期，乃至在一个非常成熟且不断成长的经济体系中，为什么经济增长能够保持下来，就是因为数量很少的主导部门快速扩大、延伸的结果，同时这种扩大、延伸的结果能够对其他产业部门产生非常重要的意义，也就是形成了主导产业的扩散效应，主要包含三大效应，分别是回顾效应、旁侧效应和前向效应。我们将这些理论称作罗斯托主导产业扩散效应理论。

1. 回顾效应

所谓回顾效应，则指主导性部门的增长对于那些向自己提供投入品的供应部门带来的影响。在罗斯托看来，根据主导性部门的那些技术特点，当它们处在高速增长阶段的时候，会对原材料和机器设备等诸多投入品产生一些新的投入要求。比如，近代棉纺织业的快速发展极大地推动了纺织机械和蒸汽动力机的产生，而且在更加广泛的领域里更新、升华了冶炼技术。

2. 旁侧效应

所谓旁侧效应，则指主导性部门的发展会导致它周边区域在经济和社会方面产生一系列变化，这些变化将会在更加广泛的方面加快工业化进程。比如，棉纺织业革命对曼彻斯特、波士顿进行了彻底改造；汽车工业对底特律进行了彻底改造，而且导致老都市中心的改变和一些新城市中心的出现。这些旁侧效应，也就是以起飞期间城市化的加速发展作为标志，增加了现代人占据总人口中的比重，深化了生产过程的一系列现代观念，这些影响大于新活动本身和投入带来的直接影响。

3. 前向效应

所谓前向效应，则指主导部门的成长刺激了新兴工业部门、新技术、新材料、新能源的不断出现，提升了自己提供给其他产业产品的质量。比如，英国在 18 世纪时，棉纺织业的迅速扩张，从而使得棉纺制造业逐渐摆脱了对水力的依赖性，并以此为基础，瓦特将蒸汽发动机成功发明出来。除此之外，棉纺织业的迅速扩张也直接地增加了探索、寻找新运输方式的刺激力，有助于通过更加便捷、价廉的方式在港口和工厂之间成功运输棉纺织产品，所以，也就进一步促进了曼彻斯特→利物浦和波士顿→罗威尔的铁路快速建成。

（四）均衡发展理论

均衡发展理论形成于 20 世纪 40 年代，以罗森斯坦·罗丹、纳克斯、刘易斯以及斯特里顿等人为代表，其基本的主张是发展中国家为了摆脱贫困，应在国民经济的各产业进行全面的、大规模的投资，以各产业的平衡增长来实现国家的工业化和国民经济的发展。均衡发展理论以罗森斯坦·罗丹的“大推动理论”和纳克斯的“贫困恶性循环理论”最为典型。

1. 大推动理论

大推动理论是均衡发展理论中具有代表性的理论，它是英国著名的发展经济学家罗森斯坦·罗丹（Rosenstein Rodan）于1943年在《东欧和东南欧国家工业化的若干问题》一文中提出来的。该理论的核心是在发展中国家或地区对国民经济的各个部门同时进行大规模投资，以促进这些部门的平均增长，从而推动整个国民经济的高速增长和全面发展。

为了克服需求和供给对经济发展的限制，罗丹认为必须以最小临界投资规模对几个相互补充的产业部门同时进行投资，只有这样，才能产生“外部经济效果”。大推动理论主要包括以下四个方面的内容。

（1）大推动理论的目标是取得外部经济效果。外部经济效果包括两层含义：一是对相互补充的工业部门进行投资，能够创造出互为需求的市场，这样就可以克服发展中国家国内市场狭小，在需求方面阻碍经济发展的问题；二是对相互补充的产业部门同时进行投资，可以降低生产成本、增加利润，为增加用于再投资的资本创造条件，有助于克服在供给方面阻碍经济发展的障碍。因此，对几个相互补充的产业部门进行投资所产生的外部经济效果，不仅可以增加单个企业的利润，而且还可以增加社会效益。

（2）实施大推动所需的资本来源于国内国际双向投资。对几个相互补充的产业部门同时进行投资，其所需的资本是巨大的。因此，罗丹特别强调最小临界投资规模，即小于此规模，则地区经济不能实现腾飞启动。在人均收入很低的发展中国家或落后地区，这些资本从何而来呢？罗丹认为，主要有两个来源：一是国内。在不降低国内原有消费水平的基础上，利用一切可能利用的资本增加投资。二是国际。罗丹认为，发展中国家或地区的工业化，决不能仅仅依靠国内资本，还要依赖大量的国际投资和资本引进。

(3)大推动的重点投资领域集中于基础设施和轻工业部门。大推动的投资方向并不是整个国民经济的所有部门，而是几个相互补充的产业部门。发展中国家或地区在工业化的初期，应把资本主要投向经济社会基本设施，以及具有相互联系的轻工业部门，而不是重工业部门。

(4)大推动过程必须通过政府计划而非市场调节来组织实施。首先，投资的目标是取得外部经济效果，而非利润；其次，投资数额巨大；再次，基础设施投资周期长，因而必须由政府来承担。

大推动理论的论据和理论基础建立在生产函数、需求、储蓄供给的三个“不可分性”上面。一是生产函数的不可分性。按照哈罗德·多马模型，在一个经济系统中，资金系数 K 的值越小，则收益越大。罗森斯坦·罗丹认为，投入产出过程中的不可分性能够增加收益，并对提高资金产出比作用更大。在基础设施的供给方面“社会分摊资本”就具有明显的过程上的不可分性和时序上的不可逆性。比如能源、交通、信息等基础设施建设周期长，且必须先于直接生产性投资。由于其资本形成的特点还具有相当程度的持久性，一旦形成规模和能力，要改变这种资本存量结构就比较困难。这是它促使外部经济产生的前提，也是发展中国家工业化过程中最为常见的“瓶颈”。二是需求的不可分性。一个国家或地区的各产业是关联互补的，彼此都在为对方提供要素投入的能力和需求市场的容量，从而形成市场需求的不可分性，以共同突破市场瓶颈，降低市场风险。而要做到这一点，就必须使各产业的资源配置在空间上同时具有一定的规模。三是储蓄供给的不可分性。发展中国家一方面面临着人均国民收入较低、居民储蓄相应低下的困境；另一方面，即使最小临界投资规模也需要大量储蓄。在此种情况下，要打破“储蓄缺口”，就必须在投资提高诱发的居民收入增长时，使边际储蓄率高于平均储蓄率，否则，储蓄的不充分将使投资规模受到限制。

自大推动理论面世以来，已为多数发展经济学家所接受，并在区域经济发展实践中得到印证和反映，为发展中国家或地区的工业化提供了解决问题的钥匙和治病良方。但它也存在不足之处。首先，大推动理论的立论基础是"三个不可分性"，但在实际中，却出现了某种程度的可分趋势，而且忽略了专业化分工和比较优势的客观存在。其次，在实践中，大推动所需的巨额资本难以找到。发展中国家收入水平低，自身无法筹集巨额资金，国外支持也难以保证。再次，大推动理论过分重视和强调计划的作用，而忽视发挥市场经济的自组织作用。因此，大推动理论具有很大的局限性，在实践中也没有成功的案例。

2. 贫困恶性循环理论

贫困恶性循环理论是由著名经济学家拉格勒·纳克斯（Ragnar Nurkse）于1953年在《不发达国家的资本形成》一书中提出的。他认为，发展中国家存在着贫困的恶性循环，资本匮乏是阻碍发展中国家发展的关键因素。

"贫困恶性循环理论"包括供给和需求两个方面。在供给方面，发展中国家由于经济不发达，人均收入水平低下，低收入意味着人们将要把大部分收入用于生活消费，很少用于储蓄，从而导致了储蓄水平低，储蓄能力小；低储蓄能力引起资本稀缺，从而造成资本形成不足；资本形成不足又会导致生产规模难以扩大，劳动生产率难以提高；低生产率造成低产出，低产出又造成低收入。这样周而复始，便形成了一个"低收入—低储蓄能力—低资本形成—低生产率—低产出—低收入"的恶性循环。在需求方面，资本形成也有一个恶性循环。发展中国家经济落后，人均收入水平低下，低收入意味着低购买力和低消费能力；低购买力导致投资引诱不足；投资引诱不足又会造成资本形成不足；低资本形成使生产规模难以扩大，生产率难以提高；低生产率带来低产出和低收入。这样也形成了一个"低收入—低购买力—低投资引诱—低资本形成—低生产率—低产出—低收入"的恶性循环。

为了打破这种贫困的恶性循环，纳克斯主张均衡发展的策略。纳克斯认为，落后国家和地区维持各部门均衡发展，可以避免供给方面的困难，避免恶性循环的发生。如工农协调，社会基础设施配套，支持和鼓励多部门的发展，诱发许多关联性生产，使各产业间互相购买彼此的产品和劳务，并且在空间上建立许多据点，凭借便捷的交通联系，将其发展效果波及邻近地区，导致国家在空间上呈现活跃的景象。同样，纳克斯认为，多部门平衡投资，可以使各部门互为顾客，依靠提高劳动生产率，进而提高收入、提高购买力，使国内需求扩大，诱发投资，扩大生产。因而，他认为，平衡增长是提高增长速度的工具。

四、产业安全理论

（一）安全理论的主要内容

产业安全是指特定行为体自主产业的生存和发展不受威胁的状态。该定义包含三层含义：一是安全的主体是特定行为体的自主产业；二是产业安全包含生存安全和发展安全两个方面；三是产业安全度，可以通过评价产业受威胁的程度加以反推。

1. 产业安全的主体应为特定行为体的自主产业

这里的行为体，既包括国家，也包括非国家行为体，大到区域性组织（如欧盟），小到省、市甚至郡、县，只要拥有自主产业，就涉及产业安全问题。从定义上看，产业安全并不仅仅限于国家的产业安全，即通常所称的民族产业。但是在国际关系中，民族国家仍然是最主要的行为体，民族利益仍然是最受关注的焦点，而产业安全问题最先受到关注，也的确始于国家产业安全或民族产业安全。因此一提起产业安全，人们通常会约定俗成地指代民族产业安全。

2. 产业安全包括产业生存安全和产业发展安全

产业生存安全是指产业的生存不受威胁的状态。产业要生存，首先意味着：①该产业有一定的市场或市场份额；②该产业能达到一定的利润率水平。其次，产业要生存，还必须具备自身的生存特征。因此，可以将产业发展安全具体地定义为产业价值或市场份额的提高、产业技术创新，以及产业的赶超不受威胁的状态。

3. 产业威胁与产业安全是相互对立的

二者实际上是同一问题的正反两个方面。产业受威胁的程度越深，产业越不安全，即该产业的安全度越低。因此，判断一国产业是否安全，既可以直接评价其安全度指标，也可以从产业是否受威胁来反推。且通常情况下，后一种方法对于准确把握产业现状，进而对产业安全进行预警，及时采取应对措施更具有现实意义。

（二）产业安全的影响因素

1. 产业组织因素

产业组织是指在社会条件下，企业之间的市场关系总和。影响产业安全的产业组织因素主要包括反映市场控制力的市场集中度、行业规模的经济特性、东道国政府的行政性壁垒及跨国公司的策略性行为等。

2. 产业结构因素

影响产业安全的结构因素主要包括资源供给结构和社会需求结构、国际贸易、外商直接投资及国际产业转移等。

3. 产业布局因素

产业布局是指一个国家或地区产业各部门、各环节在地域上的动态组合分布，是国民经济各部门发展运动规律的具体表现。影响产业安全的布局因素主要包括国内外政治环境、市场环境的变化、政府政策指向、科学技术发展等。

4. 产业政策因素

一国的产业政策及制度安排，尤其是错误的产业政策，会对产业安全产生十分不利的影响，主要表现在：第一，国内产业政策无法规范盲目的投资行为，可能造成严重的生产过剩；第二，外商投资导向政策无法规范外资的进入行为，将增加国内一些产业的竞争压力；第三，地方政策干扰，进一步加剧对外资企业监管的失控；第四，产业制度安排的不合理，引起产业结构调整刚性，造成产业竞争力下降，国内外市场份额减少，产业利益大量流失。

第二节　新常态下产业结构优化策略

一、产业结构优化的含义

所谓产业结构优化，则指采取产业调整，使得各个产业统筹协调发展起来，产业总体发展水平持续提高的过程。从字面意思上进行分析，产业结构优化包含着两大方面的内容：其一，要求各个产业之间从不协调逐渐走向协调的过程，我们将这一过程称作产业结构合理化；其二，产业结构从低层次逐渐朝高层次的方向演进的过程，我们将这一过程称作产业结构高度化。

从中可能看到，产业结构优化主要有着两大方面的内容，分别是产业结构合理化和产业结构高度化。合理化与高度化之间有着密切的关系，其中，合理化是高度化的基础，如果没有合理化，产业结构的高度化自然也就丧失了其基本的条件，不仅无法实现升级的目的，反而很可能会出现结构的逆转；而高度化则是合理化更深一步发展的目的，合理化存在的意义就是为了能够使得产业结构朝着更高层次的方向转化，如果没有这一目的，合理化自然也就失去了存在的意义。

（一）产业结构合理化

产业结构合理化主要是指产业与产业之间经济技术联系和数量比例关系趋向协调平衡的过程，即在一定的经济发展阶段上，根据消费需求和资源条件，对初始不理想的产业结构进行有关变量的调整，理顺结构，使资源在产业间合理配置，有效利用，促进产业结构的动态均衡和产业素质的提高。

1. 产业结构合理化调整的过程及其收益

从产业结构越来越合理化的调整过程进行分析，主要包括下面两个过程：其一，在部门、行业之间持续进行调整、协调，从而使其越来越均衡的过程；其二，则是该均衡被打破的过程。将特殊情况排除在外，均衡被打破的原因主要来源于以下两个方面：其一，需求和需求结构有着一些变化，导致产业结构随之进行调整；其二，因为技术不断进步，某些产业供给能力有着一些变化，导致产业结构需要进行调整来更好地适应相对不变的需求以及需求结构。

在短时间里技术水平并未有着重大变化的条件下，产业结构由不合理朝合理的方向转化的过程当中，其边际收益呈现出逐渐递减的趋势。这是因为结构调整的过程同时也是结构扭曲程度逐渐缩小的过程。如今，产业结构越来越趋于协调，因为产业结构扭曲所带来的经济损失也越来越少，所以扭转这一趋势所获得的收益也将逐步减小。不过，如果将整个产业结构的变动放在很长的一段时间里进行分析，可以看到，因为技术不断进步而一次次给予的结构调整，其边际收益没有呈现出逐渐递减的规律。技术的不断进步使得有着一定需求的劳动力得到极大满足，也避免了各种物质生产要素的浪费，也大大地提高了生产效率，推动人类生活水平朝着更高的水平发展。如果将因为技术进步引起的每一轮产业结构调整看作整体产业结构变动的“边际”的话，则边际收益并没有呈现出逐渐递减的规律。

2. 产业结构合理化调整的机制和动力

产业结构逐渐从不合理趋于合理化，其动力在于结构调整的整个过程当中收益的存在。不过在各个结构调整整个过程当中，结构调整动力有着各种表现形式。所谓产业结构调整机制，则指一种依据现有产业结构状态，凭借输入某种信号和能量，导致结构发生变化，进而呈现新的产业结构状态的一个作用过程。凭借输入信号的特有的性质和调整方式的各种类型，理论上可以将产业结构的调整机制分为两大方面，分别是市场机制和计划机制。

市场机制在调整产业结构方面，在很大程度上属于一种经济系统的进行自我调整的一个过程，也就是经济主体在市场信号的指引领导下，通过生产资源的重新组合和在各个产业部门之间的流动，使得产业结构尽力适应需求结构变化的一个过程。因为诸多原因，需求结构有了一些变化，进而打破了原有的供需结构，使得某些产品供给高于需求，而另一些产品供给低于需求，进而导致这些产品的价格有着相对的波动，如果格波动幅度达到某一程度时，越过生产资源转移的那个临界点（转移后收益＝转移成本＋机会成本）时，则产品价格下降部门的一些资源就会转移到那些产品价格上涨的部门，一直到供给结构和需求结构之间出现新的平衡点为止。当产业结构在这样的调整过程中，其变动的信号就来源于市场价格，动力则是大量分散的经济主体探索追求提高利润和避免损失。

计划机制在调整产业结构方面，属于一种对经济系统进行调控的过程，也就是政府通过向经济系统输入某一信号，直接实现资源在产业间的配置，导致产业结构得以变动的一个过程。政府机关依据当前情况下产业结构的状况以及对产业结构变化的推测，立足于经济发展的总体目标，凭借纵向等级层次向各个经济主体颁布指令，从而调整产业部门之间供应与需求之间的关系。通常情况下，这些指令包含两种类型。其一，直接对于企业的生产数量给予各种要求；其二，通过调整各个部门的投资计划进行调整资产增量在产业之间的配置，进而改变产业结构。采取计划机制调整产业结构时，结构变动的信号来源于政府的计划数量或者指令，其动力在于政府探索、追求经济持续、稳定、协调发展。

因为市场机制和计划机制虽然都有着各自独特的优点，但是各自也存在一些局限性，使得市场调节机制虽然比较准确、稳妥、灵敏，不过却是在事后给予调节，导致成本较大，时滞也比较长；同样，计划调节机制可以在事前给予调节，调整成本也比较小，但是准确度不高，而且各种市场摩擦也不断涌现。所以，单独采用其中任何一种调节方式，都不易实现产业结构合理化的目标。只有将两者紧密地结合在一起，才能够使得产业结构趋于合理化的方向发展。目前情况下，世界上各个国家都没有采取纯粹、单一的市场调节形式或者计划调节形式，而是将这两种形式紧密地结合在一起进行使用，只不过各个国家侧重点有所不同罢了。

（二）产业结构高度化

产业结构高度化是指产业总体发展水平不断提高的过程，或者说是产业结构由低水平状态向高水平状态发展的过程，也可将其称为产业结构的升级。

1.产业结构高度化的标志

（1）高加工度化。这是工业结构由以加工程度比较低的轻纺工业、原材料工业为重心向以加工程度较高的制造业为重心发展的趋势。

（2）高附加值化。这是附加价值更大的产业在产业结构中越来越占优势地位、比重越来越大的发展趋势。

（3）技术集约化。这是产业结构的技术水平越来越高、技术基础越来越先进、技术密集型产业越来越成为主导产业的发展趋势。

(4)知识化。这是知识越来越成为产业发展的最重要的决定性因素,生产和传播知识的产业在产业结构中越来越成为主导产业的发展趋势。

(5)服务化。这是服务行业的第三次产业在国民经济中所占的比重越来越大,在产业结构中越来越成为主导产业的发展趋势。

2. 产业结构高度化的判断标准

对一国经济发展到什么阶段,我们可用人均国民收入或人均国民生产总值等指标来反映。对一国产业结构的高度化程度,用什么指标进行表示,国际上似乎还没有比较通行的方法。在此,我们介绍以下两种衡量的方法。

(1)"标准结构"方法。该方法是将一国的产业结构与世界上其他国家产业结构的平均高度进行比较,以确定本国产业结构的高度化程度。库兹涅茨在研究产业结构的演进规律时,不但通过时间序列的数据对产业结构的演进规律进行了分析,而且还通过横截面的数据对经济发展阶段与产业结构的关系进行了研究。这种用截面数据研究产业结构的方法,为我们了解一国产业结构发展到何种高度提供了比较的依据。利用这种方法,库兹涅茨提出了经济发展不同阶段的产业"标准结构"。根据"标准结构"就能了解一国经济发展到哪一阶段以及产业结构高度化的程度。

(2)相似性系数法。这是以某一参照国的产业结构为标准,通过相似性系数的计算,将本国的产业结构与参照国产业结构进行比较,以确定本国产业结构高度化程度的一种方法。

以上两种方法,是从不同角度、不同方面衡量产业结构高度化的方法,不是孤立的,也不是对立的,而是互相补充的,衡量的结果也是一致的。准确衡量产业结构高度化,必须同时运用这两种方法，进行综合判断。

二、我国产业结构的转型

（一）我国产业结构存在的缺陷

因为受到封闭的计划经济的长期影响，中国为了实现“较完整的工业体系”目的，在一大批有着国际弱势的低效产业中，浪费了很多的资本、人才、土地，从而也引起了中国产业结构有着并不合理的格局。自从中国实行改革开放政策以来，中国的产业结构有了很大的改善，但是诸多令人担忧的问题也纷至沓来。

1. 三级产业之间的比例关系失衡

虽然我国第一产业有着偏高的比重，更是高于同等收入水平国家；而第二产业更是有着明显偏高的比重，不仅远远高于同等收入水平国家，还比那些工业发达国家要高；但是第三产业则有着偏低的比重，远远低于那些同等收入国家和发达国家。所以，我国三级产业之间的比例关系存在严重失衡，这种不合理的产业结构深深阻碍了资源的配置和优化，也大大降低了我国经济效益，使得产品在整个国际竞争中处于弱势地位。

2. 三级产业内部结构也存在问题

我国第一产业依然有着比较薄弱的基础。农业无论是在劳动生产率方面，还是在现代化程度方面都非常低。农村生产的许多环节仍然是主要依靠人畜力，机械化作为辅助。而且，在农业的总产值中，农作物呈现出偏大的比重，但是畜牧业、渔业、林业则有着偏小的比重。而且自从加入 WTO 之后，我国在纷繁复杂的国际市场中依然处于弱势地位。

第二产业依然有着比较落后的结构。我国的基础工业远远落后于加工工业。中国在基础工业方面进展非常缓慢，尤其是在能源、原材料方面，其“瓶颈”约束并没有全部解决，而加工工业却发展得很快，导致过剩和囤积，生产能力利用率非常低。不仅如此，高水平的加工能力出现严重不足，很多部门有着较高的污染度，排放量也很大，能源消耗也比较高。

第三产业发展非常滞后，质量非常低，与发达国家健全、规范的第三产业进行比较，差距非常大。

3. 生产结构和需求结构矛盾较突出

因为长时间的重复建设和低质量扩张，使得我国产业结构变化无法与时俱进跟上市场各种需求，在 20 世纪 90 年代中期以来，中国生产出大量的低技术含量、低附加值产品，很多商品出现供应大于需求的现象，而高技术含量、高附加值产品却严重不足，有时被迫依赖大量进口。这种供应与需求之间的矛盾主要体现为：普通商品过量囤积和高档商品畅销并存，很多商品房积压而大部分工薪阶层无房缺房，成为典型的蚁族大军中的一员。目前情况下，我国人均 GDP 依然不高情况下出现的供应大于需求的状况，充分体现了现有产业结构的不合理。

我国产业结构存在诸多不合理的地方，要想促进中国经济增长，当务之急就是要对我国产业结构给予调整，不断促进产业结构升级、处理供应需求结构失衡问题。

（二）我国产业结构的转型

1. 产业结构转型的目标和方向

目前情况下，我国产业结构存在着很多问题，对其转型的目标和方向应该包含下面三个环节。

其一，有助于维持经济增长的稳定性。产业结构转型，一定要确保有助于维持经济增长的稳定性，而且减少引发经济波动的结构性因素，能够推动经济快速运转，提升经济效益。所以要大力培育多级生长点，在维持社会资本某一投入强度的条件下，提高经济性资本的比重，完善目前情况下以扩张基础产业和基础设施建设发挥主导性作用的经济增长格局。

其二，有助于完善供应应对各种需求的适应性和灵活反应能力。恰恰因为供给方面如果没有应对各种需求变化的灵活反应能力，会引起过度依赖低层次、低度化结构勉强维持经济增长的局面。要想使得大大增强供应对应各种需求的灵活反应能力，就需要为提升产品的开发能力而建立完善的产业体系，其结果会大大延长产品加工链条，提升加工度，强化产业关联度，加大生产迂回化程度，进而完成内涵型生产目标，摆脱增长主要依赖铺摊子的方式。

其三，有助于经济增长方式的转化。产业结构转型时，一定要确保有助于经济增长从粗放型朝着集约型的方向转化，有助于减少消耗、提升效益。这里最关键的地方在于应该努力做到通过技术进步来不断提升经济的整体素质，促进经济的增长。即经济增长方式转化的关键点在于推动技术进步。从操作的角度进行分析，推动技术进步的工作可以分为两大层次，分别是微观和宏观。其中，微观范畴的技术进步，也就是企业领域的技术创新活动，除了个别一些大型项目需要由国家组织实施，其他的技术创新活动的主体无一例外是企业，国家发挥的作用主要体现在为企业技术创新营造各种外部环境，诸如体制、技改政策；而宏观范畴的技术进步，也就是通过调整结构来提升产出以及经济增长的技术含量，即在适应需求要求的条件下，通过提高企业技术含量，增加其集约程度，从而使得这些技术含量高、集约程度高的产业能够对经济增长发挥更加积极的作用。其具体实施过程就是对于那些高新技术产业给予大力扶持和培养，并充分利用各种高新技术对现有产业给予大力改造。

2. 产业结构转型的重点

首先，重点应着力发展装备工业，用各种高新技术改造传统产业。因为我国依然有着比较落后的技术装备，生产出的产品档次比较低、质量也比较差，很多已经成为主流设备的数字控制、柔性化的机电一体设备依然无法制造出来。这不仅深深影响了各个产业部门的竞争力，同时也严重阻碍了我国产业发展。大力提升我国基础机械、产业专用机械等诸多技术装备制造水平，不仅能够有力地提升产业竞争力，也能够提高应对市场的灵活反应能力。装备工业的发展应该努力做好以下几点：其一，数控机床是整个制造业的基础部分，普及数控机床是大力提升我国制造业工艺水平的一个非常重要的环节。抓住任何因为计算机数控新技术出现而很可能使得我国与那些发达国家的差距缩小的机会，着力发展数控机床工业。其二，重点发展一些机电一体化装备，并装备信息控制系统，完成设备的智能化、柔性化。其三，在轻工业、纺织行业领域大力普及计算机辅助设计，并用各种制造技术作为辅助，不仅使得我国轻纺产品有着很强的竞争实力，而且也为我国应用软件业的快速发展提供市场需求。

其次，产业结构转型的重点应加速发展信息设备制造业、信息服务业和生物工程等诸多高技术产业。目前情况下，一小部分超级跨国公司已经完全垄断了个人微机的重要部件，诸如通用型逻辑电路和存储电路方面的生产技术。在这样的情况下我国不适合加入通用型集成电路方面的竞争，而是要努力将主机板、外围设备的生产份额早早争取到，承揽集成电路加工以及封装工作，从而进入电路设计，然后逐渐加入国际计算机生产出更多的电路。

最后，产业结构转型的重点应形成农村经济增长点，进而推动城市化进程。当前情况下，大部分乡镇企业进入的是相同层次的产业，而且城市的很多产业有着很多雷同，从而导致了重复建设和过度竞争。所以，想要淘汰掉一部分传统、落后的产业，相同行业的一部分企业要采取技术升级的方式退出原经营领域。从而使得各个不同产业，以及相同产业不同层次的企业能够有效发挥各自优势，各自又能占据各个层次的市场，出现新的分工体系，从而为农村大力发展劳动密集型产业腾出更多的空间，推动农村非农产业的快速发展。所以,农村工业与城市现有工业之间需要建立良性竞争、通过“分层”发展,推动农村富余劳动力转移,不断提升农村居民收入水平,进而推动农村城市化进程。

3.产业结构转型的方式

在20世纪80年代,中国发生了几次产业结构调整,主要采用的是政府行政的力量以及计划的手段,虽然这在当时的体制下取得了很大效果,但是伴随着我国社会主义市场经济体制不断建立和完善起来,我国经济运行的方式有着根本性的一些变化。首先,因为投资主体越来越多元化,使得政府对各种类型投资主体投资行为有着越来越弱的行政约束力,所以必须转向主要通过经济手段给予引导;其次,价格体系大致理顺,价格形成机制也已大致市场化,进而使得价格信号成为调节供给与需求之间关系的一个非常重要杠杆;最后,我国经济得到迅速发展,国企改革也逐渐深化,至于企业生产什么产品、不生产什么产品以及具体生产多少产品,则主要通过供应与需求之间的关系进行决定。从而也就决定了我国在现阶段中无论是在产业发展,还是结构调整方面,其主导方式都必然通过行政、计划转向市场,其主体也必然是通过政府转向企业。从今往后,无论是我国的产业发展,还是结构的变化方面都会取决于企业的投资行为以及技术创新的速度和广度,还有城市、乡村居民的收入水平和各种需求结构的变化,也就是我国无论是在产业发展方面还是在结构调整方面都已经不再受到行政和计划的安排决定,而是受到市场机制的新时期所决定。

4.产业结构转型的对策

首先,我国产业结构转型一定要在全球化大范围内进行。自从中国加入WTO之后,中国国内的市场在经济方面的众多游戏规则,必须遵循国际社会通行的“标准”进行建立,从而使其与国际市场众多通行行为准则更为兼容,有时甚至需要纳入其制度框架下，采用外在力量冲破目前情况下国内的各种阻力，推动中国的市场化建设进程。所以，一定要运用经济全球化的思维调整、优化产业结构，而且要有效利用国际国内这两大资源、国际国内这两大市场来解决我国产业的优化与升级方面的问题，采取“大换防”战略，也就是将国内劣势产业的市场转让给国外的优势产业，而将国内的优势产业成功打入国际市场。该“大换防”战略有利于将我国的比较优势充分发挥出来，也大大提升了我国整个国民经济效率。

其次，我国在产业结构转型时一定要立足于中国基本国情，将具体情况作为出发点。要大力依靠现有基础，避免盲目扩大规模和重复建设。而且要立足于劳动力富余这一国情，强调发展劳动密集型产业。长期以来，我国经济发展存在着不平衡性，而且生产力水平也有着多层次性，从而也就决定了我国产业结构呈现出多层次性。

最后，我国要积极建立和完善各种产业进入与退出机制，努力发展新兴产业，将传统、落后的生产能力淘汰出局。最近几年来，我国经济得到快速发展，改革也逐步深化，产业的一系列进入壁垒及其影响程度都有着非常大的改变，推动了竞争性市场结构的快速形成。但是，产业退出的各种经济障碍和制度障碍，依然普遍存在。因为改革的许多方面还需进一步深化，支持结构调整、优化的财力毕竟有限，企业面临的债务也没有清偿，劳动力就业怎样安置，企业资产如何处置等诸多问题在短时间内很难得到有效解决，企业承担不起破产重组的巨大成本，所以也就不能实现产业退出，这同时也是很多行业存在过度竞争的一个根本原因。如果按照一般经济规律进行分析，各个地区和企业积极进入高利润产业，会使得该企业在利用率方面呈现出下降的趋势，从而在竞争中不具优势的企业会朝着其他产业的方向转移，但是因为各地保护主义普遍存在，和我国产权制度仍然存在着一些问题，使得我国企业退出市场竞争自始至终都无法得到有效解决。进入容易，出来艰难，各个地区立足于自身利益，都不愿意选择退出，而是运用多种保护措施，导致我国产业结构有着非常严重的趋同化现象。所以为了调整、优化产业结构，促进产业结构升级，一定要建立和完善各种产业进入与退出机制，也就是对产业进入采取“利益分享机制”，而对于产业退出则采取“利益补偿机制”，这样能够将落后生产能力淘汰出局，积极发展新兴产业。

第三节 主导产业的选择与发展

一、主导产业的内涵

（一）主导产业的概念

在经济发展的不同阶段和不同的产业结构中，各产业的发展速度是不同的。一些产业可能发展得快些，另一些产业可能发展得慢些，甚至还有一些产业可能处于衰退和萎缩状态。因此，各产业对国民经济的作用和贡献也是不同的。整个经济的增长率在一定意义上是某些关键产业（包括产业部门）的迅速增长所产生的直接或间接的效果。这些关键产业就被称为主导产业。主导产业一般是指在产业结构系统中处于主体地位、发挥引导和支撑作用的产业，这些产业的状况在很大程度上决定了该产业结构系统未来的发展方向和模式。主导产业能迅速有效地吸收先进技术和科技创新成果、满足大幅度增长的市场需求，从而能持续获得较高的生产增长率，因此，它的存在和发展与国民经济的整体发展关系密切，是国民经济发展的支柱和核心。

（二）主导产业的特点

1. 多层次性

发展中国家在优化产业结构过程中既要解决产业结构的合

理化问题，又要解决产业结构的高度化问题。由于要实现的目标是多重的，故处在战略地位的主导产业群也呈现多层次的特点。

2. 综合性

各产业部门在为发展目标服务时，其作用是各有侧重而又互为补充的。各产业部门的作用重点取决于产业部门的特性，即增长特性、关联特性、需求特性、资源特性，部门特性的差异及面临问题的多样性，要求在主导产业选择时，综合考虑多种因素。

3. 序列更替性

主导产业及其综合体的形成是与一国经济的发展阶段相适应的。在发达国家工业化各个阶段上明显地表现出主导产业及其综合体的有序转换。同时，主导产业的形成是有一定条件的，特定时期的主导产业是在具体条件下选择的结果。一旦条件变化，原有的主导产业群对经济的带动作用就会弱化、消失，进而为新的主导产业群所替代。从经济发展的中短期考虑，由于“瓶颈”作用和“瓶颈”的更替性，主导产业群的选择也要具有序列更替性，前一主导产业群为后一主导产业群奠定发展的基础。

罗斯托把主导产业的作用或特征概括为：依靠科学技术进步，获得新的生产函数；形成持续高速增长的增长率；具有较强的扩散效应，对其他产业乃至所有产业的增长有决定性的影响。这三个作用反映了成为主导产业必备的条件，即它们是一个有机整体，缺一就不成为主导产业。根据罗斯托的阐述，只有少数同时兼备创新和较强扩散效应的高增长产业，才能成为主导产业。

二、主导产业的实现形式

从世界各国的实践来看，主导产业的实现形式主要有如下两种。

（一）市场自发调节

采取这种形式的国家认为，市场竞争和供求关系足以促进具有竞争能力的产业的发展。产业结构的高度化也可以通过市场供求和价格机制来实现，没有必要制定产业规划和为对某些主导产业进行扶持而制定产业政策。同时认为，政府对选择主导产业的认识不如市场力量更有权威性。

（二）政府积极干预

采取这种方式的国家通过制定产业政策，选择主导产业和确定产业发展序列，不断促进产业结构的高度化。

近年来，越来越多的国家开始重视第二种形式。西方发达国家采取政府积极干预的形式促进主导产业的发展。发展中国家由于市场经济不发达，对主导产业采取倾斜政策显得尤为重要。这样它们可以使主导产业获得较快发展，并不断促进产业结构的高度化，从而实现“追赶型”国家“后发性利益”和持续、快速发展本国经济的目的。

三、主导产业的选择基准

主导产业对产业结构优化和经济发展意义重大，因此正确地选择主导产业至关重要。主导产业的合理选择，必须遵循以下准则。

（一）从国情出发基准

每个国家的主导产业首先是由国情决定的，不同的国家主导产业也不完全相同，必须从每个国家的资源禀赋、比较优势、经济发展程度、产业结构的现状和所处的发展阶段等实际情况出发，正确地选择主导产业。否则，脱离本国实际选择的主导产业，不仅不能发挥主导作用，甚至还会造成结构失衡、比例失调、效益低下。

（二）产业关联基础

一般来看，选择关联强度大、能对其前后产业有较大带动作用的产业。通过计算产业影响力 F_j 和感应系数 G_i 来进行判断。通常来看，感应系数和影响力系数较大的产业可以通过产业之间的波及效应，对其他产业的发展产生较大的综合性影响。

（三）筱原基准

筱原基准是日本产业经济学家筱原三代平在 20 世纪 50 年代中期为规划日本当时的产业结构提出的基准。筱原基准包括“需求收入弹性基准”和“生产率上升率基准”两个方面。

1. 需求收入弹性基准

需求收入弹性是在价格不变的前提下，产品需求的增加率和人均国民收入的增长率之比，反映该产业的产品社会需求随人均国民收入的增长而增长的趋势。需求收入弹性基准是从需求角度看某产业的变化对人均收入变化的反映度。

某产业收入弹性＝该产业产品人均消费额增长率/人均国民收入增长率

当收入弹性大于 1 时，表明该产业的收入弹性大，小于 1 时则表明该产业部门的收入弹性低。以需求收入弹性作为基准，就是优先发展那些收入弹性较大的产业，以满足社会迅速增长的需求。

2. 生产率上升率基准

该准则是从供给角度，依据各产业产出增长的前景和技术进步的状况，选择技术进步快、生产率上升率高的产业为主导产业。在工业化过程中，各产业的技术进步速度是不一样的。一般来说，重化工业比轻工业技术进步要快，而技术、知识密集型工业又比重工业技术进步要快。由于技术进步与附加价值的提高成正比关系，因此，选择技术进步快、生产率上升高的产业部门作为主导产业，加以重点扶持，就能在提高国民经济附加价值产出水平的同时促进产业结构高度化演进。

从理论上看，将“收入弹性基准”和“生产率上升率基准”结合起来使用，来选择一国的主导产业是较科学的。因为，前者从需求角度考虑产业发展有否广阔的市场前景，后者从供给角度看产业在技术进步、生产率上升以及附加价值增长率等产出方面有无大的潜力。若某产业的“收入弹性”和“生产率上升率”都较高，则表明该产业的发展既有市场前景，又有高增长率、高附加价值产出率的较大潜力趋势，因而将其选择为主导产业是可行的，也是必然的。

（四）动态比较优势基准

所谓动态比较优势准则，简单地说就是用发展变化的眼光，将那些目前比较成本费用尚处劣势、但未来具有费用比较优势带动本国产业结构高度化演进的幼小产业，选择为未来主导产业的准则。该准则的基本思想：一是用动态发展的眼光看待产业的潜在优势，即动态比较优势；二是将发达国家经历的主导产业部门的更替过程作为自己主导产业选择的参照系，即参照先进国的产业结构类型，将在先进国曾带动或正在带动产业结构高度化演进、但在本国尚处于比较成本劣势的新兴幼小产业作为主导产业选择的重点对象；三是立足“赶超”，认为通过国家政策的援助、扶植，幼小产业的比较费用可以变化，取得优势。

（五）赫希曼基准

赫希曼基准也称为关联度基准，该基准是由美国经济学家赫希曼在其《经济发展战略》一书中提出的。所谓产业关联效果是指各产业之间的相关程度。赫希曼根据发展中国家的经验指出，在产业关联链中必然存在一个与其前向产业和后向产业在投入产出关系上关联系数最高的产业，这个产业的发展对其前、后向产业的发展具有较大的促进作用。因此，将这个产业作为主导产业有利于带动其他产业的同时发展。一般而言，制造中间产品的产业因其处于产品生产链的中间环节，其发展需要前、后向产业的支持，因而能促进前、后向产业的发展。但生产中间产品的产业很多，以关联度基准选择主导产业，还必须结合其他准则综合确定。在选择主导产业时，赫希曼基准可作为需求收入弹性基准和生产率上升基准的辅助指标。

四、主导产业的转换与发展

在经济发展的过程中，主导产业及其群体不断更替、转换的演进过程就是产业结构高度化的过程，是一个产业结构由低级到高级、由简单到复杂的渐进过程。经济发达国家工业化进程表明，主导产业的更替顺序依次为：纺织工业—食品工业—重化工业—汽车工业—家用电器工业—计算机—生物工程—航天工业等高技术产业。

实践表明，主导产业的转换与发展经过五个不同的时期，如下表所示。

表 3-1　主导产业的转换与发展阶段

阶段	主导产业部门	主导产业群体或综合体
第一阶段	棉纺织业	纺织工业、冶炼工业、采煤工业、早期制造业和交通运输业
第二阶段	钢铁工业、铁路修建业	钢铁工业、采煤工业、造船工业、纺织工业、机器制造、铁路运输业、轮船运输业及其他产业
第三阶段	电力、汽车、化工和钢铁工业	电力工业、电器工业、机器制造业、化学工业、汽车工业及第二个主导产业群各产业
第四阶段	汽车业、石油、钢铁和其他耐用消费品工业	耐用消费品工业、宇航业、计算机工业、原子能工业、合成材料工业及第三个主导产业群各产业

续表

阶段	主导产业部门	主导产业群体或综合体
第五阶段	信息产业	新材料工业、新新能源工业、生物工程、宇航业等新兴产业及第四个主导产业群各产业

上述主导产业发展的五个历史阶段说明，在经济发展的历史长河中，产业结构的高度化是主导产业及其群体不断更替、转换的一个历史演进过程，是一个产业结构由低级到高级、由简单到复杂的渐进过程。这个过程说明了发展中国家在选择和确定主导产业及其群体时，一方面必须循序渐进，另一方面也可以兼收并蓄，综合几次主导产业及其群体的优势，充分利用发达国家的先进技术和产业建设成果，实现本国产业的高速发展。

第四节　高技术发展与产业结构

一、高科技产业的概念及特点

目前，在国际上常用的高科技产业的概念一般是指用当代尖端技术（主要指信息技术、生物工程和新材料等领域）生产高技术产品的产业群，又叫高技术产业。按照经济合作与发展组织（OECD）定义，高技术产业是指研究、开发（R&D）经费占产品销售额的比例远高于各产业平均水平的产业。

（一）高技术产业发展的特点

1. 高技术产业发展需要政策支持和创业环境

除了一般的创业环境（包括各种要素市场环境、法制环境、基础设施环境、人才环境、产品配套环境、生活工作环境等）外，还需要一些特殊的环境和条件,如创业投资、孵化器等。国外经验表明,风险投资对高技术产业的发展起了催化和推动的作用。

对于高技术企业来说,创业初期是发展的关键阶段,需要特别扶持和帮助。在国外,一般高技术企业10年生存率仅5%～10%。解决这个问题的关键是建立风险投资机制和完善的股票市场,使风险转移和分化。

2. 高技术产业的发展需要长期规划

高技术产业发展是一个从科技投入到经济产出的过程,比人们通常所熟悉的单纯的科技过程或经济过程更加复杂。高技术产业是智力密集型产业,它的发展不同于一般实业投资办厂,需要进行战略性的前期投资。因此,要制定长远战略和规划,要做长期的努力和艰苦细致的工作,不能指望投资几亿元就能发展出一个高技术产业来。高技术产业的重点选择要有前瞻性。

3. 人力资本在高技术产业的发展中起着决定性作用

任何一种产业的发展,都是土地、劳动、资本、技术、管理等多种生产要素综合作用的结果。高技术产业的特点在于,在诸种要素中,人力资本在该产业的发展中起决定作用,创业人才的作用特别突出。因此,检验一种制度安排是否适当的最终标准,在于它是否有利于发挥掌握着人力资本的专业人员的积极性和创造力。因此,人才政策要鼓励高科技人才进入高技术产业领域,实现个人的价值。要尊重知识的价值,鼓励人才成长,允许通过知识管理入股,实现个人价值。

(二)高技术企业的基本特征

高技术企业是建立在高新技术产业基础之上的企业,因此,这类企业具备高技术的所有特征,主要表现在以下几方面。

1. 高投入

高投入是指建立高科技企业的成本高,这其中包括很大部分的研究开发经费。一般来说，建立高科技企业的成本是传统企业成本的10～20倍。这主要是由于高技术是知识密集型和人才密集型以及高技术产业的市场行为所决定的。高技术产品的开发本身往往需要高级的技术设备、测试设备、实验设备、生产设备，价格昂贵。这种高投入还表现在知识、智力的投入上，一个高技术产品的研究开发，往往需要有多种知识、多种学科的科技人才共同合作，进行创造性的劳动。

2. 高技术层次

高技术企业处在突破性的、前沿性的尖端技术领域，一般具有较高的技术层次。例如，新材料技术领域的纳米技术，就是通过操纵原子、分子，使其按人们的意志重新排列组合。其高层次还体现在其产品在更高层次服务于人类，往往更能满足人们对现代生活的更高需求，如液晶电脑和液晶电视等产品。

3. 高速度

新产品不断推陈出新可谓是高技术产业的特色。由于高技术产业技术进步快，新产品层出不穷，因此高技术产品非常容易变旧，产品生命周期较传统产品大为缩短。

4. 高成长

高技术企业发展基本原理是建立在最新的科学技术的基础上，基本上不受传统行业发展水平的制约，因此，从一般意义上来说，具有跳跃性的特点。成功的高技术企业，其资产、销售收入、净利润等可在10年，甚至5年的时间内增长几十倍、上百倍。如微软、思科、苹果等企业。

5. 高竞争

高技术的日新月异使得以技术创新为基础的高技术产品市场注定是一个高竞争的市场。在高技术领域不断推陈出新，没有一项技术可以成为永远的高技术，也就没有一项技术会具有永久的竞争力。

6. 高风险

由于大多数高技术具有明显的超前特点，这种超前和技术上的不成熟会带来较多的不确定性。另外，高技术的研究和开发是和经济、市场紧密联系在一起的，在激烈的市场竞争中开发适销对路的产品本身就具有明显的风险性。高风险主要包括技术研发风险、知识产权被侵犯风险、市场风险和财务风险。事实上，许多国家的实践证明，高技术行业的企业成活率远远低于传统行业。据统计，完全成功和完全失败的企业各占 20%，一般的企业占 60%。

我国科技部制定的《高新技术产业开发区高技术企业认定条件和办法》中规定了高技术企业的四个指标：(1)高技术企业是知识密集、技术密集的经济实体；(2)具有大专及以上学历的人员占企业总数的 30%以上，且从事研究开发的科技人员占企业职工总数的 10%以上；(3)用于研究与开发的经费占销售额的 3%以上；(4)技术性收入和高技术产品产值的总和占企业总产值的 50%以上。

二、高科技产业发展方式

(一)和传统产业结合

高科技产业的发展必然要建立在传统产业基础上，由传统产业为其提供资金、人才和设备支持，才能走下空中楼阁；传统产业也只有和新兴产业联姻，才能走出当下的萧条没落。

(二)尊重市场规律

任何产业的发展都必须遵循内在的市场规律。如耗资 50 多亿美元建造了66颗低轨卫星系统的铱星公司,1998年11月宣布在全球范围内提供业务,但由于无力偿还到期的贷款利息,于1999年8月13日向美国破产法院申请破产保护,2000年3月18日,铱星背负40多亿美元债务破产。资料显示,铱星破产的原因很多,但其中最重要的原因无疑是违背市场规律,即用66颗高科技术卫星构成的卫星系统在商用之初无视市场的驱动错误地将自己定位在了"贵族科技"。

(三)形成相应的生产力

科技公司本身要力争将创意及概念变成实在的业绩,增强市场的信心。从投资角度看,开拓互联网市场所投入的资金究竟需要多少,深不可测。要想维持互联网的运行,必须持续不断地投入,不能有所中断。但是,当资金长期投入下去,不能产生相应的收益,不能形成相应的生产力,通货膨胀的压力就会增大。

(四)不断追求利润

追求利润是产业发展的根本动力。因为网络股不是靠盈利来支撑股价,而是靠股票市场提供持续的廉价的资金,但是在利率不断提高、资金成本节节上升的情况下,网络股票赢得股民的支持将非常困难。扭亏为盈就成为网络股公司经营的首要目标,否则,网络股公司的神话将最终破灭。

(五)完善项目的科技、经济评估机制

在高科技项目投资决策前,要组织有关专业人员进行充分的可行性论证。科技成果的技术评估,应着重判明技术的先进性、独占性、实用性、延伸性;科技成果的经济评估,应着重说明成果的价值、成果转化的生产条件(原材料供应、生产设备与工艺、企业管理水平、生产者技术素质等)、投入产出(成果在中试、投产、扩产中所需资金和效益预测)、市场潜力、投资回报与偿债能力。

项目评估可以提供科技发明项目的评价尺度，增加投资项目的命中率及成功率，有效地降低基金管理费用和提高投资回报；可预知项目的可行性，提高私人投资者对风险型项目的信心及兴趣，增加新兴产业的开发力量。

第四章　产业布局与产业集聚

经济发展到一定阶段，产业布局就会呈现向区域集聚的态势，即某类产业或某些相互关联的产业逐渐在特定的地理位置相对集中，形成若干企业和机构的集合。

第一节　产业布局的一般理论研究

一、比较优势理论[①]

（一）亚当·斯密的绝对优势理论

绝对优势理论渊源于西方经济学之父，英国古典经济学家亚当·斯密的地域分工学说。1776 年，斯密在出版的《国民财富的性质和原因的研究》中提出了该理论。

他进一步论证了分工可以使劳动生产率得到提高并且能够使社会财富有所增加。认为各国各地区分工的基础是有利的自然禀赋或后天的有利生产条件。不论是一国内的不同地区，还是不同国家之间，每一个国家或地区都有其绝对有利的适宜于某种特定产品的生产条件，如果每一个国家或地区都按其“绝对有利的生产条件”进行专业化生产，然后彼此进行交换，这将使各国、

① 唐晓光.现代产业经济学导论[M].北京:经济管理出版社,2011,第 209 页.

各地区的资源、劳动力和资本被有效利用起来，这一举动对各国、各地区都是极为有利的。而这就是绝对优势理论，也称作绝对利益论或绝对成本学说。

斯密的绝对优势理论因此也成为一国、一地区产业布局的理论依据。

（二）大卫·李嘉图的比较优势理论

1817年，大卫·李嘉图（D. Ricardo）在出版的《政治经济学及赋税原理》中继承和发展了斯密的绝对优势理论，提出了比较优势理论。他证明了：决定国家（或区域）贸易的一般基础是比较利益，并不是绝对利益。即使一个国家（或区域）与另一个国家（或区域）相比，其中的一个国家（或区域）在各个产业的产品生产上，其产品成本都优于另一个国家（或区域）的条件下，国际（或区际）分工和贸易仍可发生。两个国家（或区域）之间的贸易同样对双方有利。

他认为，任何国家（或区域）都有其相对有利的生产条件，如果各国、各地区都把劳动用于最有利于生产和出口相对有利的商品，进口相对不利的商品，即“两优取重，一劣取轻”，或“优中选优，劣中选优”，这将使各国、各地区资源都能够被有效利用，使贸易双方获得比较利益。这就是比较优势理论，也称比较成本学说。

李嘉图的比较优势理论因此也成为一国、一地区产业布局的重要理论源泉。

（三）赫克歇尔—俄林（Heckscher-Ohlin）生产要素禀赋理论

1919年，瑞典著名经济学家埃利·赫克歇尔（E. F. Heckscher）在对李嘉图的比较优势理论进行相关解释时，首先提出了生产要素禀赋理论。

他认为，产生比较成本差异必须具备最基本的两个条件，即两个国家生产要素禀赋不同，不同产品在生产过程中所使用的要素比例不同，否则两国间不能产生所谓的贸易。赫克歇尔的观点被他的学生贝蒂尔·俄林(B. Ohlin)接受，并于1933年出版了《地区间贸易和国际贸易》，创立了完整的生产要素禀赋理论。他因此获得了1977年度诺贝尔经济学奖。

俄林认为，区域分工及区域贸易产生的主要原因是各地区生产要素禀赋上的差异。生产要素禀赋的差异具体体现在：土地及矿产的差异、资本的差异、劳动力素质和数量的差异、技术水平的差异、经营管理水平的差异。

他认为，地区是分工和贸易的基本地域单位。从一国范围来看，国内各地由于生产要素价格的差异，既导致区际贸易的开展，又决定国内工业区位的形成；从国际范围来看，各国生产要素价格的差异，既导致国际贸易的开展，又决定国际范围内工业区位的形成。

二、均衡与非均衡理论

(一)新古典均衡区域增长理论

以均衡概念为基础形成的新古典区域增长理论，在假定完全竞争、充分就业、技术进步、规模收益不变、要素在空间自由流动且不支付任何成本、生产要素仅包括资本和劳动力的情况下，乐观地认为，给定一个不均衡的区域经济状态，只要存在完全的竞争市场，仅依靠市场即可使区域的共同增长得以实现。如区域A和区域B，前者为发达地区，后者为欠发达地区，这意味着资本在地区A相对充裕，劳动力在地区B相对丰富。

在完全竞争机制下，资本将从地区A流向地区B，而劳动力将从地区B流向地区A，从而在地区A实现了已有资本与流入廉价劳动力的结合，在地区B实现了流入的增量资本与相对低廉劳动力的结合，由此可促进区域的共同增长。

这一理论给予产业布局的启示是：在发展初期，各地区的经济发展水平之间，并没有相距太大的差异，那么就可根据这一点，通过产业布局，对某个地区优先发展予以扶持，使其成为发达地区，通过它来进一步带动周边的欠发达地区的发展。

（二）缪尔达尔的地理性二元结构理论

1957年，瑞典经济学家缪尔达尔（G. Myrdal）在他的《经济理论和不发达地区》一书中提出了“地理性二元经济结构理论”。该理论利用“扩散效应”和“回流效应”两个概念，对经济发达地区优先发展对其他落后地区的促进作用和不利影响进行了详细说明，并明确提出了如何既充分发挥发达地区的带头作用，又采取适当的对策刺激落后地区的发展，以消除发达与落后并存的二元经济结构的政策主张。

这一理论给予产业布局的启示是：

(1)对于不发达的地区来说，在产业布局上应该采取非均衡的发展战略。具体就是通过鼓励和促进一部分地区经济优先增长的政策，以及差别性的产业布局政策和与此相关的财政政策等，进一步地引导生产要素向先行发展的地区进行转移，使其赶上国际经济发展的步伐，促使这部分地区先富起来。

(2)不发达地区在经过一段时期的非均衡发展之后，一部分地区已经先富起来时，则应从控制全地区之间贫富差距、维护经济相对平衡发展出发，在产业布局上转而采取均衡发展战略，以鼓励不发达地区的快速发展，实现全地区共同富裕的目标。

（三）佩鲁的增长极理论

法国著名经济学家弗朗索瓦·佩鲁（Francois Perroux）1955年在《略论“增长极”的概念》一文中首先提出了增长极理论。该理论的基本思想是：增长并非同时出现；在所有的地方，它以不同的强度首先出现于一些增长点或增长极上，然后通过不同的渠道逐步地向外扩散，并对整个经济产生不同的影响。

增长极概念则是该理论的主要核心。佩鲁认为，它是由某些主导部门或有创新能力的企业或行业在某些地区或城市聚集而形成的经济中心，该经济中心资本与技术高度集中，具有规模经济效益，具有生产、贸易、金融、信息决策及运输等多种功能，并能够产生吸引或辐射作用，促进自身并推动其他部门和地区的增长。

因此，佩鲁主张政府应对区域产业布局进行积极的干预。这一理论给予产业布局的启示是：越是不发达的地区，越是要通过强有力的政府计划和财政支持，有选择地在特定地区或城市形成增长极，使其充分实现规模经济并确立在国家经济发展中的优势和中心地位。

第二节 产业布局的机制与影响因素研究

产业布局机制，具体是指各种能够影响和决定产业空间分布和组合的因素相互制约和作用的内在机理。

为了进一步使产业布局合理化得以实现，政府和企业必须充分发挥积极性。政府通过编制一系列的区域规划，对区域发展总体战略进行制定，研究区域经济发展的总体格局。同时，这种发展区域规划必须依靠企业的进入和退出来实现。

一、产业布局机制

产业布局机制是指各种影响和决定产业空间分布与组合的因素相互制约和相互作用的内在关系。既是经济运行机制在空间上的具体反映和延伸，也是经济运行机制的重要组成部分。

根据产业布局的特征和经济运行机制的不同，产业布局机制可分为计划机制和市场机制两大类。

（一）产业布局的计划机制

所谓的产业布局计划机制，其实就是在计划经济体制下通过行政手段使产业布局目的进一步实现的机制。这种机制最早在20世纪30年代由苏联首先确立,历经第二次世界大战后,在中国和东欧一些国家的社会主义建设中广泛受到应用。其主要特点如下。

1.产业布局的主体是中央政府

不论是产业布局的决策权、资产增量,还是建设项目在各个地区的分配权以及资产存量在各地区之间的转移权,都高度集中在中央政府手中。而地方政府和企业只有中央政府决定的执行权。

2.产业布局的目标是国家的整体利益

通常来说,国家的整体利益要远远高于地区和部门的利益,当其间发生不可避免的冲突时,局部地利益应该要完全服从于国家利益。有时,为了国家的整体利益,地区和企业可以完全牺牲自身的经济效益。

3.产业布局的手段是行政命令

产业布局,主要是通过中央政府下达的行政命令来实现,这种行政命令发生作用的基础是中央政府直接控制的资产、建设项目的审批权以及人事任免权等。

这种产业布局的计划体制在特定时期、特定条件下对一些国家的社会主义经济建设发挥过积极的作用。但是随着经济的不断发展,计划机制的决策权力过于集中、效率不是很高、严重打击到企业的积极性、决策易于失误等弊端日益突出。

随着计划经济体制向市场经济体制的转轨,到20世纪90年代,这种布局机制逐渐被市场机制进一步代替。

(二)产业布局的市场体制

产业布局的市场体制,其实就是在市场经济体制下通过市场手段的自发作用使产业布局目的得以实现的机制。它是随着资本主义市场经济制度的建立而逐渐发展起来的。其主要特点如下。

1.产业布局的主体是企业

除了国家的产业政策和区域政策以外，企业有权对区位进行自主选择，不会受到其他任何非经济因素的干扰。

2.产业布局的目标是利润最大化

一般来说，企业在进行项目选择时毫无疑问总是会选择利润大、风险小的项目；在进行区位选择时会倾向于能够发挥自己的比较优势，资本的边际产量高的地点。

3.产业布局的手段是经济利益导向

产业布局主体充分利用价值规律的作用，遵循市场价格信号，从自身利益出发，自发选择区位。

产业布局的市场机制优势明显，主要包括决策过程快、决策实施准确、可操作性强等优势，但是作为决策主体的企业往往会从自身利益最大化出发而不能很好地兼顾国家利益和长远利益的缺点，因此，世界各国在充分发挥市场机制作用的同时，还进行适当的国家干预和宏观调控。把两种机制相互结合，扬长避短，进一步达到兴利抑弊的目的。

二、产业布局影响因素

（一）自然因素

1.自然因素的内容

自然因素主要包括两个方面的内容，自然条件和自然资源。

(1)自然条件是人类赖以生存的自然环境，其中的环境既包括未经开发利用的原始环境也包括被人类加以改造进行利用的环境。自然条件的各个要素如地质、地貌、气候、水源、土壤等相互联系、相互制约形成的自然综合体,对人类的产业活动有着直接性的联系。

(2)自然资源又具体包括可再生资源和不可再生资源,其与人类的经济发展有着不可分割的联系。有些自然资源是人类生活的必需品,有些则是生产活动的对象或必需条件。丰富的自然资源能够对一个国家和地区的产业布局和劳动分工有所影响,当然,对一国经济发展所起的作用也是较为明显的。

2. 自然因素对产业布局的影响

自然因素对产业布局的影响主要表现在以下几个方面。

(1)人类社会发展的不同阶段,自然因素对产业布局有着不同的影响。在人类社会发展的初期,人类生产活动受到大自然的影响较大,人类社会生产活动的分布完全取决于自然因素的分布状况。

随着产业革命的开展,生产力得到高度发展,自然因素对产业布局的影响表现为人类的生产活动向最适宜去集中,以充分发挥比较优势。

(2)自然因素对不同的产业布局有着不同的影响。由于第一产业的劳动对象直接来自于大自然,如土地、气候、生物、水资源进行的共同综合作用决定着大农业的布局。自然因素对第二产业的影响主要有采掘业、材料工业以及轻工业、食品工业等,对第三产业的影响主要是旅游业。

(3)自然因素直接影响到区域性的产业布局。由于自然因素对产出水平、劳动效率有着直接和间接的影响,因此,产业活动向自然资源集中区分布是必然的,最终会形成一定规模的各具特色的专业化部门。

(二)经济因素

经济因素主要包括经济发展水平、市场规模和基础设施等因素。

1. 经济发展水平

在生产力水平发展较低的时期，自然因素对产业布局有着较大的影响。如水能资源开始作为动力应用于手工业时，工厂手工业一般集聚于沿江沿海分布；随着科技革命的开展，产业布局受工业区、市场区的影响较大，燃料、电力等逐渐成为影响产业布局的重要因素，城市成为产业的中心。

在知识经济时代，以信息技术为主的高新技术发展使产业向知识密集、人力资本集中的地区分布。

2. 市场规模

在商品经济条件下，市场对产业布局的作用越来越明显。需求决定供给，市场内的需求结构决定了产品的供给，无论是厂商的进入退出还是厂址的选择，都必须以市场的需求量为前提。

同时市场的竞争，也可以进一步促进生产的专业化和产业的集聚，产业布局必然会有利于推进新技术、提高劳动生产率、加强专业化协作方面发展。

3. 基础设施

交通通讯等基础设施对产业布局影响很大。良好的交通通讯状况有利于信息流、人流、物流的聚集与分散，能够及时获取信息并且有利于准确地对市场有所掌握，进一步做出正确的分析，以达到合理正确布局的目的。

（三）社会因素

影响产业布局的社会因素主要包括历史基础条件、人口和政府条件等因素。

1. 历史基础条件

产业布局具有一定的历史继承性。历史上形成的产业基础始终是产业布局的根本出发点。在环境、经济基础好的地区进一步发展可以对原有的基础进行适当地利用，这样一来，会对产业布局产生积极的影响。

另外，不同的经济体制传统也会影响到产业布局的合理与否。

2.人口因素

人类作为历史的创造者，有很多因素都需要进行考虑。在进行相关的产业布局时，都需要认真考虑人口因素。丰富的劳动力资源可以充分地利用已有的资源使劳动密集型产业得到进一步发展。而在人口素质较高、人力资本丰富的地区可以发展倾向于技术知识密集型产业，充分发挥人力资本优势。

另外，人口的消费状况在一定程度上对产业布局也有一定的影响。各个地区的人口数量、民族构成和消费水平的差异，要求产业布局与人口状况相适应。

3.政治条件

政治条件主要包括国际、国内政治环境、国家的政策、法律、宏观调控、国防和军事等。良好的国内、国际环境是经济进一步发展的基础，一个政局不稳定的国家，经济是很难获得发展的，更不用说合理的产业布局了。

另外，国家通过宏观调控进行产业结构的调整，对产业布局有着直接的影响，合理的政策会对产业发展规划和区位选择起到有利的影响，错误的调控政策则会制约产业的发展，带来负面效应。

（四）科学技术因素

科学技术作为第一生产力，对经济发展和产业布局有着深刻的影响。

（1）科学技术拓宽了利用自然资源的深度和广度，使资源的利用效率得到提高。例如随着采矿、选矿及冶炼技术的发展,那些相对埋藏较深、品位较低的矿藏都获得了工业利用的应有价值,使原料、动力资源不断得到丰富,拓展了产业布局的地域范围。

(2)技术的不断进步使产业结构得到改变,对整个产业布局造成了影响。新技术的产生,必然会伴随着新的产业部门的诞生,这些产业部门都有不同的产业布局的指向性。经过三次产业结构的不断变化,人类的生产生活方式和地域位置出现了很大的变化,从而对产业布局也产生了深刻的影响。

(五)地理位置因素

地理位置可以说是能够影响到一个国家地区经济发展的重要因素,不同的地理位置其自然环境、交通、通讯以及社会经济条件都各不相同。

首先,农业发展会受到光、热、水、土等条件的严格限制,处于什么样的地理位置,就决定了该地区第一产业的布局。

其次,地理位置优越、交通发达的综合运输枢纽、港口等沿线也有利于第二产业和第三产业的发展。

最后,一个国家、地区、城市在国际国内地域生产分工中的位置优劣决定着市场范围的大小,进而决定着产业集聚的具体程度和分工状况。

第三节 产业集聚

一、产业集聚概述

(一)产业集聚的内涵

产业集聚作为一种企业的空间集聚现象,国内外学者从不同的特征和角度对其概念进行了界定，产业集聚的定义，基本围绕着地理特性、产业特性两个方面具体展开。

1. 从地理特性角度界定

产业集聚演化呈现出了高度的地理集中性，因此，地理接近性成为界定集聚的根本特征之一。波特(Porter)对产业集聚的研究，就对集聚的空间本地化特征较为关注，他认为产业集聚是某一特定领域内相互联系的企业及机构在地理上的聚集体。

其他集聚的研究文献也都把地理特性作为界定特性。斯旺(Swann)等指出产业集聚是同一产业中的大量企业位于同一地理区域；巴普提斯塔(Baptista)则把集聚定义为坐落于一较小区域(常常以一个国家的科学基地作为中心)、在地理上高度密集的关联企业。

2. 从产业特性角度界定

除地理特性外，界定产业集聚的另一个根本特征就是产业特性。产业特性作为反映集聚内部企业和各要素之间的联结模式，其表征并不统一，由此带来了对产业特性描述的差异性。

本书所界定的产业集聚，同样也是以地理集聚和产业特性作为界定标准的。地理集聚指所有成员企业和相关成员要素在地域上相互邻近，而且共同“锁定”于一个区域，具有显著的地域相关特征。产业特性指该地域集聚的成员企业只从事某一产业或相关产业的生产和服务，成员之间有广泛的劳动分工以及紧密的、基于长远关系的合作，并由此构成了产业生态系统。

因此，所谓的产业集聚(Industrial Agglomeration)，其实是指产业在空间上的集中分布的一系列行为和过程。产业集聚主要是一种产业空间布局的方式，同时还是一种产业组织问题，是产业通过纵向一体化和横向关联在空间上形成产业网络组织的过程。

产业集聚，实质上是一种生产要素在产业和空间配置的特殊方式。其核心是企业之间及企业与其他机构之间的联系以及互补性，这种关系既可以获得一定的规模经济，同时也比垂直一体化的大型企业具有更大的灵活性，而且有利于互动式学习过程的进行，进一步加速了创新过程的实现。产业集聚既是一个静态的宏观结果，也是一个动态的演化过程。

（二）产业集聚的结构

1. 产业结构

产业集聚的产业结构，主要是指产业集聚区域的产业结构、企业结构以及相关机构结构。考虑集聚的产生可能是传统的或低技术的，区域产业集聚主要包括低端（技术）集聚与高端（技术）集聚。价值链是企业在一个特定产业内的各种活动的具体组合。

设计、生产、营销、交货等各部分活动是企业的竞争优势来源。一些地区往往基于价值链的一部分发展产业而出现片段集聚。高附加值产业集聚，一般既对地区产业发展与结构调整有利，也对区域的综合发展有利。

2. 空间结构

区域产业集聚的空间结构主要包括核心区域、外围区域与区域网络。集聚核心有集聚点、集聚轴、集聚区等不同规模。传统集聚区在改造过程中能够产生一些新的空间类型，包括内城区受市场力量改造后再发展的准工业区、城市更新后的新经济区等。

3. 组织结构

区域产业集聚的组织结构具有链状和网络化的特征。产业集聚从某种程度上可以说是供应链的区域集聚。供应链分解能够促进基本生产过程的分离，能够促进专业化服务性企业的分离，促进辅助生产部门的分离。

随着产业集聚区企业网络化的发展，企业网络组织逐渐出现，具体包括生产网络、销售网络、创新网络等。产业集群有三个层次的企业和相关组织。

（1）垂直角度的供应商、分包商、咨询机构等。

（2）水平角度的拥有相似技术、劳动力市场或企业战略的竞争（或合作）者。

（3）公共服务部门。

（三）产业集聚的特征

1. 空间集中性

产业集聚最突出的特点，就是具有空间上的高度集中性，在特定空间把所有特定产业及其相关产业的许多企业和机构集聚到一起，把大量劳动力、资金、技术、设备等生产要素集中起来，占有相应生产、供给和市场的较大份额。

2. 柔性专业化

产业集聚区内聚集的企业从某种意义上来说，属于同一特定产业或具有直接上下游产业关联或具有其他密切联系的相关产业的企业。这种带有很强专业分工与合作关系的企业的空间聚集，加上长期所形成的相互信任的产业文化，能够使集聚区内企业间的不确定性在很大程度上减少，使群内企业的交易费用有所降低，最终使区域实现外在规模经济和外在范围经济。因此，产业集群的另一个显著特点是专业性。

同时，集聚又是一种“柔性”生产的地域系统，相对于福特制“刚性”的大规模生产模式而言，产业集聚具有市场需求量、产品构成和产品设计等方面快速变化的适应能力。柔性生产首先是指集群内企业生产和管理方式的柔性化，即对新的技术和观念能够进行快速的吸纳，面对不同顾客定做的要求，产品生产具有高度的灵活性，不仅如此，还具有零仓储和超额的生产能力；其次是指企业之间的柔性关系，即产业链上下游的供应商和客商之间的协作关系，集聚区内企业的生产方式和组织方式具有很强的灵活性、适应性，企业在市场中与客户可以随时联系，对顾客的满意程度和要求及时进行了解，获取更明确、更直接的需求信息；最后，是指柔性劳动过程，即在企业中，学习型工人和兼职劳动力大量出现，创新的价值活动可能发生在生产经营过程的每一个环节，不同阶层的劳动力可以聚在一起，以团队形式进行合作与创新，而且劳动力的柔性使用机制，使企业可以更快地对新产品的设计和市场信号做出反应。

3. 社会网络化

产业集聚是一种产业网络体系，这种网络结构包括区内企业与企业之间、企业与地方政府部门之间、企业与各种类型的中介服务组织或企业之间以及企业员工与员工之间的各种正式和非正式的协作关系网络。

正式的网络关系表现为各行为主体之间通过各种合同等形成的关系；非正式的网络关系表现为非合同的、在长期交往过程中所形成的相对稳定的关系。非正式网络关系对产业集群竞争力的提高有着一定的意义，这种网络关系并不是刻意形成的，而是人们在频繁而广泛的非正式交流和合作中不经意间形成的，成为集聚区内的一种社会文化和社会资本，能有效地对一些隐含的经验类知识予以扩散和传递，从而更加有效地推动人力资本和知识资本的社会化进程，加速知识、技术、管理创新速度，有效保持和提高区域的竞争力。

4. 文化根植性

根植性来源于经济社会学，其含义是经济行为深深嵌入社会关系中。集聚区内的企业不仅仅是地理上靠近而已，更重要的是，它们具有很强的本地联系，这种联系不仅仅来自经济方面，还包括政治、社会、文化等各方面。集聚区内的企业家具有相同或相近的社会文化背景和制度环境，以此为基础，人们之间在经常的联系、互动过程中所采取的各种经济行为深深根植于互相所熟悉的圈内语言、背景知识和交易规则，因而具有可靠性和可预见性。

共同的社会文化环境产生信任、理解和相互合作，相互信任和满意成为区内最有价值的资源。产业集群是一种积极参与全球分工而又与本地社会文化高度融合的本地化的产业集聚。

5. 形成累积性

一般来说，产业集聚是在市场机制作用下自发形成的，集聚的企业和机构也是一个循序渐进的过程，是逐渐增加的，集聚的规模也是不断扩大的，而且只有达到一定程度才能产生规模经济效益和集聚经济效益。

随着集聚规模的扩大、规模经济效益和集聚经济效益的提高，产业集聚地的吸引力也会受到一定的影响，有所增强，在此之后，产业集聚也就会进一步扩大和发展。产业集聚就是在这样的累积过程中逐步形成和发展的。这个累积过程包括产业种类或行业部门的逐渐增多、产业规模的不断扩大、产业结构和网络体系逐步健全、产业竞争力逐渐提高。

在产业集聚的形成过程中，虽然有了政府的支持，进行相关的产业规划和政策推动，甚至是采取“大推进”的措施，使产业的集聚得以加速，缩短产业达到一定集聚规模的时间和进程，但是这并不能从根本上改变产业集聚形成累积化的重要特征。

二、产业集聚的类型

产业集聚是相关产业的供应、生产、销售活动以及为这些活动提供支持和服务的活动在一定区域内集中的现象。产业集聚现象在世界范围内还大量存在，其中包括发达国家和发展中国家，虽然发展中国家没有发达国家的现象普遍，但是发展中国家也在不断发生。产业集聚已经成为一种带有世界性的经济现象。

目前，世界上已有一些具有较大影响的产业集聚区，这些产业集聚区的形式多种多样，也没有形成固定的模式。但归结起来，根据需要产业集聚可以按照不同的标准划分为多种不同的类型，这里主要说明三种分类。

（一）按照集聚产业的技术先进程度和发展趋势划分

产业集聚涉及了多个领域的产业，但往往会以某个特定产业为主导或主体。因此，按照集聚产业的技术先进程度和发展趋势划分，可以将产业集聚分为新兴产业集聚和一般产业集聚。

1. 新兴产业集聚

新兴产业集聚，主要是指以高新技术产业或现代服务业为主体的产业集聚，如美国硅谷和128公路的微电子业集聚、纽约曼哈顿麦迪森大街广告业集聚和华尔街的金融业集聚、中国北京中关村的信息产业集聚、武汉光谷的光电产业集聚等。

2. 一般产业集聚

一般产业集聚，主要是以一般制造业、传统产业或夕阳产业为主体的产业集聚，如美国底特律的汽车制造业集聚、德国索林根刀具业集聚、法国的香水制造业集聚、波尔多的葡萄酒业集聚、中国浙江的服装制造业集聚、福建晋江的鞋业集聚、广东珠三角的家具制造业集聚等。

（二）按照集聚产业的生产要素密集度划分

按照集聚产业的生产要素密集度进行划分，产业集聚具体可分为以下三类。

1. 知识技术密集型产业集聚

知识技术密集型产业集聚，具体是以知识技术密集型产业为主体的产业集聚，如美国硅谷的产业集聚。

特点有：设备、生产工艺建立在先进的科学技术基础上，资源消耗低；科技人员在职工中所占比重较大，劳动生产率高；产品技术性能复杂，更新换代迅速。随着当代科学技术的进步，技术密集型产业在迅速发展。

技术密集型产业状况反映着国家科学技术发展水平，它为国民经济各部门提供先进的劳动手段和各种新型材料。发展技术密集型产业，有利于发挥科技人才的作用，有利于应用与推广国内外最新科技成果，有利于引进国外先进技术和生产高精尖产品，有利于提高企业经济效益，促进生产力的发展。

2. 资本密集型产业集聚

资本密集型产业集聚，主要是以资本密集型产业为主体的产业集聚，如美国匹兹堡的钢铁产业集聚、中国东北的重工业集聚。

当前，资本密集型产业主要指钢铁业、一般电子与通信设备制造业、运输设备制造业、石油化工、重型机械工业、电力工业等。资本密集型工业主要分布在基础工业和重加工业，一般被看作是发展国民经济、实现工业化的重要基础。

3. 劳动密集型产业集聚

劳动密集型产业集聚，则是以劳动密集型产业为主体的产业集聚，如中国东南沿海的服装、鞋帽、玩具等制造业集聚。

劳动密集型的集聚产业，在发展到一定程度之后，由于供给和需求结构出现变化，以及成本过高等因素，会有集聚不经济的现象发生。

（三）按照集聚产业的关联特征划分

按照集聚产业的关联特征进行划分，产业集聚主要可以分为以下三类。

1. 纵向集聚

纵向集聚是按照纵向一体化的经济技术关联而形成的一种

产业集聚，集群中的企业同属于一个产业的上、中、下游，彼此间存在着生产过程的投入产出联系。

在这类产业集群中，产业链成为维系集聚生存与发展的动力，每个企业都在产业链上占据合适的位置，从而形成一种合理的分工和协作状态。如国内外著名的“汽车城”的产业集聚就是一种典型的产业纵向集聚。汽车产业集聚不仅包括汽车制造业的集聚，而且还包括与汽车相关的上游产业如汽车研究设计、各类生产材料和零部件的制造与供应等行业的集聚，下游产业如汽车销售、运输、融资、零配件等行业以及专业人才培训、汽车销售、维修、保养各方面的服务等行业的集聚，从而形成以汽车产业链为纽带，以汽车生产为核心的产业体系。

2. 横向集聚

横向集聚是按照横向经济技术联系而进一步形成的产业集聚，这类集聚通常以区域内某一主导产业为主要核心，通过企业间的横向联系，形成多层次的产业群体。

这些群体之间相互享受着彼此所带来的外部经济效应，因而有着充分的活力。如由旅游业和围绕着旅游业的旅游纪念品生产业、交通运输业、酒店餐饮业、文艺娱乐业、金融保险业、商业等形成的产业集群。

3. 混合集聚

混合集聚，顾名思义，既有纵向集聚，又有横向集聚，是由纵向集聚和横向集聚共同形成的一种复合型产业集聚，如经济技术开发区或科技工业园区的多样化产业集聚。

三、产业集聚的效应

（一）外部经济效应

外部经济效应，具体是指产业集聚能够给集群内企业和产业带来外部经济的作用。产业集聚不仅可以使许多特定产业的企业和相关机构集中在一起,而且还能使若干相关产业也聚集在一地,可以更好地使集群内企业和产业对专业性技术、人才、劳动力、机械设备、零部件等多种要素和各种服务的需求得到相应的满足,从多方面使生产经营成本得到降低,提高经济效益,最终使得收益递增实现。这也是产业集聚能够实现收益递增的主要原因之一。

(二)规模经济效应

1. 内部规模经济

产业集聚发展模式是以专业分工高度化和集中化为特征的,这种结构很有活力。以制造业为例,专业化分工程度很高的企业集中在一起,具有群体效应,这也是一种规模效应,其管理费用和经营成本要比单个的大型企业要低得多。

(1)零部件供货商向多个主机厂供货,可以扩大规模,使成本降低。如有的日本厂商认为在珠江三角洲地区采购成本可以降低 30%,这是向单个主机厂供货时所达不到的。同时,分工深化,不仅主机厂,而且零部件厂,以及为其配套的次一级零部件厂,都有较高的外部采购率,整个供应链上的企业更加集中于自己擅长的领域,有利于产品质量的提高,进一步提升技术和管理水平。综合来看,这种分工模式有双重的好处,可以带来规模经济和分工细化。

(2)零部件和总装厂之间减少了由于资产专用性强而带来的合作风险。主机厂在零部件供应商之间引入相应的竞争,依据供货的质量、及时性、价格等,对不同厂家的供货比例进行调整。而在单一供货时的情况下,则可能出现由于经济学上所说的机会主义倾向而引致的“要挟”行为。

2. 外部规模经济

产业集聚会对相关的互补性商品有所波及,产生一定的优势产业群。

(1)区域内的大量采购和销售,在一定程度上来说,是有助于实现规模经济的。例如,宁波的服装业,就吸引了国内外众多的纺织面料供货商到宁波设点进行相关销售,由于供货的批量大,成本也会相应降低。

(2)有利于专业性外部服务业和配套设施的发展。产业集聚所形成的规模经济性,使这些服务业或配套设施具备了经济上的合理性。例如,宁波"L"型的十公里左右的区域内,集中了一两千家服装企业。一年一度的服装节,受益面宽,等于做了一个集体大广告,积累了众多企业都可分享的无形资产;同时,如此多的企业也可以在经济上支持这种大型活动。又如,绍兴的生产力促进中心面向众多的纺织企业开展技术开发和服务,产生了显著的经济和社会效益,形成了"金昌现象"。

(三)范围经济效应

(1)从产品的视角来看范围经济。当两种产品联合生产相对要比单独生产便宜时,就会产生相应的范围经济。用成本函数来表示,考虑 Q_1 单位产品 1 和 Q_2 单位产品 2 的生产,单独生产每一种产品的成本是$C(Q_1,0)+C(0,Q_2)$,一起生产的成本是 $C(Q_1,Q_2)$,那么范围量就表现为:$C(Q_1,Q_2)>C(Q_1,0)+C(0,Q_2)$。

国外有关研究指出,在 1968 年,200 家最大的制造厂商中的 146 家在 11 个或更多的行业中经营。而多恩、罗伯茨和萨缪尔森研究了在数量上是非常小的厂商占统治地位的制造厂商,发现在 1982 年厂商平均生产 1～2 种单独产品,多数厂商平均生产 2～3 种单独产品。

以上数据说明,范围经济是普遍存在的一种现象。范围经济并不必然意味着多种(两种)产品应该由单个厂商进行生产。大型企业比较容易实现企业内部的范围经济(建设多工厂,进行多样化经营);小型企业集聚通过水平的或垂直的生产与销售联系,也能产生相应的范围经济。范围经济与企业以及产业的特征等存在一定的关联性。集聚中的企业利用所掌握的核心技术生产相关性强的产品而产生的关联效应，并利用集聚的其他优势，获得范围经济。而高科技制造业尤为显著。

(2)从区位的视角来看范围经济。集聚的专业化分工，不仅满足了市场的个性化和多样化的需求，而且企业可以根据生产需要通过建立网络关系进行交易，利用空间接近大大降低每次的交易费用，同时共同的产业文化和价值观，有利于企业间建立以合作与信任为基础的社会网络，使双方比较容易达成交易并进一步履行合约，如此一来，还使企业搜索市场信息的时间和费用有所节省，有效地降低了交易的成本。

这种网络结构形成外部范围经济，克服了单个大企业等级制组织的弊病。假设区域 1 和 2，专门化产品生产企业 X 和 Y，$C_1(X)$表示企业 X 在区域 1 组织的生产成本，C_2Y 表示企业 Y 在区域 1 组织的生产成本。外部范围经济表现为：$C_1(X,Y)<C_1(X)+C_2(Y)$或 $C_2(X,Y)<C_1(X)+C_2(Y)$。

(四)创新效应

产业创新效应，具体是指产业集聚促进产业在技术、产品、组织、制度、管理等方面不断创新和新产业形成的作用。

除了知识溢出效应能够启发、激励和推动新产品、技术和制度创新之外，产业集聚本身即是产业组织的一种创新，而且产业集聚推动地区专业化分工的深化和演进，还会导致新行业和新企业的产生。

(五)竞争力效应

产业集聚对竞争力的影响，具体可以分为微观、中观和宏观三个层面，微观竞争力就是企业竞争力，中观竞争力可以是产业竞争力或地区竞争力，宏观竞争力可以是区域竞争力或国家竞争力。

具体从微观上讲，产业集聚形成的根本原因在于集聚效益可以给区域内的企业带来较高的投资回报，不仅如此，集聚区内的企业更容易获得供应商专业化的信息、公共服务以及有专业化技能和工作经验的雇员，从而获得竞争优势。这是一种由协同效应而获得的竞争优势，主要包括网络优势、成本优势、市场优势、品牌优势、产品优势及创新优势等几方面。

（六）产业集聚的其他效应

产业集聚带来的效应除了以上几个方面，还包括地区分工专业化效应、扩散带动效应、资源配置优化效应以及国际贸易效应等。

1. 地区分工专业化效应

地区分工专业化效应，其实是指产业集聚能够促进地区分工专业化协作的作用。产业集聚既是地区分工专业化协作的产物，又是推动地区分工专业化和产业地方化进一步发展的重要因素。

产业集聚在特定地区能够聚集更多的企业、机构和相关产业，能够更好地实行地区专业化分工协作，使产业链有所延长，形成新的产业，带来规模经济效益和外部经济效益，最终，促进地区经济发展。这是决定产业集聚能够产生规模经济效应和外部经济效应的一个基本因素。

2. 扩散带动效应

扩散带动效应，主要是指产业集聚能够聚集生产要素和影响带动集聚地及其周围地区经济发展的作用。由于产业集聚具有上述多种效应，带来收益递增，所以必然会产生一定的吸引力，使企业和投资向产业集聚所在地聚集，从而加快集聚地经济的发展；集聚地的经济发展和专业化分工的发展，又会引起地域扩张，对周围地区的经济发展起到辐射和带动的作用。

3. 资源配置优化效应

资源配置优化效应，则是指产业集聚能够把资源优化配置的作用进一步实现。资源配置的优化具体包括资源空间布局、地区、产业、企业分配的合理化以及配置资源的充分高效利用。

由于产业集聚本身就是一种特殊的资源配置方式，它既能够实现资源空间配置的优化，又可以节约资源，并充分利用资源，提高资源使用效率。归根结底，实际上是上述多种效应综合作用之后出现的结果，集中表现为收益递增。

4. 国际贸易效应

国际贸易效应，是指产业集聚进一步促进了新型国际贸易的作用。现代国际贸易出现了产业内贸易、发达国家之间的贸易、服务贸易等新形式和新特点，传统的以技术差异和要素禀赋为基础的比较优势和国际分工理论已难以进行很好的说明，因此新国际贸易理论产生。

新国际贸易理论认为，国际贸易新形式和新特点产生的原因主要在于规模经济，专业化和大规模生产导致更低的价格和商品的多样化，使得某个地区或国家专业化生产特定的商品并用它们去交换其他地区生产的特定商品，从而产生产业内贸易。

产业集聚正是具有规模经济、外部经济、地区分工专业化等效应的产业空间组织形式，必然有利于新型国际贸易的产生和发展。通过生产要素的集聚、生产规模的扩大、地区专业化的生产而形成新的比较优势，是新型国际贸易的基础。

四、产业集聚的风险

鉴于产业集聚具有较强的竞争优势，许多地方政府企图通过政策引导使产业集聚进一步发展，进而促进区域经济的快速增长。但是，凡事有利必有弊，在强大竞争优势的背后，产业集聚也不可避免地隐藏着巨大的风险，综合国内外的研究成果，产业集聚存在的风险主要表现在以下几方面。

（一）结构性风险

奥地利区域经济学家蒂奇在佛农的“产品生命周期”理论基础上，又进一步提出了区域产品周期理论（Regional Product Cycle），他认为由于产业集聚高度集中于一个产业或产品，当产品一旦到达其生命周期的最后阶段，产品的竞争优势开始走向衰减的时候，集聚区就会呈现收缩的现象，整个区域的经济将会受到影响，开始出现严重倒退或停滞。

波特在《簇群与新竞争经济学》中也对簇群的萌芽、演进和衰落进行了相关的分析。他认为随着新公司和新产业的兴起或衰落，以及当地机构、团体的发展和变化，簇群总是处于不断的演进变化之中，由于技术上的间断、消费者需求的转换和内部僵化等原因将会失去竞争优势。

（二）周期性风险

弗里茨（Fritz. O. M）等人在蒂奇研究基础上，进一步针对宏观经济周期性波动对产业集聚产生的影响进行了相关分析，并提出了产业集聚的周期性风险。

经济的发展一般呈现周期性的波动，这种周期性变动必然会影响到社会的发展。周期性风险是一种突发的、无法控制的、由外部经济周期性波动造成的风险，它主要来源于区域、国家甚至全球性的经济周期波动。

这种风险可能出现在产业集聚生命周期的任一时期，它的出现将导致集聚地所在区域的经济出现不稳定。如美国底特律汽车城由于受到石油危机的影响变得一蹶不振。

（三）网络性风险

蔡宁等从产业集聚的网络关系视角出发，提出了产业集聚的网络性风险。他认为集聚区内企业间的网络根植于共同的文化氛围中，它们常常以相互依赖的网络形式出现，随着集聚区内企业的发展也可能导致“区域锁定”，使企业适应外部环境的能力下降。

他们还认为结构性风险、周期性风险和网络性风险之间存在着相互增强的机制，地方生产网络原有的优势可能随着网络的结构演变逐渐成为限制产业群进一步发展的瓶颈。

（四）自稔性风险

吴晓波等借用生物学概念提出集聚的“自稔性”风险，指出这种风险是集聚借以产生优势的自身特性，同时也是削弱其应对外部环境变化的能力，最终导致集聚区走向衰退的根本性风险。

他们把集聚区的网络化特征概括为：专业化分工、地理性临近、群内相互关联、协同与溢出效应，认为专业化分工降低了企业和整个集聚区对环境的应变能力；地理空间上的临近性造成集聚区内企业恶性竞争、战略趋同、过度模仿；集聚区内的企业及相关机构之间的密切关系使集聚区逐渐变为一个封闭的系统：协同与溢出效应使集聚区内的企业产生创新惰性，使得集聚区在低水平的生产中徘徊不前。

此外，有学者对我国典型地方产业集聚存在的潜在问题也进行了分析。他们认为我国高新技术开发区的外资企业游离于本地经济之外，对本地的产业带动不强，属“打工型”经济，要警惕成为城市经济中的“飞地”：以东莞为代表的劳动密集型制造业集聚要防止产业集聚成为“沙滩经济”；以温州为代表的浙江“块状经济”要提高组织效率，应对来自制度落差拉平所造成的冲击等。

第五章　产业关联

产业关联是指开展经济活动时，各个产业之间将投入和产出作为纽带而产生的一系列技术经济联系。在经济活动中，某一产业部门在生产产品的过程中都会消耗其他部门产品满足自身需求，同时还会将自己的部门产品根据市场需求提供给其他产业部门。可以看出，在一般经济活动中，不同产业之间都会产生一定联系。

第一节　产业关联的经济学基础分析

在整个社会经济体系中，不同产业之间存在着较为复杂的联系。通过分析和利用产业之间的联系可以促进产业本身的发展，同时就可以促进整体经济的发展。所以研究这些关系具有重要作用。

一、投入产出与产业经济分析

投入产出不仅是一种经济学理论，还是一种常用的科学分析方法。通过投入产出可以对经济体系中各个产业部门之间的投入和产出关系进行分析，这是一种数量分析法，但是这种方法不局限于分析产业之间的联系，通过对产业之间的投入与产出相关的数量比例进行分析，以此为依据研究和分析国民经济中的其他方面的问题。

投入产出法中的投入是指在产品生产过程中消耗的原材料、燃料、动力、固定资产折旧和劳动力；产出是指在产品生产完成后的取向、流向，这也称为流量。在对国民经济体系中的产业联系进行分析研究时，投入产出法是利用编制完成的投入产出表以及建立起来的相应的方程模型体系，对产业间的各种比例关系进行科学有效的分析。

使用投入产出法对产业经济进行分析时，会显现出以下几个特点。

第一，在投入产出法的研究下，会将国民经济当作一个有机的整体，会对各个具体产业部门之间的技术经济联系进行综合分析研究，这就使其既包含综合指标又包含分解指标。通过投入产出表，可以很好地观察到产业间联系，对其进行充分利用可以帮助相关部门和人员有效地解决国民经济的全局和局部的关系，以及各个产业之间的关系。

第二，投入产出表呈现出棋盘式形式，通过投入产出表可以从生产消耗和分配使用两个方面来了解相关产品在各个产业部门之间的运动过程，这就是说可以同时对产品的价值形成过程以及使用价值运动过程进行反映。实际上，每个产业部门同时是生产者以及消费者，产业部门会生产产品，并按照社会需求进行合理分配，同时还会根据自身需求消费其他产业部门生产的产品。而这其实就是马克思提出的生产和消费的同一性。

第三，在进行产业关联分析时，会通过各种系数反映和测定一些联系。一方面通过系数会反映在一定技术水平和生产组织条件下，国民经济各产业部门间的技术经济联系上；另一方面可以使用系数测定和体现社会总产品与中间产品、社会总产品与最终产品之间的数量联系。由此可以看出，系数的测定与分析是占有重要地位的。

第四，投入产出表本身就是一个矩阵，所以可以通过计算机对其建立起的线性方程组进行高效运算，计算机运算可以保证分析的及时性和准确性，同时还可以扩展与数学规划和其他数量经济进行结合，从而建立科学的经济预测和计划择优的模型。

二、产业协同发展理论

（一）我国产业协同状况研究

1. 我国三次产业的协同状况

（1）三次产业协同促进经济发展，但不同地区协同发展不均衡

三次产业的协同发展可以有效地推动经济增长，如果三次产业可以实现良性互动，就很可能发挥出 1＋1＞2 的协同效应推动经济进一步增长。各产业首先会实现对最终需求的满足，之后产业间会形成一种相应的供需关系，而只有保证三次产业子系统供给和需求的协同关系处于加强状态，才能推动高效率的经济发展。在三次产业协调发展的过程中，有产业技术的跃迁机制和产业之间的拉动机制两种机制，以及产业链条的分化机制和产业链条的衍生机制两种特殊机制，三次产业在这些不同机制的交替或共同作用下实现协调发展。三次产业的协同发展可以有效地推进经济的整体发展，但是有很多困难和障碍阻挡着三次产业协同发展的道路。例如我国经济发展的区域差异就是推进三次产业协同发展面临的一个困难，由于我国很长一段时间的经济发展路线的问题，导致我国工业进程明显呈现东部地区强于中西部地区的形式，这也就导致三次产业协同发展存在基础和条件上的差异。在我国区域经济之间和各省的产业经济之间都存在这种差异。有学者对京津冀地区的产业发展进行了研究，在调查研究中发现北京地区的三次产业发展较为均衡，其增长驱动因素也不存在较大差别；天津地区的三次产业发展城乡处于不平衡的状态，表现为第一产业的主要驱动因素为人力，第二产业和第三产业的主要驱动因素为固定资产投资。一般情况下，这些驱动产业增加

的因素大多都是要素投入，但是单纯依靠资本要素的投入推动产值增长并不是长久之计。

(2)各省市三次产业协同发展态势好，但协同水平不高且不稳定

经研究发现，随着四川省三次产业的发展，其产业结构基本上符合由“一二三”向“三二一”演变的一般规律，第三产业的产值不断上升，第一产业的产值开始出现逐步下降，可以看出第二产业和第三产业的发展速度相对较快，但是在近几年，出现了第三产业产值比重相对降低，而第一产业和第二产业的产值有所上升的情况。四川省的三次产业在近年来的确得到了很大发展，但是其产值并不高，人均生产总值以及三次产业的发展定位相对于东部地区来说存在很大的差距，通过调查显示，在四川省的产值中占比大的产业依然是附加值比较低的传统制造业等产业，这就导致在今后激烈的竞争市场中会有很大压力。

据相关调查显示，都江堰第一产业和第三产业的发展态势良好。通过科学的实证分析显示出，都江堰一三产业复合系统各子系统的协同程度在1997—2009年间出现了一定程度的提高，但是二者之间的协同程度却不高，二者的关系也并不稳定，所以在这期间该地区的第一产业和第三产业之间并没有形成十分良好的协调关系。

还有一些学者对安徽省的三次产业发展进行了一定调查研究，对该地区三次产业就业结构与资产结构、产值结构三者之间的灰色关联性进行比较分析。通过调查分析显示，2000—2011年期间，安徽省第一产业增加值和劳动力从业比重有较大关系，第二产业的增加值与固定资产形成额的比重有较大关系，而第三产业的增加值比重与劳动力从业比重和固定资产形成额比重关系差不多。

通过以上对几个地区三次产业的发展进行分析可以看出，大部分学者认为三次产业协同可以推动经济的可持续发展，但他们也意识到目前一些省市三次产业的协同度虽然在整体上呈现出

不错的发展趋势，但是这种协同关系还需要进一步协调和稳固，同时地区发展不均衡的问题也是阻碍三次产业协同发展的障碍。三次产业的协同发展对我国经济发展肯定具有十分重大的作用，同时还具有巨大的发展空间，所以应该对这一点加大重视。

2. 关于产业空间的协同状态

产业空间的协同发展也是十分重要的一个领域，下面就京津冀地区的产业协同问题为例进行分析。经过研究分析发现，北京作为区域中心的城市和首位城市，已经向后工业化社会迈进，从整体上来看呈现出的是以服务、科技为主导的高端化趋势；天津处于工业化后期的阶段，该地区的主导产业为第二产业，同时第三产业也呈现较快的增长速度，产值规模后期有望超过第二产业，整体上来看，该地区呈现出重工业和高新化特征；河北所处阶段为工业化中期，其主导产业为第二产业，同时第一产业仍旧占有十分重要的地位，但是第三产业的发展相对滞后，并且第三产业仍然是以传统服务业为主。将京津冀地区和长三角地区进行对比研究可以看出，二者的产业结构比较相似，京津冀地区的第一产业和第三产业的比重高于长三角地区，第二产业比重相对要低于长三角地区。在京津冀三地，第三产业比重最高的是作为首位城市的北京市，第一产业比重最高的是河北省，而天津市的第一、第二、第三产业的比重都处于居中位置。虽然三地的经济都在快速发展中，但是不同地区的产业发展会有不同的侧重。从三次产业的发展水平以及结构状况的角度来说，北京、天津和河北是处于不同的工业化阶段的，三地之间是有很显著的差异的，相对的三地具有其各自不同的比较优势和特色；从产业结构相似程度的角度来说，三地的产业机构呈现出较为严重的趋同化特征。京津冀协同发展是我国推动经济发展的一项重要战略，大力推进京津冀三地之间的产业协同发展有利于推动京津冀一体化发展。

2014 年以来，中央将京津冀协同发展作为一项重要发展战略开始，京津冀协同发展成了各界的讨论热点。但是地区间是具有差异性的，并且发展也并不平衡，所以就要促进地区间的产业带动与融合，产业的空间协同可以有效地推进区域间的协同发展，对于京津冀地区的协同发展应该根据实际情况进行研究，以此为基础推动更多地区实现产业协同，带动经济的均衡发展。

（二）产业协同影响因素研究

1. 外部发展环境及政策体制

产业发展模式的"路径依赖"可以对我国三次产业协同推进经济增长产生直接影响，其中一个重要原因就是资源生产要素的价格扭曲，如果没有完善的体制，三次产业带动经济增长的能力就会大打折扣。对于影响三次产业协同的外在因素应该选择合适的方法逐步改进完善，以此为基础促进产业协同的发展。除此以外，三次产业协同发展机制面临着十分严峻的挑战，例如全球产业链、低碳经济、体制改革、产业政策这些因素的变化都会对三次产业的协同发展产生一定影响。通过对影响产业协同的因素进行空间面板计量分析可以发现，很多阻挡在三次产业协同发展的障碍依旧存在，例如传统产业的高耗能现象依旧存在，对环境开展的一系列规制并没有从实质上抑制高污染产业的发展。

2. 经济成长基础

三次产业协同带动可以理解为从调整供给结构角度调整经济结构，但是需求拉动和供给推动是促进经济增长的两个重要推动力，同时还可以有效地促进三次产业协同带动经济增长，由此可以看出我们应该走依靠创新来驱动内生增长的低碳经济发展之路。通过对资源型城市产业协同能力进行科学有效的研究后可以发现，技术、可靠的企业以及运行许可是实现地区协同和产业协同进行可持续发展的主要影响因素。区域经济协同发展的主要驱动因素有三个，即区位比较优势、区域经济联系以及区域产业分工。所以想要推动区域经济的协同发展就需要在这三个因素上下功夫,要合理地发挥这三个驱动因素的作用。除此以外,还有研究表明,人均GDP、教育水平和协同度之间存在正相关关系,产业结构和协同度之间呈现"倒U曲线"关系,工业规模和协同度呈现"正U曲线"关系。

(三)促进产业协同的对策

1.转变经济发展方式、优化产业结构

可以通过三次产业协同带动的方式有效地转变经济发展方式、调整经济结构。在研究中发现,调整经济结构的时候要保证"一产稳、二产强、三产大"的产业发展方针,着力于产业发展模式的转变,注重攻坚,突破产业发展薄弱和关键环节,以此推动产业之间的互动发展。第一产业、第二产业、第三产业在推动经济增长方面都具有重要作用,各次产业的均衡发展有助于三次产业协同带动的实现。此外,在结构调整的过程中一定要坚持新型工业化道路,重点放在产业结构的优化升级,加快体制、机制改革来推进我国中西部地区三次产业协同和经济发展。随着科学技术的不断进步,知识密集型产业已经成为经济增长、社会进步的重要力量,所以更要加快产业结构升级,以此为知识密集型产业的协同发展提供良好的产业条件,不能让第二、第三产业的规模扩张对知识密集型产业协同发展设置障碍。优化产业结构时需要注意优化产业内部结构,要实现产业内部的均衡发展。同时,应该着力改善区域投资环境,通过政策优惠等吸引和承接沿海产业转移,调整产业结构,实现三次产业的平衡发展,进而促进经济发展。

2.加强产业集聚与创新,促进产业协同融合

明确我国的经济发展阶段,充分考虑我国区域经济发展不平衡的因素,坚持创新驱动内生增长的发展模式。有学者对工业与

第三产业协同发展进行研究，表明推动二者的协同发展就需要积极推动工业向园区聚集，促进第三产业集群集聚发展，以自主创新促进工业与第三产业互动融合发展，加快推进市场化改革步伐，消除制约工业与第三产业协同发展的体制性障碍。同时，应该加速金融制度的创新，以此促进产业结构优化发展；加强产业之间的关联效应，促进产业集群和产业聚集区以及专业市场的形成。实际上，创新和协同创新是推动协同发展的根本动力。产业协同创新是创新驱动的核心，要提高区域核心竞争力，转变经济发展方式，建设产业创新中心。

3. 加快发展第三产业，发挥产业间的关联作用

推动三次产业协同发展，还应该稳定区域经济增长并提高教育程度，因为知识密集型产业已经成为一个重要产业，应该通过经济增长和人力资本共同拉动其协同发展。应该扩大工业规模，加速发展，打破制造业和服务业之间的需求遵从论起主要作用的情况，一方面要扩大工业规模，另一方面要推动知识密集型产业发展，要注意二者之间的协同发展，从而提升知识密集型产业的协同度。第三产业是当今推动经济增长的重要产业，所以应该继续加大对第三产业的投入，将经济发展的重心向现代服务业倾斜。实际上，扩大工业规模以及加大对第三产业的投入的目的都是推动第二、第三产业的加速发展，各地域需要依据地区特点，充分发挥产业间的关联作用。

4. 建立共享机制，强化产业空间协同发展

应该从需求的角度明确区域间的共同利益与需求，以此有效促进区域间产业的协同发展，以形成利益共同体所需的相互协作的内在驱动力。应该打破行政区划，统筹协调，合理布局产业资源；要打破区域壁垒，缩小制度差异，实现区域监管与合作，促进资源自由流动。在推动产业空间协同发展的时候应该注重区域的利益共享机制、环境保护及治理、新兴产业的培育等。有学者

结合马克思的分工协作思想对空间协同发展进行了分析，得到几点启示。第一，应该深化产业结构的战略性调整，保证分工协作具有可承接性；第二，应该加速优化产业空间布局，保证分工协作具有一定空间协调性；第三，应该坚守发展和生态环境保护两条底线，保证产业分工协作具有良好的可持续性。

综上所述，不同的国家或地区应该将自身所处的经济发展阶段以及已具备的基础条件作为根据，切合实际地寻求产业协同发展的最优路径。调整产业结构，发展各具特色的产业，让与区域圈层产业布局相匹配的产业优先发展，进一步带动其他产业的发展，从而实现地区经济的持续均衡发展。不同地域应该充分发挥自身的地域优势，以此推动产业协同发展，进而带动经济社会全面协调发展。

第二节 产业关联的投入产出表

对于研究产业间关联来说，通过产业间的投入和产出关系的角度进行分析十分重要。通过这种关系可以帮助人们更好地理解和掌握不同产业间的关联关系，从而更好地分析问题、解决问题。

一、投入产出表

（一）实物型投入产出表及平衡关系式

实物型投入产出表的计量单位是产品的自然单位或标准单位，该表可以反映出各个生产部门主要产品的投入与产出关系。该表的作用在于正确地反映国民经济中重要产品的生产和使用情况，还会反映出它们之间在生产消耗上的相互联系以及比例。

表 5-1 为一个简化的一般实物型投入产出表。

表 5-1 简化的一般实物型投入产出表

产出 投入	单位	中间产品					最终产品	总产品
		产品1	产品2	…	产品3	合计		
产品 1		x_{11}	x_{12}	…	x_{1n}	U_1	Y_1	X_1
产品 2		x_{21}	x_{22}	…	x_n	U_2	Y_2	X_2
⋮		⋮	⋮		⋮	⋮	⋮	⋮
产品 n		x_{n1}	x_{n2}	…	x_{nn}	U_n	Y_n	X_n
劳动力		L_1	L_2	…	L_n	L	—	L

在表 5-1 中，x_{ij} 是指第 j 产品在进行生产时消耗的 i 产品的数量，或者是 i 产品提供给 j 产品生产的需要量；Y_i 是指 i 产品用作最终使用的数量；X_i 是指 i 产品的生产总量；L_j 是指 j 部门在生产产品时所需要的劳动力需要量；L 是指生产各种产品需要的劳动力总量。

表中的每一个元素 x_{ij} 表现为一个部门生产产品时对另一部门产品所需求的投入量，同时还表现为另一部门的产出分配在这一部门的产品数量。

从表的横行方面可以看出各类产品和劳动力的分配使用情况，这其中既包括作为中间产品的分配作用，还包括作为最终产品的分配使用。从表的纵列方面可以看出各类产品在其生产过程中消耗掉的产品数量以及劳动力数量，可以有效地反映出整个社会主要最终产品的构成以及生产的各种产品的总量。该表的计量单位是实物单位，所以纵列各项元素不可以进行单纯的相加，所以其不可以反映出产品的价值运动。从经济意义的角度来说，实物表反映的内容为具体劳动，它不可以有效地反映抽象劳动，而具体劳动只可以形成产品的使用价值而不能形成产品的价值。

实物表中的平衡关系式主要有以下两种。

总产品＝中间产品＋最终产品，可以用如下公式表示：

$$X_i = \sum_{j=1}^{n} x_{ij} + Y_i (i = 1,2,\cdots,n)$$

劳动力总量＝各个重要产品生产所需要的劳动力数量之和，可以用如下公式表示：

$$L = \sum_{j=1}^{n} L_j$$

由以上两式可以构成一个方程组，如下所示：

$$\begin{cases} X_i = \sum_{j=1}^{n} x_{ij} + Y_i \\ L = \sum_{j=1}^{n} L_j \end{cases} (i = 1,2,\cdots,n)$$

有时候一些实物型投入产出表可能没有最后一行的劳动力，这样就会成为完全的实物产品投入产出表。我国曾经就编制过一张这样的实物型投入产出表，其内容数据为我国 1973 年情况，其内容包括了 61 大类主要产品。在这张表中，农业被分为 6 种主要产品，轻工业被分为 10 种主要产品，重工业被分为 43 种主要产品，运输业和建筑业也各占有 1 种产品，我国 1973 年实物型投入产出表产品目录如下表 5-2 所示。

表 5-2 我国 1973 年实物型投入产出表产品目录

类别		产品数目	产品编号	产品名称
Ⅰ农业		6	1—6	粮食，棉花，油料，糖料，烟叶，猪
Ⅱ轻工业		10	7—16	棉纱，化纤，棉布，原盐，食油，糖，卷烟缝纫机，自行车，手表
Ⅲ重工业	燃料动力	4	17—20	电，原煤，原油，汽煤柴润重油
	冶金产品	9	21—29	铁矿石，生铁，铁合金，废钢铁，钢，钢材，铜，铝，焦炭
	化工产品及建筑材料	10	30—39	木材，橡胶，水泥，农药，硫酸，合成氨，烧碱，纯碱，化肥，轮胎外胎

续表

类别		产品数目	产品编号	产品名称
Ⅲ重工业	机电产品	20	40—59	发电设备，水泥设备，内燃机，石油设备，起重设备，矿山设备，锻压设备，冶金设备，化工设备，机床，轻工机械，交流电动机，变压器，泵，拖拉机，手扶拖拉机，汽车，机车，货车，民用钢质船舶
Ⅳ运输业		1	60	铁路货运
Ⅴ建筑业		1	61	建筑安装工程

（二）价值型投入产出表

价值型投入产出表是一种十分常见的表，是指用统一的货币单位计量投入产出表。价值型投入产出表的一般简化形式如下表 5-3 所示。

在表 5-3 中，每种符号分别表示不同的元素，并具有其特定的经济含义。

x_{ij} 代表在 1 年时间内 j 部门生产产品消耗的 i 部门产品数量的价值；X_i 代表在国民经济中的第 i 个产业按照价值进行计算的年产品总量；Y_i 代表在国民经济中的第 i 个产业部门按照价值计算的方式来统计的其提供的年最终产品数量；D_j 代表在国民经济中的第 j 个产业部门一整年提取的折旧基金；C_j 代表在国民经济中的第 j 个产业部门一整年生产产生的转移价值的总量；N_j 代表在 1 年内第 j 个产业部门为国民经济带来的国民收入；V_j 代表在 1 年内第 j 部门劳动者所获取的劳动报酬；M_j 代表在 1 年内第 j 部门劳动者为整个社会劳动所带来的创造价值，也就是指社会纯收入。

表 5-3 中，从纵向来看，包括转移价值以及新创造价值这两个部分内容，可以反映出社会产品的价值构成；横向来看，包括中间产品以及最终产品这两个部分的内容，可以反映出社会产品分配和使用的去向，这两个方面纵横交叉，从而形成了相互联系的四个部分，如图 5-1 所示。

表 5-3 价值型投入产出表

投入来源 \ 分配去向		中间使用					最终产品 Y								总产品
		部门 1	部门 2	…	部门 n	小计	固定资产更新与大修	积累 K			消费 W			合计	
								生产性积累	非生产性积累	小计	个人消费	社会消费	小计		
物质消耗	部门 1	x_{11}	x_{12}	…	x_{1n}	$\sum_{j=1}^{n} x_{1j}$	G_1	$K_1$①	$K_1$②	K_1	$W_1$①	$W_1$②	W_1	Y_1	X_1
	部门 2	x_{21}	x_{22}	…	x_{2n}	$\sum_{j=1}^{n} x_{2j}$	G_2	$K_2$①	$K_2$②	K_2	$W_2$①	$W_2$②	W_2	Y_2	X_2
	⋮	…	⋮	…	⋮	⋮	⋮	⋮	⋮	⋮	⋮	⋮	⋮	⋮	⋮
	部门 n	x_{n1}	x_{n2}	…	x_{nn}	$\sum_{j=1}^{n} x_{nj}$	G_n	K_n①	K_n②	K_n	W_n①	W_n②	W_n	Y_n	X_n
	小计（不包括折旧）	$\sum_{i=1}^{n} x_{i1}$	$\sum_{i=1}^{n} x_{i2}$	…	$\sum_{i=1}^{n} x_{in}$	$\sum_{i=1}^{n}\sum_{j=1}^{n} x_{ij}$	$\sum_{i=1}^{n} G_{i1}$	$\sum_{i=1}^{n} K_1$①	$\sum_{i=1}^{n} K_1$②	$\sum_{i=1}^{n} K_1$	$\sum_{i=1}^{n} W_1$①	$\sum_{i=1}^{n} W_1$②	$\sum_{i=1}^{n} W_1$	Y	X
	固定资产折旧合计（包括折旧）	D_1 C_1	D_2 D_n	…	D_n C_2	D C									
新创造价值	劳动报酬 社会纯收入合计	v_1 m_1 N_1	v_2 m_2 N_2	…	v_n m_n N_n	V M N									
合计		X_1	X_2	…	X_n	X									

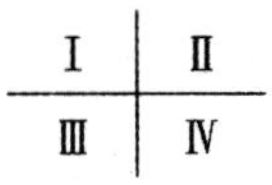

图 5-1　价值型投入产出表图例

1. 投入产出表四个组成部分及其意义

(1)第Ⅰ部分

这部分是中间需求部分,也可以称作内生部分,该部分为投入产出表的核心。该部分内容主要反映的是一个国家在一定期间内国民经济中各个产业之间进行中间产品相互提供的一种内部交易关系。可以从表中看出,这部分横向和纵向中排列着的是相互一致的产业名称。表中横向的数字反映的是某一产业向包括本产业在内的产业提供中间产品的状况,即所有产业对该产业生产产品的需求情况,称之为中间需求的状况;表中纵向数字反映的是某一产业向包括本产业在内的各产业购买中间产品的状况,即表中所有产业向该产业所投入的中间产品的情况。

该部分反映的是各产业替代的中间产品以及各个产业购买的中间产品的数额,而不是各产业之间进行产品买卖产生的全部交易额,因为各产业之间还会进行一定资本货物买卖的交易,此外在产业间交易发生后还可能会产生出口这一栏。

可以将消费部分划分为两部分,即个人消费和社会消费。个人消费是家庭消费的总和,是对库存变化的反映;社会消费是指各种社会性消费,包括社会保障、公共设施等行政性支出。所以,无法从投入产出表中了解各产业的产品作为资本货物部分传送到了哪些行业中,但是这一点对于经济分析又具有很重要的作用,这就使得在编制投入产出表以外还会编制“固定资产形成矩阵表”作为附件进行补充说明,以此更具体地对资本货物的流动进行了解。

(2)第Ⅱ部分

这部分是最终需求部分,也可以称之为“外生部分”。该部分内容反映的是各产业生产的产品和服务成为最终产品的部分。最终产品的去向即最终需求，可以大致上划分为消费、投资和出口三个部分。表 5-3 中并没有设置单独的出口栏，但是在必要时可以在投入产出表中添加出口栏。投资部分的组成部分包括固定资产更新以及新增固定资产，其中新增固定资产又可分为生产性固定资产和非生产性固定资产。如果投入产出表中设有出口栏，除了一般商品的出口外，同时可以将外国使领馆、外国船舶、外国航空机构在本国的采购，以及外国外交官和旅游的购买都归入出口部分进行计算。

(3)第Ⅲ部分

该部分是毛附加价值部分，同时也是该表中的另一个“外生部分”。该部分包括两部分内容，一部分为各个产业部门提留的折旧；另一部分为各个产业部门在一定时间内产生的净产值。其中，净产值部门包括劳动者报酬以及社会纯收入两部分组成。该部分可以对各产业提取的折旧基金的价值与各个部门所创造的国民收入的价值构成进行反映，同时还可以从表中看出国民收入在各个部门间生产的比例。

(4)第Ⅳ部分

该部分反映的是国民收入再分配存在的一些关系。该部分的经济内容十分复杂，相较于之前的几个部分很难分析，尤其是目前对这部分内容的研究和运用并没有形成一定体系，所以在很多时候会在编制投入产出表时省略这一部分。

2. 投入产出表中的均衡关系

在价值型投入产出表中，可以按照行或列分别建立一定平衡关系，相较于实物表来说这是一个显著的优点。

(1)按行建立的平衡关系

这种平衡关系和实物型投入产出表所建立的平衡关系比较相像，该关系同样是对各部门产品分配去向进行有效反映。可以表示为：

中间产品+最终产品=总产品，该平衡关系的表达公式如下所示：

$$x_{11}+x_{12}+\cdots+x_{1n}+Y_1=X_1$$
$$x_{21}+x_{22}+\cdots+x_{2n}+Y_2=X_2$$
$$\cdots\cdots$$
$$x_{n1}+x_{n2}+\cdots+x_{nn}+Y_n=X_n$$

采用和式符号可以用以下公式表达：

$$\sum_{j=1}^{n}x_{ij}+Y_i=X_i(i=1,2,\cdots,n)$$

(2)按列建立的平衡关系

这种平衡关系解释了各个部门产品的价值形成过程，其反映的为生产和消耗之间的平衡状况以及各个部门的投入来源。表达式为：

生产资料转移价值+新创造价值=总产值，可以用如下公式表达：

$$x_{11}+x_{12}+\cdots+x_{1n}+D_1+N_1=X_1$$
$$x_{21}+x_{22}+\cdots+x_{2n}+D_2+N_2=X_2$$
$$\cdots\cdots$$
$$x_{n1}+x_{n2}+\cdots+x_{nn}+D_j+N_j=X_n$$

采用和式符号可以表达为：

$$\sum_{i=1}^{n}x_{ij}+D_j+N_j=X_j(j=1,2,\cdots,n)$$

(3)除了行与列以外的平衡关系

第一，横行各物质生产的总产出和与其对应的同名称的纵列物质生产部门的总投入量相等，可以用如下公式表达：

$$当\ i_0=j_0\ 时，\sum_{i=1}^{n}x_{ij_0}+D_{j_0}+N_{j_0}=\sum_{j=1}^{n}x_{i_0j}+Y_{i_0}$$

第二，第Ⅱ部分与第Ⅲ部分在总量上相等，可以表示为：

国民收入总量+提取折旧总量=最终产品总量，该平衡关系可以用以下公式表达：

$$\sum_{j=1}^{n} D_j + \sum_{j=1}^{n} N_j = \sum_{j=1}^{n} Y_j$$

二、投入产出模型

投入产出模型是由各种系数、变量的函数关系组成的数学方程组构成。建立投入产出模型时，首先要根据投入产出表进行计算，获得需要的系数；之后按照投入产出表中存在的平衡关系建立相应的模型。

（一）直接消耗系数

直接消耗系数也可以称作投入系数，其含义为 j 部门生产每单位的产品所需要的 i 部门产品的数量。计算该系数的方法是用各产业部门的总产品去除它所消耗的各种投入要素的数量。

直接消耗系数的计算方法可以通过以下公式表达：

$$a_{ij} = \frac{X_{ij}}{X_j} (i = 1,2,\cdots,n; j = 1,2,\cdots,n)$$

该式中，a_{ij} 表示国民经济中第 j 产业部门每生产一单位部门产品所需要的第 i 部门产品数量。

各部门之间的生产技术联系是各生产部门直接消耗系数的基础，所以直接消耗系数也可以叫作技术系数。直接消耗系数的数值大，则可以说明第 j 部门和第 i 部门之间有密切联系；反之则说明两部门之间的联系较为松散。若 $a_{ij}=0$，则说明第 j 部门和第 i 部门之间并没有直接的生产和分配关系。

1. 基本投入产出模型

在投入产出表中，各个产业的投入和产出都存在平衡关系，所以可以按行或按列建立相应的投入产出模型。基本投入产出模型是按各产业所在的行建立关系式之后再建立线性方程组。一般的投入产出模型如下所示：

$$\begin{aligned}
a_{11}X_1 + a_{12}X_2 + \cdots + a_{1n}X_n + Y_1 &= X_1 \\
a_{21}X_1 + a_{22}X_2 + \cdots + a_{2n}X_n + Y_2 &= X_2 \\
\vdots \qquad \vdots \qquad\qquad \vdots \quad \vdots & \\
a_{n1}X_1 + a_{n2}X_2 + \cdots + a_{nn}X_n + Y_n &= X_n
\end{aligned}$$

使用矩阵和向量的形式对上面的模型表达，则可以得到：

$$AX + Y = X$$

在该式中，直接消耗系数矩阵 (a_{ij}) 为：

$$(a_{ij}) = \begin{pmatrix} a_{11} & a_{12} & \cdots & a_{1n} \\ a_{21} & a_{22} & \cdots & a_{2n} \\ \vdots & \vdots & & \vdots \\ a_{n1} & a_{n2} & \cdots & a_{nn} \end{pmatrix}$$

n 个部门的总产品列向量 X，最终产品列向量 Y 为：

$$X = \begin{pmatrix} X_1 \\ X_2 \\ \vdots \\ X_n \end{pmatrix} \quad Y = \begin{pmatrix} Y_1 \\ Y_2 \\ \vdots \\ Y_n \end{pmatrix}$$

2. 基本投入产出模型的两种变换形式

(1)按总产品表示最终产品的投入产出模型

根据基本模型：

$$\begin{aligned}
a_{11}X_1 + a_{12}X_2 + \cdots + a_{1n}X_n + Y_1 &= X_1 \\
a_{21}X_1 + a_{22}X_2 + \cdots + a_{2n}X_n + Y_2 &= X_2 \\
\vdots \qquad \vdots \qquad\qquad \vdots \quad \vdots & \\
a_{n1}X_1 + a_{n2}X_2 + \cdots + a_{nn}X_n + Y_n &= X_n
\end{aligned}$$

按总产品表示最终产品的投入产出模型可以通过以下模型表示：

$$\begin{pmatrix} Y_1 \\ Y_2 \\ \vdots \\ Y_n \end{pmatrix} = \begin{pmatrix} 1-a_{11} & -a_{12} & \cdots & -a_{1n} \\ -a_{21} & 1-a_{22} & \cdots & -a_{2n} \\ \vdots & \vdots & \ddots & \vdots \\ -a_{n1} & -a_{n2} & \cdots & 1-a_{nn} \end{pmatrix} \begin{pmatrix} X_1 \\ X_2 \\ \vdots \\ X_n \end{pmatrix}$$

通过矩阵和向量的形式对以上模型进行表达，可以得到：

$$Y = (I - A)X$$

上式中的 $(I - A)$ 是里昂惕夫矩阵。该矩阵中的纵列可以显示每种产品的投入和产出关系；通过纵列可以看出某一产业生产产品是所需投入的各相应产业产品的数量；模型中，负号代表投入，正号则代表产出，对角线上的各元素则是各产业的产品扣除自身消耗后的净产出。可以看出，这种变形模型可以使人们了解 X 和 Y 之间的关系，还可以掌握总产品与最终产品之间的相互关系。

(2)按最终产品表示总产品的投入产出模型

将部门产品表示为最终产品的线性组合，就可以得到另一种变形的投入产出模型。

将 $Y = (I - A)X$ 两边同时乘以 $(I - A)^{-1}$，就可以得到：

$$Y = (I - A)^{-1}X$$

在该模型中，各个部门的总产出通过各部门最终产品的线性组合进行表示。

（二）间接消耗系数

产品的直接消耗系数用来对各产业部门产品在生产过程中的直接联系关系进行描述，但是却不能反映出产业部门之间的间接消耗的关系。例如，在炼钢产业中，其生产产品过程中对电力是直接消耗，但是在生产过程中还会消耗生铁、焦炭等，但是这些产品的消耗也会消耗电力，对于生铁、焦炭等来说这部分电力消耗也是直接消耗，但是对于炼钢来说这部分电力则属于间接消耗。并且，在生铁、焦炭等的生产过程中还会消耗电力以外的其他产品，对于其他产品的生产同时会消耗电力，对于炼钢来说这些电力消耗也属于间接消耗。

直接消耗加上部门之间的间接消耗就是完全消耗。完全消耗，是指产业部门在生产每单位产品时直接和间接消耗其他部门产品的消耗量总和。完全消耗系数是直接消耗系数和间接消耗系数之和，表达式如下所示：

$$b_{ij}=a_{ij}+\sum_{k=1}^{n}b_{ik}a_{kj}$$

该式中，b_{ij} 表示完全消耗系数；a_{ij} 表示直接消耗系数；$\sum_{k=1}^{n}b_{ik}a_{kj}$ 表示间接消耗系数，是指通过 k 种中间产品形成的生产 j 单位产品对 i 产品的全部间接消耗量；其中，k 表示中间产品部门。

用矩阵的形式表示完全消耗系数和直接消耗系数之间的关系，可以得到：

$$B=(I-A)^{-1}-I$$

完全消耗系数也可以称为逆矩阵系数，是指当某一产业部门生产了 1 单位产品时，导致各产业部门由此引起的直接和间接地使产出水平发生变化的总和。

第三节　产业波及分析

通过产业波及效果分析可以了解产业间的具体联系，在产业关联研究中这是一种重要方法。产业波及分析可以反映在特定的产业联系下，一些产业的发展变化是如何对其他产业造成影响的。

一、产业波及效果现状分析

产业波及效果现状分析是指对现时的产业间波及效果进行分析，基本上该分析不会涉及未来的情况。具体来说，就是通过一些系数来了解和掌握现实的产业间波动效果。

（一）产业的感应度系数和影响力系数

国民经济中任何一个产业部门的生产活动都会通过产业之

间的联系而受到影响，并且这种影响并不一定是单向的，产业部门可能受到影响也可能影响其他部门的生产活动。我们将这种影响称为波及。将某一产业影响其他产业的程度称为影响力，将某一产业受影响的程度称为感应度。每个产业具有其自身的影响力以及感应度，并且具体的数值并不一定相同。我国影响力系数以及感应度系数都大于 1 的部门如下表 5-4 所示。

表 5-4 我国影响力系数和感应度系数都大于 1 的部门

部门	代码	影响力系数	感应度系数	部门	代码	影响力系数	感应度系数
有色金属矿采选业	010	1.01	1.51	钢压延加工业	057	1.20	2.96
粮油及饲料加工业	014	1.00	1.29	有色金属冶炼业	059	1.13	1.69
棉纺织业	022	1.13	2.20	有色金属压延加工业	060	1.29	1.02
丝绢纺织业	025	1.22	1.12	金属制品业	061	1.21	2.43
造纸及纸制品业	032	1.04	2.12	其他普通机械制造业	064	1.04	2.62
基本化学原料制造业	038	1.02	1.50	其他专用设备制造业	066	1.11	1.26
有机化学产品制造业	041	1.19	2.53	汽车制造业	068	1.22	1.93
其他化学产品制造业	043	1.08	2.37	其他电气机械及器材制造业	075	1.29	1.95
化学纤维制造业	045	1.21	1.17	电子元器件制造业	078	1.14	1.89
橡胶制品业	046	1.10	1.10	其他产品制造业	084	1.05	1.09
塑料制品业	047	1.20	2.01				

一般情况下，会通过 $(I-A)^{-1}$ 矩阵对各个产业的影响力以及感应度进行科学的测算。

$$
(I-A)^{-1}=\begin{array}{c} \\ 1 \\ 2 \\ \vdots \\ n \end{array}\begin{array}{c} \begin{array}{cccc} 1 & 2 & \cdots & n \end{array} \\ \begin{bmatrix} A_{11} & A_{12} & \cdots & A_{1n} \\ A_{21} & A_{22} & \cdots & A_{2n} \\ \vdots & \vdots & & \vdots \\ A_{n1} & A_{2n} & \cdots & A_{nn} \end{bmatrix} \end{array}
$$

在 $(I-A)^{-1}$ 矩阵中,从横行上看,反映了该产业受到其他产业影响的程度,横行为感应度的系数系列。可以理解为,当其他产业的生产出现了一定变化时,导致该产业的生产发生相应变化的程度的系数系列。从纵列上看,该列数值反映的是该产业对其他产业的影响程度,也就是当该产业的生产出现一定变化时,对其他产业的生产出现相应变化的程度的系数系列。可以通过横行系数的平均值来表示该产业受其他产业影响的一般的平均趋势;通过纵列系数的平均值可以反映该产业对其他产业施加影响程度的一般的平均趋势。

通过以上分析可以得出,计算任何一个产业的感应度系数和影响力系数的公式。

1. 感应度系数公式

$$
S_i=\frac{\frac{1}{n}\sum_{j=1}^{n}A_{ij}}{\frac{1}{n^2}\left(\sum_{i=1}^{n}A_{ij}+\sum_{j=1}^{n}A_{ij}\right)}
=\frac{\frac{1}{n}\sum_{j=1}^{n}A_{ij}}{\frac{1}{n^2}\sum_{i=1}^{n}\sum_{j=1}^{n}A_{ij}}(i=1,2,\cdots,n)
$$

在该式中,S_i 代表 i 产业部门收到其他产业影响的程度系数,即感应度系数。其中,A_{ij} 表示在$(I-A)^{-1}$ 矩阵中,第 i 行第 j 列的元素。

如果某产业的感应度系数大于 1,则表示该产业的感应度肯定处于平均水平之上;反之则表示其感应度肯定处于平均水平之下。

2. 影响力系数公式

$$T_j = \frac{\frac{1}{n}\sum_{i=1}^{n} A_{ij}}{\frac{1}{n^2}\left(\sum_{i=1}^{n} A_{ij} + \sum_{j=1}^{n} A_{ij}\right)}$$
$$= \frac{\frac{1}{n}\sum_{i=1}^{n} A_{ij}}{\frac{1}{n^2}\sum_{i=1}^{n}\sum_{j=1}^{n} A_{ij}} (j = 1, 2, \cdots, n)$$

在上式中，T_j 代表 j 产业部门对其他产业产生影响的程度系数，即影响力系数。其中，A_{ij} 表示在 $(I-A)^{-1}$ 矩阵中，第 i 行第 j 列的元素。

如果某产业的影响力系数大于1，则表示该产业的影响力肯定处于平均水平之上；反之则表示其影响力肯定处于平均水平之下。

一般情况下，各个产业的感应度系数和影响力系数在不同的工业化阶段会有所差异，同时不同国家的产业结构差异也会引起他们这两种系数的不同。通常情况下，重工业的感应度系数都比较高，轻工业则影响力系数较高。这就导致在经济增长率比较高时，重工业因为其感应度系数较高所以也会发展较快，轻工业的影响力系数较高，它的发展可以急速推动重工业以及其他产业的发展。

一些日本的经济学家根据1970年日本的投入产出表计算了一些产业的感应度系数。其中感应度比较高的产业包括基础化工产品、纸浆纸、炼铁和炼钢、钢铁一次加工等，以上这些产业是基础产业集团，同时这些产业也具有较高的感应度系数；影响力系数较高的产业包括服装服饰、化纤产品、肉和奶制品、运输工具、工业机械和设备等，这些产业大多为最终产品产业部门或者是接近的部门。除此以外，也有一些产业同时具有较高的影响力系数和感应度系数，例如机械工业。这也就使得机械工业在经济发展中可以位于战略地位，该产业为对经济增长速度最敏感的产业。

（二）生产诱发系数及生产的最终依赖度

生产诱发系数及主要的作用是对各产业部门的最终需求项目对生产的诱导作用进行测算，生产的最终依赖度主要是测算各产业部门生产对最终需求项目的依赖程度。

1. 生产诱发系数的计算

计算出各个产业的最终需求项目是对生产诱发系数进行计算的前提，包括投资、消费、出口等的生产诱发额。进行计算需要运用逆 $(I-A)^{-1}$ 矩阵，$(I-A)^{-1}$ 矩阵如下所示：

$$(I-A)^{-1}=\begin{array}{c} \\ 1 \\ 2 \\ \vdots \\ n \end{array}\begin{array}{c} \begin{array}{cccc} 1 & 2 & \cdots & n \end{array} \\ \begin{bmatrix} A_{11} & A_{12} & \cdots & A_{1n} \\ A_{21} & A_{22} & \cdots & A_{2n} \\ \vdots & \vdots & & \vdots \\ A_{n1} & A_{2n} & \cdots & A_{nn} \end{bmatrix} \end{array}$$

而

$$X=(I-A)^{-1}Y$$

由此可以得知，某一产业的某一最终需求项目的生产诱发额，是该最终需求项目的数值和逆 $(I-A)^{-1}$ 阵中相应的各产业栏下纵向各系数相乘，对其进行求和得到的，表达公式如下所示：

$$\text{生产诱发额 } Z_{il}=y_{il}\cdot\left(\sum_{i=1}^{n}A_{ij}\right)$$

$$(i=1,2,\cdots,n;j=1,2,\cdots,n;l=1,2,\cdots,m)$$

在上式中，Z_{il} 表示第 i 产业部门第 l 项最终需求项目的生产诱发额；y_{il} 表示第 i 产业部门第 i 项的最终需求项目；A_{ij} 表示在 $(I-A)^{-1}$ 矩阵中的任一元素。

通过上式可以计算各产业各最终需求项目的生产诱发额，以此为基础就可以进一步计算出相应的生产诱发系数。生产诱发系数的计算方法为用某一产业的最终需求项目的合计除以对应产业最终需求项目的生产诱发额，就可以得到生产诱发系数。表达公式如下所示：

$$W_{il} = \frac{Z_{il}}{\sum_{i=1}^{n} y_{il}} (i = 1,2,\cdots,n; j = 1,2,\cdots,n; l = 1,2,\cdots,m)$$

在上式中，W_{il} 是指第 i 产业部门第 l 项最终需求项目的生产诱发系数；Z_{il} 表示第 i 产业部门第 l 项最终需求项目的生产诱发额；$\sum_{i=1}^{n} y_{il}$ 是指第 l 项最终需求项目所有产业的合计。

按照上述方法计算出每一个产业的最终需求项目，就可以形成一张生产诱发系数表。通过该表可以了解国民经济中各最终需求项目对诱发各个产业部门生产的作用的大小。

2. 最终依赖度的计算

最终依赖度是指国民经济中产业的产业生产和最终需求之间存在的依赖关系。其中，最终产品型产业是对最终需求依赖最强的产业，中间产品型产业则是对中间需求有依赖的产业。需要注意的是，这里所说的依赖只考虑直接依赖的问题，并没有将需求的间接依赖纳入考虑范围。但是对最终依赖度的测算确实将直接需求和间接需求都纳入考虑范围，综合计算它们对各产业生产的影响。计算方式如下所示：

$$\text{最终需求项目的依赖度} = \frac{\text{最终需求项目的生产诱发额}}{\text{生产诱发额的合计}}$$

可以通过如下计算公式表达：

$$Q_{il} = \frac{Z_{il}}{\sum_{l=1}^{m} Z_{il}} (i = 1,2,\cdots,n; j = 1,2,\cdots,n; l = 1,2,\cdots,m)$$

在上式中，Q_{il} 代表第 i 产业部门生产对第 l 项最终需求项目的依赖度；Z_{il} 代表第 i 产业部门的第 l 项最终需求项目的生产诱发额。

通过以上方法进行计算，最终可以得到一张生产的最终需求依赖度系数表。通过该表可以掌握国民经济中各个产业的生产最终依赖是消费、投资、出口还是其他。以此为基础就可以对产业部门按照最终依赖进行分类，可以划分为依赖消费型产业、依赖投资型产业以及依赖出口型产业等。

（三）综合就业系数和综合资本系数

根据各产业部门生产的增长会带来不同的最终需求还包括结业人数以及资本，为了明确这一数字也可以通过 $(I-A)^{-1}$ 矩阵进行计算。想要计算具体数量就需要先计算出综合就业系数和综合资本系数。计算这两种系数的方法如下所示：

综合就业系数＝就业系数×逆阵中相应系数

综合资本系数＝资本系数×逆阵中相应系数

就业系数是指每单位的产值需求的就业人数，计算方式如下：

$$某产业就业系数=\frac{该产业的就业人数}{该产业的总产值}$$

资本系数是指每单位产值需求的资本，计算方式如下：

$$某产业资本系数=\frac{该产业的资本量}{该产业的总产值}$$

所以，综合就业系数是指在某产业每单位生产所需的本产业部门以及其他产业部门的就业人数，需要注意的是这种需求包括直接需求以及间接需求。

下表 5-5 是 1965 年日本劳动省统计调查部发表的日本雇用系数和综合雇用系数表。从该表中可以看出，第一产业的就业系数是最高的，之后为第三产业，而第二产业的雇用系数最低。并且可以看出各个产业部门的就业系数呈现出下降趋势，这可以反映出劳动生产率出现了相应的上升。从表中的综合就业系数可以看出，各产业综合就业系数差距和就业系数相比显示为缩小。产生这一现象的原因是，一般情况下就业系数较高的产业，其中间投入率比较低但是其附加价值率又相对较高，这就导致这类产业对其他产业的波及效果比较小，就业系数较低的产业则正相反。

表 5-5 日本雇用系数和综合雇用系数

部门	雇用系数			综合雇用系数		
	1955 年	1960 年	1963 年	1955 年	1960 年	1963 年
第一产业	383.1	284.6	228.6	499.5	357.9	287.1
矿业	190.8	146.5	102.2	253.1	196.0	140.8
制造业	104.3	69.0	57.3	267.5	179.2	144.1
建筑业	124.3	87.9	72.5	267.0	197.8	159.8
运输、油电、公共事业	136.6	87.1	67.5	230.6	130.6	101.2
商业、服务业	187.4	150.8	126.8	227.7	188.7	156.9
各部门平均	141.8	101.2	82.3	276.9	189.8	152.7

综合资本系数是指某产业在进行每单位生产时需要的本产业部门以及其他产业部门需要的资本，其中包括直接需求和间接需求。从资本系数的计算结果来看，电力、煤气、运输等公共事业或基础性事业投资的资本系数整体上偏大；在制造业中，化工、水泥、造纸等原材料工业的资本系数都比较大。

二、特定产业波及效果分析

产业波及效果分析不仅可以对当前的情况进行分析，同时在其他方面也具有重要作用。特定波及效果分析是指对因为一些特定的变化对其他产业或国民经济发展方面产生的影响进行分析。

（一）对特殊需求的波及效果的分析

特殊需求一般情况下是指一些特大型投资所造成的特殊需

求。特大型投资会对国民经济产生很大的影响，并且该投资一旦实施，则一定会引起大量的需求增加，这些增加的需求也会通过直接或间接的方式影响到其他产业部门，这种投资造成的影响就是一种波及效果，所以可以通过波及效果对其进行分析。

首先依据产业分类将该特大型投资所需最终产品进行分解，分解后将这些需求当作是各个产业的最终需求 Y_{il} 的增加额，之后通过波及效果的分析模型计算出相应的生产诱发额。波及效果分析模型如下所示：

$$X=(I-A)^{-1}Y$$

通过上面的模型可以计算出生产诱发额，由此就可以知道该项投资对各产业将要产生的影响。

通过这种方法进行分析时有两个问题需要注意。第一，在使用投入产出表时需要注意其翔实性，想要保证计算的精准度，就必须使用分类很细的投入产出表；第二，只能参考已经产生的资料确定投资涉及的各种消耗系数，所以在计算时并不能保证能够十分准确。

（二）对特定产业的波及效果分析

对特定产业波及效果进行分析的重要目的是，以此为依据选择最为合适的主导产业，明确优先发展哪些产业。想要发展某一产业部门时，要对其进行提前考察，要明确产业部门的发展会对其他产业部门造成什么影响，也就是其波及效果，还要综合考虑该产业部门的发展对国民经济增长会带来什么样的影响。这种分析包含的内容不仅是投资本身的波及效果，同时还会对投资以后产生的波及效果进行分析，即原材料的消费造成的生产波及效果。

第一，若想要投资的产业为本国之前没有的全新产业，则需要对该产业可能达到的生产水平进行预测，根据相关信息分解投入为各产业的产品，之后通过模型对作为最终需求的项目进行计算，从而可以得到该产业建立对各原有产业的波及效果。

第二，如果要投资的产业为本国已经有的种类或者是在该地区有这类产业的工厂，并且和要投资的产业的投入结构相同，那么可以通过以下方法进行计算。首先从原投入产出表得出的 $(I-A)^{-1}$ 表上计算出一个逆阵系数。将该产业下的纵列各系数除以该产业横行和纵列交叉点的系数，其各商数就是这个产业生产 1 个单位时对各产业生产的波及效果。通过这个方法，可以计算出任何产业对其他产业的波及效果系数。

下面通过日本汽车对其他产业的波及效果进行分析，下表 5-6 是日本汽车工业对其他产业的波及效果系数表。

表 5-6　汽车生产的波及效果

波及产业部门	次序	A	次序	$(I-A)^{-1}$
铸、锻件	1	0.063	1	0.091
动力机械、锅炉	2	0.064	2	0.090
批发	3	0.039	3	0.084
橡胶制品	4	0.032	7	0.045
其他工业机械设备	5	0.029	6	0.048
轻电气机械产业	6	0.025	4	0.054
扳金及电镀产业	7	0.018	9	0.044
其他制造业	8	0.018	10	0.035
有色金属制造产业	9	0.018	—	0.026
其他金属制品	10	0.009	—	0.017
热轧钢材	—	0.009	5	0.053
粗钢	—	0.000	8	0.046
石油产品	—	0.002	—	0.030

需要注意的是，在 $(I-A)^{-1}$ 栏下的系数是将汽车工业部门

下的纵列各系数除以汽车工业系数得到的数值，而不是一般的逆阵系数。汽车工业系数就是指横纵交叉点的逆阵系数。

（三）价格的波及效果分析

需要通过实物型投入产出表对价格的波及效果进行分析，还需要应用投入产出模型的纵向方程式进行计算。需要注意的是，实物型投入产出表中没有第Ⅲ部分，所以不可以简单地进行纵向相加，但是可以通过将实物量乘以其各自的价格来实现纵向方程式的建立，这样建立的方程式具有科学性。此处，设 P_i 是 i 部门产品的单价，实物型投入产出表的直接消耗系数为 $\bar{a}_{ij}$，以投入产出模型的纵向关系为依据可以得到以下表达式：

$$P_1 = \bar{a}_{11}P_1 + \bar{a}_{21}P_2 + \cdots + \bar{a}_{n1}P_n + d_1 + v_1 + m_1$$

$$P_1 = \bar{a}_{12}P_1 + \bar{a}_{22}P_2 + \cdots + \bar{a}_{n2}P_n + d_2 + v_2 + m_2$$

……

$$P_n = \bar{a}_{1n}P_1 + \bar{a}_{2n}P_2 + \cdots + \bar{a}_{nn}P_n + d_n + v_n + m_n$$

在上式中，P_i 表示 i 部门生产的实物产品的单位价格；$\bar{a}_{ij}$ 表示实物型投入产出表的直接消耗系数；d_i 表示 i 部门生产的每实物单位产品提取的折旧；v_i 表示 i 部门生产的每实物单位产品的劳动报酬；m_i 表示 i 部门生产的每实物单位产品可以提供的社会纯收入。

将上述的方程式按照矩阵的形式表示可以得到：

$$P = [(I - \bar{A})^{-1}]^T[D + V + M]$$

$$P = (\bar{A})^T P + D + V + M$$

通过移项整理可以得到：

$$P = \begin{pmatrix} P_1 \\ P_2 \\ \vdots \\ P_n \end{pmatrix} \quad D = \begin{pmatrix} d_1 \\ d_2 \\ \vdots \\ d_n \end{pmatrix} \quad V = \begin{pmatrix} v_1 \\ v_2 \\ \vdots \\ v_n \end{pmatrix}$$

$$M=\begin{pmatrix}m_1\\m_2\\\vdots\\m_n\end{pmatrix}\quad (A)^r=\begin{pmatrix}\bar{a}_{11}&\bar{a}_{21}&\cdots&\bar{a}_{n1}\\\bar{a}_{12}&\bar{a}_{22}&\cdots&\bar{a}_{n2}\\\vdots&\vdots&&\vdots\\\bar{a}_{1n}&\bar{a}_{2n}&\cdots&\bar{a}_{nn}\end{pmatrix}$$

从价值表进行分析，可以得到以下关系：

$$\sum_{i=1}^{n}a_{ij}+a_{Di}+a_{Vi}+a_{Mi}=1$$

实物型投入产出表直接消耗系数 $\bar{a}_{ij}$ 和价值表直接消耗系数 a_{ij} 之间的关系如下所示：

$$a_{ij}=\bar{a}_{ij}\frac{P_i}{P_j}$$

如果发生价格变动，$\frac{P_i}{P_j}$ 的数值就会发生变化，从而引起直接消耗系数产生一定变化。在这里，假设价格变动后的为 a_{ij}^*，且 $a_{ij}^*=a_{ij}\frac{1+\Delta P_i}{1+\Delta P_j}$。

在价格调整后，一般工资和折旧不用进行调整，但是调价部门的劳动报酬系数以及折旧系数会产生一定变动。在这里，假设价格调整后的折旧系数为 a_{Dj}^*，报酬系数为 a_{Vj}^*，可以得到下式：

$$a_{Dj}^*=a_{Dj}\frac{1}{1+\Delta P_i}$$

$$a_{Vj}^*=a_{Vj}\frac{1}{1+\Delta P_j}$$

价格调整后，各系数之间的关系依然存在，即：

$$\sum_{i=1}^{n}a_{ij}^*+a_{Dj}^*+a_{Vj}^*+a_{mj}^*=1$$

要在上述关系的基础上开展价格波及效果分析，以此来观察某产业部门的产品价格调整后，对其他产业部门产品的价格会有何种影响。需要通过以下方法进行计算：

假设第 K 个部门的价格提高为 ΔP_k，可以通过下式计算该部门对其他部门产品价格的影响：

$$\begin{pmatrix} \Delta P_1 \\ \Delta P_2 \\ \vdots \\ \Delta P_{k-1} \\ \Delta P_{k+1} \\ \vdots \\ \Delta P_n \end{pmatrix} = \left[\begin{pmatrix} 1-a_{11} & -a_{12} & \cdots & -a_{1k-1} & -a_{1k+1} & \cdots & -a_{1n} \\ -a_{21} & 1-a_{22} & \cdots & -a_{2k-1} & -a_{2k+1} & \cdots & -a_{2n} \\ \cdots & \cdots & \cdots & \cdots & \cdots & \cdots & \cdots \\ -a_{(K-1)1} & -a_{(K-1)2} & \cdots & 1-a_{(K-1)(K-1)} & -a_{(K-1)(K+1)} & \cdots & -a_{(K-1)n} \\ -a_{(K+1)1} & -a_{(K-1)2} & \cdots & -a_{(K-1)(K-1)} & 1-a_{(K+1)(K+1)} & \cdots & -a_{(K+1)n} \\ \cdots & \cdots & \cdots & \cdots & \cdots & \cdots & \cdots \\ -a_{n1} & -a_{n2} & \cdots & -a_{n(K-1)} & -a_{n(K+1)} & \cdots & 1-a_{nn} \end{pmatrix}^{-1}\right]^{T} \begin{pmatrix} a_{k1} \\ a_{k2} \\ \vdots \\ a_{k(K-1)} \\ a_{k(K+1)M} \\ \vdots \\ a_{kn} \end{pmatrix} \Delta P_k$$

该式中 $\begin{pmatrix} a_{k1} \\ a_{k2} \\ \vdots \\ a_{k(K-1)} \\ a_{k(K+1)M} \\ \vdots \\ a_{kn} \end{pmatrix} \Delta P_k$，说明 K 部门产品出现提价，可以对其他的 $(n-1)$ 个部门产品的价格产生直接影响。

等式的右边项，解释了对其余 $(n-1)$ 个部门产品价格的全部影响。

若原油价格提高 3 倍，通过 1970 年日本的 160 个部门投入产出表进行计算，得出这一价格变动对其他部门产品价格带来的影响，如下表 5-7 所示。

表 5-7 原油价格的波及效果

部门	价格上升率	部门	价格上升率
石油产品	1.118	涂料	0.108
电力	0.226	航空运输	0.104
有机基础化学药剂	0.202	合成树脂	0.102
城市煤气	0.167	其他基础药剂	0.100
采土采石业	0.165	玻璃制品	0.092
无机基础化学药剂	0.159	合成纤维织物	0.084
水泥	0.144	钛合金	0.084

续表

部门	价格上升率	部门	价格上升率
合成纤维原料	0.132	捕鲸业	0.083
公路货运	0.110	化纤原料	0.082
远洋运输	0.108		

第六章　创新与产业竞争

随着经济全球化的逐步深入、高新技术的迅猛发展和全球性买方市场的基本形成，国际间的产业竞争日益加剧，产业竞争力成为一个国家或地区国际经济地位的决定性因素。这就需要不断进行创新，提高产业竞争力。

第一节　产业创新

一、创新

（一）创新概述的内涵

创新这一概念是由美籍奥地利经济学家熊彼特首先提出的，在熊彼特之后，许多研究者又对创新的概念进行了新的拓展和解释，这种宽泛的解释认为所有能提高资源配置效率的新活动都是创新。其中，既有涉及技术性变化的创新，如技术创新、产品创新、过程创新，也有涉及非技术性变化的创新，如制度创新、政策创新、组织创新、管理创新、市场创新和观念创新等。

对创新的内涵进行深入分析，我们可以把创新看作是一种新知识或技术在人类生产中的应用并使生产力获得了结构性改变的过程。无论是知识还是技术都是人类在实践过程中所获得的关于客观世界及其规律的理性认识，所以知识和技术的增长是使生产力成为人类社会发展过程中最活跃、最革命的精髓。但另一方面，由于人类的生产力并不是孤立的因素，相反它与一个社会的生产关系、上层建筑等各种因素都是密切相关的，因此生产力领域的创新又会推动其他领域的变革和创新，而且也会以其他领域的变革与创新为条件。因此，创新活动广泛地存在于人类社会生活的方方面面。

（二）创新的特性

1. 创新的本质特征是求异

从广义上讲，创新是指在人类物质文明和精神文明的一切领域、一切层面上，能先于他人，见人之所未见，思人之所未思，行人之所未行，从而获得人类文明的新发展、新突破。因此，创新思维的核心是：敏于生疑，勇于质疑，善于存疑，即求异思维。求异思维是创新的源头，只有对各种已经存在的事物和对这些事物的解释心存怀疑，才能由此生发出具有预见性、创造性和突破性的新思想。这也是人类有别于其他生物的最本质特征之一。

2. 创新具有高风险性

创新活动涉及许多相关环节和众多影响因素，从而使得创新的结果呈现出不确定性，这意味着创新带有较大的风险性。一方面，创新特别是技术创新需要相应的大量投入，而且这种投入有时不只局限于研究开发阶段，还可能延伸到生产经营管理阶段和市场营销阶段，如投资生产设备、培训生产工人、开辟营销网络等。这些投入能否顺利实现价值补偿，受到许多不确定因素的影响，既有来自技术本身的不确定性，也有来自市场、社会、政治等因素的不确定性，这些都有可能使得创新的投入难以得到回报。另一方面，信息具有不对称性，一般而言，创新者都知道自己所创新的内容和方向，但并不知道其他人或其他企业正在从事哪些创新活动。那么，就有可能会出现这样的结果：一个企业花费了巨大投入完成的创新,最终却发现只不过是步人后尘,那么这个企业在这种产品上就失去了抢占市场的先机。甚至是,创新者斥巨资进行的创新有可能最终被证明是毫无价值的,因而,创新的回报在事先很难估计。

3. 创新具有高回报率

一般来说,在经济活动中高风险与高收益是并存的,创新活动亦是如此。尽管创新的成功率较低,但一旦成功,可获得的利润还是相当可观的。正是因为创新具有高回报率,同时又具有高风险,所以世界上许多国家都相继建立了风险投资公司,向创新者提供风险性贷款,以便促进创新。现在许多企业,也正是看到了创新可以获得高额收益而进行着各种创新,特别是技术创新,以求得持续发展。

4. 创新具有时效性

创新具有时效性,一方面表现在不同创新类型的顺序分配上;另一方面反映在产品的替代过程中。企业创新一般总是从产品创新开始的。因为一种新的市场需求总是表现为产品需求,因而,在创新初期,企业的创新活动主要是产品创新。一旦新产品被市场接受,随之而来的企业将把注意力集中在过程创新上,目的是提高产品的市场占有率。在这些创新重点的不同时序上,还会伴随着必要的组织创新。当新产品投放市场一定时间后又会被更新的产品所替代,这种替代也使得创新具有时效性。新产品被更新的产品所替代的原因可能有两个:一是消费者的偏好发生了变化,二是生产产品的技术得到了更新。

正是因为创新具有时效性,所以创新者在进行创新决策时,就有必要识别市场对所要创新产品的需求持续的时间、该产品被替代的可能性,以及创新所处的时期。

5. 创新具有综合性

创新具有综合性表现在创新活动是许多人共同努力的结果,

即众多人的投入产出活动。创新既需要企业家的冒险精神和组织管理能力,也需要科学技术工作者的理论知识和技术,还需要创新活动的具体执行者密切配合。同时,只有科技工作者和生产工作者以及管理工作者共同联合、协作,才能使创新达到预期的目的。

6.创新必须符合科学与理性

创新活动与其他活动相比,之所以有着实质性特点和显著的进步,是由于求异思维进行创造性构思的结果。

求异思维只有在科学精神、科学理念、科学方法的引导下,才会有正确的方向和积极的成果。科学思想、科学精神包括五大要素,即:客观的依据、理性的怀疑、多元的思考、平等的争论和实践的检验。这五大要素,是任何一个严肃、严谨的科学家,在进行科学活动时缺一不可的。实际上,人类的一切预见性、创造性、突破性的创新思维,亦即求异性思维的启动和后续推动,也都是发端于这五个要素。

(三)创新的影响因素

1.技术源泉

技术是创新的源泉,没有可以充分选择的技术,企业就难以进行创新。随着经济对技术依赖程度的提高,技术与科学的联系越来越密切,技术的经济价值也越来越得到市场的承认,企业对技术来源的竞争越来越激烈,技术资源呈现越来越稀缺的趋势。从目前技术来源趋势上看,影响产业的“技术”有两种形态:一种是与科学紧密结合的技术,即从科学原理出发,通过技术应用性研究和开发,形成产品或工艺;另一种是与艺术和文化紧密结合,体现人们对审美、文化的欣赏和休闲与娱乐的知识及商业策划。

2.厂商规模

许多文献都认为大厂商具有创新的天然优势。加尔布雷斯认为，研究成本如此之高，以至于仅有大厂商才有足够的资源来从事 R&D 活动，而且大厂商也容易规避风险。小厂商仅能集中精力去开发某一简单的新思想。相比较而言，大厂商的优势是：①能够同时支持多项 R&D 活动，进而分散风险。②具有 R&D 的规模经济，如拥有必要的人力资源及设备。③较强的营销能力也能促使其增加 R&D 投入。原有的营销广告宣传或其他类型的促销方式，均有利于拥有新产品的大厂商迅速进入新市场，进而提高 R&D 的投资回报。④节约成本的过程创新，将使大厂商的单位成本下降、产量增加，其总收益要远远高于小厂商。

3. 规制

规制是政府对市场干预的重要手段，也是企业技术创新的重要环境。规制过紧会限制创新，放松规制会激励创新。美国在 20 世纪 90 年代放松了对电信业的规制，结果电信业成为美国技术更新最快的行业之一，使电信产业得到了充分的发展，并全面带动和影响了美国经济。规制表面上是在限制垄断，实际上也是在保护垄断、限制竞争，放松规制意味着鼓励竞争，而竞争会内生出技术创新活动，因为价格竞争、产量竞争、广告竞争等手段都使用完以后，必然会演变为技术创新的竞争。这是因为上述竞争都会加剧企业利润下降，而技术创新竞争不仅不会减少利润，相反还会赢得主动，维护企业利益。规制给企业创新以空间，规制过紧，企业创新会遇到种种束缚，创新行为经常受到约束，所以，高度创新的国家和地区往往都是那些经济自由度最高的国家。

4. 金融环境与制度

技术创新是将技术思想与其他要素结合，向其他要素渗透，对其他要素产生组合作用，在这些要素中，资本要素起着十分重要的作用，技术创新往往因为资本要素提供不足而夭折。金指基(日)将信用创造与技术创新并列，中国进入 21 世纪后也将技术创新和金融创新并列，这些都反映了金融与技术对经济的影响和它们之间的相互促进关系。金融环境需要金融制度来保证，一个自由的资本供给与一个宽松的资本供给环境同样重要，甚至自由的资本供给环境比存在着大量的资本闲置还有意义，因为大量的资本闲置会引起经济的波动和资源配置的错位，而不能有效保证创新需要的资本和创造性资源与资本的结合，而有充分自由作为保证的资本市场制度却可以使资本发挥出最大的资源配置效率，创造出最有效的金融工具与创新配合。

5. 市场结构

一般认为，垄断竞争的市场结构最有利于技术创新。第一，在寡头垄断的市场结构中，有可能存在价格勾结的行为，但它们很难进行R&D勾结。而且，与降价行为不同，成功的R&D是难以追随的。这样，每个厂商都认为创新至少可以带来超越对手的暂时优势。第二，厂商间的R&D竞赛有利于建立多个创新中心，从而有利于采用不同的设计方法或解决技术问题的方案。第三，每个寡头垄断厂商都有足够大的市场份额，它也可以获得大部分创新利益。第四，寡头垄断价格的制定，意味着可获得经济利润，这为创新提供了必要的资金支持。第五，价格机制的作用也使厂商重视长期利益，从而有利于推动R&D活动。

最后，值得注意的是，影响技术创新的因素绝不仅仅是市场结构，除此之外，市场的规模、创新机会在不同产业的分布、企业家精神等均会对创新产生巨大影响。例如，迅速发展的新产业其创新机会要多于传统产业，科学技术知识密集型产业要高于非科学技术知识密集产业，这也在一定程度上解释了高技术产业迅速发展的原因。

二、产业创新

产业创新是产业结构优化升级的基本路径，也是社会发展的基本动力之一。尽管产业创新的思想早已孕育于经济学、管理学的思想体系中，20 世纪 40 年代以来学者们也对其进行了大量的实证研究，但系统性的理论研究仍然比较少。直到 20 世纪 60 年代中期，学术界才开始探究创新怎样改变产业结构和产业竞争力。如今，在经济发展和创新理论的双重推动下，虽然“产业创新”没有严格的概念界定，但其却被广泛地接受和使用，以致出现了“产业创新”与经济学、管理学中的相关概念混用的现象，如产业创新与技术创新、产业创新与产业结构演化、产业创新与行业管理措施的优化等。

弗里曼于 1997 年第一次系统地提出了产业创新理论。他认为产业创新包括技术和技能创新、产品创新、流程创新、管理创新（含组织创新）和市场创新。他从历史变迁的角度，对电力、钢铁、石油、化学、合成纤维、汽车、电子和计算机等许多产业的创新做了实证研究，得到的结论是：不同的产业，创新的内容是不一致的。如化学产业主要是流程创新；仪器仪表产业主要是产品创新；而电力产业主要是市场创新。

目前，国际上较有影响的产业创新论著当属国立澳大利亚大学马克。道格森（Mark Dodgson）教授和英国苏塞克斯大学罗艾·劳斯韦尔（Roy Rothwell 教授合编的《产业创新手册》，该书被誉为欧派学者关于创新管理的杰出之作。道格森和劳斯韦尔认为，该书是不同学科领域的学者关于产业创新理论和实证研究成果的荟萃，代表了产业创新的主流趋势。该书内容涵盖了经济、技术、部门、区域、企业等多个领域的研究成果，但真正系统深入研究“产业创新”的成果却不多。这说明，在世界范围内，产业创新的理论体系还远没有形成。

（一）产业创新的特点

从创新的层次上来说，产业创新与宏观层次的国家创新和微观层次的企业创新既有联系又有区别，创新的目的是为了满足市场需求，技术创新则是其支撑条件。

1. 产业创新是联系宏观层次的国家创新和微观层次的企业创新之间的纽带

企业创新是产业创新的基础，正因为企业创新开发出了新产品、开发出了新的市场、开设了新的企业，才使新的产业形成成为可能。产业创新可以带动企业创新并为企业创新营造有利的环境和条件，可以扩充企业创新能力储备，带动和活跃企业创新，并且通过政策扶植、帮助和引导企业创新，同时为国家创新提供信息、资金、智力等服务。所以，产业创新对于企业创新和国家创新，具有重要的实践上的桥梁意义。企业创新、产业创新和国家创新是一个从低层到高层的创新体系。

2. 产业创新以满足市场需求为目的

一个产业的存在和发展，是以市场需求为前提的，没有市场需求，或者市场需求很小，新的产业是无法形成的。新产业开始时总是由一个产品逐步发展成长为一个产业的。产业创新是以产业化的方式来满足人们新的需求的过程。市场需求是产品创新的前提，也是产业创新的前提。若没有市场需求，企业创新投入既不能获得利润，也不能收回投资，投资者也就不会投资进行技术创新和产业开发。因此，产业创新的动力是企业内部对利润的追逐和企业外部市场拉动的结果。

3. 产业创新以技术创新为支撑

技术是产业发展必不可少的支撑条件，新产业的诞生无一不是技术创新的结果。在经济全球化的背景下，一个地方产业的发展可以没有自由，但不能没有技术。技术创新既是产业创新的支撑条件，也是产业创新的一个阶段，没有技术创新，就不可能有产业创新。但是，有技术创新，不一定有产业创新。只有技术创新通过市场创新开发新的市场或创造新的需求，随着需求的增加和技术扩散而达到一定的规模，才能形成新的产业。产业发展的实践证明，科学技术越进步，现代化水平越高，新的产业形成得也就越多。只有当技术突破时才可能促使新的产业诞生。

（二）产业创新的路径

产业创新的路径主要有：通过科技成果产业化和企业的成长来推动产业创新；通过主导产业转换促进产业结构优化升级而实现产业创新。

1. 产业创新是科技成果产业化和企业成长的过程

科技成果产业化是指从科学技术的研究开发到通过技术创新实现商业化应用，通过技术扩散实现规模化生产的全过程。这一过程经过 R&D 形成可应用的技术发明，技术发明与资金、劳动等其他要素组合在一起，经过企业的整合形成新产品，新产品进入市场实现商业化应用，完成熊彼特的技术创新实现过程。

随着新产品技术的扩散与渗透，生产同类产品的企业数增加、规模扩大，从而形成新的产业，推动产业结构升级。科技成果产业化的过程如图 6-1 所示。

图 6-1　科技成果产业化的过程

企业完成产品创新并由此带动了相关的技术创新及管理创新，完成了相对比较完整的经营体系创新工作，获得了高额利润。这对其他企业将产生诱导作用，吸引其他企业效仿，使技术扩散到其他企业，最后形成新的产业。因此，以企业技术创新为基点，带动产业创新也是形成、发展新产业的路径之一。

2. 产业创新是由先导产业向主导产业转换的过程

罗斯托的主导产业理论指出，主导产业对产业结构的性质和特点具有决定性的影响，不同的经济发展阶段主导产业也不相同，主导产业转换的过程也是产业结构优化升级的过程。按照产业生命周期理论，产业创新可以看成是从初创期向成长期、成熟期的演进过程。初创期的新产业部门具有先导产业、战略产业的性质，可以称为战略性产业部门；成长期的产业部门具有高成长性和高扩散性，可以称为主导产业。战略性产业是新兴的关系国家长远利益和全局利益的产业，经过扶持放大，可以转化为主导产业。主导产业具有很好的成长性和很强的创新性，产业关联效应和扩散效应很强，对其他产业的发展起到引导和支撑作用。因此，主导产业的形成，便实现了主导产业的转换，促进了产业结构的优化升级。这就是产业创新的宏观图景。

第二节 产业竞争力

一、产业竞争力、企业竞争力、国家竞争力

竞争力是参与者双方或多方的一种角逐或比较而体现出来的综合能力。它是一种相对指标，必须通过竞争才能表现出来，笼统地说竞争力有大有小或强或弱。

产业竞争力，亦称产业国际竞争力，指某国或某一地区的某个特定产业相对于他国或地区同一产业在生产效率、满足市场需求、持续获利等方面所体现的竞争能力。

企业竞争力是指在竞争性市场条件下，企业通过培育自身资源和能力，获取外部可寻资源，并综合加以利用，在为顾客创造价值的基础上，实现自身价值的综合性能力；在竞争性的市场中，一个企业所具有的，能够比其他企业更有效地向市场提供产品和服务，并获得赢利和自身发展的综合素质。

国家竞争力就是国家更多、更快、更好、更省、可持续地创造

财富的能力。国家竞争力的测算包括经济总量、经济效率、经济结构、发展潜力和创新能力五个方面的指标。

产业竞争力、企业竞争力、国家竞争力之间的关系表现为:较强的国家竞争力必然有比较多的竞争力强的产业和企业支撑,但反过来,个别企业和产业竞争力强并不一定带来较强的国家竞争力。因此,国家竞争力和企业、产业竞争力并不完全一致,在一个国家个别企业或产业有竞争力不一定能说这个国家有竞争力;另外,任何一个国家,即使是那些十分强大的国家,也不可能在所有的产业上都具有竞争力。对于那些产出增长快、技术进步快、技术含量高、市场结构的特征是不完全竞争、存在较大利润空间的产业,国家可以实施提高工资水平,从而增进一国的国民财富,提高人民生活水平,推动国家竞争力的发展;相反,对于那些产出增长缓慢、技术进步缓慢、技术含量低、市场结构特征是完全竞争、进入退出壁垒小、规模收益不变的产业,技术进步只能导致价格降低,收益的仅仅是消费国,因而不利于生产国国家竞争力的发展。

目前,世界经济正在向知识经济发展,企业在国际市场上的竞争力不仅依赖于产品和服务的价格,更为关键的是知识和技术水平,同时,产业升级也在依赖于技术创新的速度。由于知识具有非竞争性和排他性,因此,如果没有适当的制度安排,私人部门创造的传播知识的动机将受到抑制,从而减慢产业升级速度。所以,政府通过制定知识产权保护法支持和激励私人部门进行知识的生产。然而,由于知识具有正的外部性,因此,仅仅依靠知识产权不足以发挥知识的全部效益,此时就需要政府部门直接承担创造和传播知识的责任,从而推动企业和产业竞争力的发展。由此,国家竞争力的发展实质也是一个为企业创造良好发展环境和条件,促进企业间的组合向更优化产业发展并赢得竞争力的过程,企业竞争力、产业竞争力、国家竞争力,在这个意义上得到了统一。

二、产业竞争力的主要理论

(一)比较优势理论:产业竞争理论的先导

1817 年,李嘉图在完善亚当·斯密绝对优势概念的基础上,把绝对优势演化为比较优势。他认为只要各国之间存在着生产技术上的相对差别,就会出现生产成本和产品价格上的相对差别,从而使各国在不同的产品上具有比较优势,即使一国在两种产品的生产上都处于劣势地位,相比之下总有一种商品的劣势相对较小一些,也就是具有相对优势。市场机制会把一个国家和资源配置到那些具有较高生产率的产业中去。李嘉图实际上已经指出生产技术的差别是影响产业国际竞争力的因素,在生产技术上处于最有利地位的产业,其商品在国际市场最具竞争力。

比较优势理论在指导贸易实践中存在一些缺陷:首先,该理论对产业决定因素的判断只涵盖了自然资源,而忽略了自然资源之外、对产业的存在和发展有更为重要影响的多种社会经济因素;其次,它是以静态方式解释对优势产业的选择,而现实中一个国家在不同时期的优势产业总是处于变化之中,某些产业的优势还实现了在不同国家之间的转移;最后,该理论在解释资源禀赋差异很大的国家间不同产业间的贸易问题时比较有效,但不能有效解释资源结构近似的国家之间在同一产业内的贸易现象。

比较优势理论及对其缺陷的探讨显示:资源类型、资源差异、资源转移是进行产业竞争研究时需要考虑的因素。

(二)产品生命周期理论:产业竞争理论的要素载体

继比较优势理论之后,美国哈佛大学教授雷蒙德·弗农(R. Vernon)于 1966 年 5 月在《经济学季刊》上发表了《产品周期中的企业投资和国际贸易》一文，提出了产品生命周期理论（product life cycle，简称 PLC）。他指出需要建立一种动态的理论来系统地解释企业在出口、国外子公司生产和许可证之间的选择。而跨国公司在跨国经营方式上的选择，正是基于各种方式对比较优势及其对提高企业竞争力的作用。弗农认为，产品在市场上的表现呈现周期特征。产品周期可以分为三个阶段，即产品的“萌芽”阶段、“成熟”阶段、“标准化”阶段。

1979 年，弗农对产品生产周期理论做了重要修改，以突出跨国公司经营的寡占特征。产品生命周期的三个阶段被重新命名为创新寡占阶段、成熟寡占阶段和弱化寡占阶段。

在创新寡占阶段，创新和本土市场条件密切联系，但不再过分强调美国作为新产品发源地的重要性。出于与研究开发和营销等职能协调的需要，生产活动仍会被安排在新产品发源地。修改中，对成熟寡占阶段的调整最大，他提出，基于稳定世界各地市场份额的考虑，企业会在竞争对手的主要市场处设厂生产，借此强化讨价还价的地位。而当产品进入弱化寡占阶段，由于市场准入障碍弱化，企业面临着新的竞争压力，生产区位更多的是由成本差异因素而不是市场的接近程度和寡占反应所决定。

产品生命周期理论提示我们，在研究产业竞争，特别是产业国际竞争力时，需要考虑区位因素，供给和需求的交互作用、技术优势和垄断优势、市场和企业之间的沟通等方面的影响作用。

三、产业竞争力评价指标——过程指标和状态指标

过程指标是指那些反映产业竞争力提高过程的指标，而状态指标指那些反映产业竞争能力或竞争结果的指标。由于产业竞争力具有明显的动态性，只从静态角度对其进行考察是不全面的。而只从静态评价产业竞争力时，既要有反映当前产业竞争力状态的静态指标，也要有能反映产业竞争力变化趋势的动态

指标。

关于产业竞争力的评价方法有很多，选取不同的指标体系，就会有不同的测度产业竞争力的方法。如竞争结果评价法、影响因素评价法、影响因素剖析法、全要素生产率模型、标杆法等都是在产业竞争理论研究过程中发展出来的评价产业竞争力的方法，每一种评价方法各有优劣。这里选取指标综合评价法作为测度产业竞争力的方法，选取这种方法的一个主要依据就是基于指标数据的可得性。

（一）权重的确定

权重一般由专家调查法确定。通过征求专家意见，得出各项指标的权重系数。各级权重系数之和为1。两级评价体系中各个指标不同的权重系数，表示该项指标在总分中所占的比重，以此体现评价的导向性、科学性。

（二）评分基数值和评分目标值的确定

产业评价指标体系中的基数值，可根据行业近三年或五年发展的实际平均值 *j* 征求专家意见适度调整确定。某一项指标达到基数值则得基本分，达不到基数值则记为0分。

评分目标值的确定，国家是有要求的，按国家要求确定目标值，其他则按产业发展相关指标的最高值适度调整后确定。该项指标达到或超过目标值则得满分。基本分、满分根据具体情况决定，也可以采取专家意见来确定。

（三）产业竞争力综合分值的计算

指标分数采用百分制。

二级指标分值的确定：

二级指标分值＝[（报告期数值－基数值）/（目标值－基数值）]×该项二级指标权数

一级指标分值的确定：

一级指标分值=(一级指标所属的二级指标分值之和+基本分值)×该项一级指标权数

其中,二级指标的单向分值以1倍权数记分为上限,以负1倍权数记分为下限,超出则以上下限值记。总分等于一级指标之和。总分越高,说明产业竞争力越强。

第三节　反垄断政策

一、垄断定义与类型

(一)垄断的定义

所谓垄断是指少数企业凭借其控制的巨额资本、足够的生产经营规模和市场份额,通过协定、同盟、联合、参股等方法,操纵与控制一个或几个部门的商品生产和流通,以获取高额利润。

(二)垄断的类型

1. 经济垄断和行政垄断

从不同角度,可以将垄断划分为不同的类型。依据垄断形成的原因,可以将垄断分为经济垄断和行政垄断。

经济垄断是经济行为主体在市场竞争过程中形成的较强控制力或可以采取的排他性行为。经济垄断可以进一步细分为自然垄断、技术垄断和市场垄断。自然垄断是指由于成本的弱增性,由一家企业提供产品或服务比由多家企业提供产品或服务成本更低的情况。自然垄断决定了由一家企业垄断经营的合理性,因此对于自然垄断行业一般不采取反垄断措施,而是允许企业垄断经营,并由政府加以规制。技术垄断是指经济主体由于对专利的排他性占有和使用而形成的垄断。专利制度能够有效地保护和促进技术进步，因此这种凭借专利形成的垄断也得到法律的认可和保护，并不是反垄断所针对的对象。市场垄断是指经济主体通过对要素或产品市场的排他性控制而形成的垄断，市场垄断是反垄断的主要对象之一。

行政垄断的概念自产生以来存在众多争议，可以从产生的原因、运用的手段、造成的结果等方面进行不同的界定，不同定义方式对行政垄断的理解有较大差异。考虑各种定义共性的方面，可以将行政垄断定义为“政府机构运用公共权力对市场竞争的限制与排斥”。行政垄断可以分为地区性行政垄断和行业性行政垄断。地区性行政垄断是横向的行政垄断，是指地方行政机构与所属企业联合起来运用行政权力构筑政治壁垒所形成的一种排他性控制；行业性行政垄断是纵向的行政垄断，是指某一行业的行政管理部门运用行业管理权为其所管理的企业构筑政治壁垒所形成的一种排他性控制。行政垄断也是反垄断的主要对象之一。

2. 价格垄断、非价格垄断、组织垄断

依据垄断行为的不同可以将垄断分为价格垄断、非价格垄断、组织垄断。价格垄断行为是指具有市场势力的垄断企业高于边际成本定价，企业间通过公开或暗地里的协调，以垄断高价获取高额利润，或者以垄断低价购买其他企业原材料的行为。非价格垄断行为是指具有某种市场势力的企业通过广告、研究与开发、构筑营销及售后服务体系等旨在提高产品差别化水平，谋求垄断优势的行为。组织垄断行为是指通过并购等手段消灭竞争对手、扩大自身优势，提高生产和集中水平的行为。

二、垄断的经济影响

在大多数对垄断的经济学分析中主要强调垄断的负面影响，

实际上，垄断既有可能对经济具有负面影响也有可能具有正面影响。

（一）垄断的负面影响

1. 社会福利损失

社会福利最大化的标准是“帕累托最优”，按照这个标准，当两种产品的边际替代率相等、边际转换率相等，而且消费的边际替代率等于生产的边际转换率时，社会福利实现最大化。在垄断的市场结构下，上述条件是无法得到满足的，因此必然造成社会福利损失。

2. 生产效率损失

在完全竞争条件下，企业实现均衡时是在平均成本最低点生产，生产效率最高。垄断企业的产量低于完全竞争条件下的产量，这意味着没有充分发挥企业生产能力，存在生产效率损失。

3. X—非效率

1966 年，哈维·莱本斯坦提出 X—非效率理论，他指出，在垄断企业的内部存在资源配置上的非效率性，处在竞争市场上的企业为争取生存，企业内的各要素会相对团结地去提高效率；而在垄断条件下，由于享有垄断利润，企业内的各组成部分的行为就会偏离争取最大限度利润的目标，而出现在企业组织内部追求各部门自身的利益，从而导致企业的低效率生产或管理过程被耗散，这也是有些企业虽然具有垄断地位，但其实际经营绩效却并不好的原因之一，从而造成社会福利的更大损失。

4. 寻租行为

高额的垄断利润会诱使竞争者进入，为阻止其进入，获取垄断利润，垄断企业会将部分甚至全部垄断利润用于对政府机构或官员的游说或贿赂，以此换取政府保护政策或有利于自身的立法。大量的资源用于寻租行为而不是生产行为，是对社会资源的浪费，同时还会导致政府官员的腐败。

（二）垄断的正面影响

1.规模经济促进生产效率的提高

企业因生产技术带来的规模经济效益主要在于如下方面。第一，在一定规模范围内，生产规模的扩大，可以采用更大型的高效设备，节约投资，降低消耗，减少成本费用。第二，大规模生产经营有利于实现生产过程的标准化、专业化和简单化，不仅可以提高产量、质量并降低成本，而且也为开发使用高效专用设备提供条件，使专用设备、自动线的采用成为可能。第三，生产规模扩大，生产批量增加，有助于采用先进工艺。第四，由于某些生产具有不可分性，有些设备和人员在生产规模较小时不能够充分利用，只有在规模达到一定程度时才能够得以充分利用。除生产技术带来的规模经济效益外，还有生产经营带来的规模经济。

2.范围经济减少市场交易范围

范围经济之所以存在其根本原因在于：一是企业投入的生产要素具有多重经济价值，同时这类生产要素又具有不完全可分性；二是资本设备和生产线的功能性；三是一种生产要素投入的可重复使用性；四是零部件和中间产品的多种组装性能；五是厂商的无形资产可以在扩大品种范围上的重复使用性。

3.加快技术进步和创新

尽管关于垄断对技术和创新的扼杀已被大多数经济学家证实，但不能否认的是，技术发展已是从自然垄断市场转换到更具竞争性的市场背后的驱动力。技术进步常常能使生产成本降低，创造出新的产品或服务，并在很大程度上影响经济福利。

4. 促进经济增长

经济增长的实现始终与一国的产业组织状况是密切联系的。可以说，少数垄断大企业占据了全国较多的份额，这些垄断企业都是一国国民经济的支柱。规模经济和范围经济造就了企业的大型化趋势，而规模经济和范围经济本身就意味着成本的节约和劳动生产率的提高。

5. 维持价格稳定

垄断企业是价格的制定者，垄断部门的产品也必然是数量较少价格较高，这种刚性的价格推动总体价格水平的上升。一般情况下，垄断部门产品价格的刚性特点有助于总体价格水平的稳定性。总体而言，无论垄断行业的垄断程度如何，其对价格的控制程度都会受多种因素的制约，而不是具有无限的影响能力。即使在高度垄断部门，由于来自替代品、潜在进入者等方面的竞争和政府规制者对自然垄断企业严格的价格上限规制使得垄断企业将价格水平保持在一定的范围内。

6. 促进就业

垄断通常也是劳动力的集中和垄断。越是垄断企业，由于其规模庞大，结构复杂，各个部门之间的分工明确，生产效率较高，拥有成本优势，经营范围广，因而往往雇佣的人数较多，对各种人员的层次、技能和专业方面的需求数量也较大。当代任何一个国家和地区，正是少数垄断大企业雇佣较多比例的人员。

7. 有利于政府宏观调控

宏观调控包括直接调控和间接调控两种方式，每一种方式都离不开垄断企业的作用。就政府的直接调控而言，关系国计民生、提供公共物品的自然垄断企业一般都是政府直接调控的企业；对这类企业，无论是实行由政府垄断经营或者政府规制下的企业私人垄断经营，都有助于整个国民经济的稳定和保障全体人民的根本利益。就政府的间接调控而言，在政府不可能直接面对一个个企业实施具体管理的情况下，可以借助于垄断企业的组织体系和作用。政府通过与垄断体系的核心企业联系、协商，制定发展计划，并由核心企业组织实施，在垄断体系内部通过层层分解下达，起到以点带面，辐射成网的作用，有利于保证计划的落实和完成。

三、反垄断政策

与经济性规制相似，反垄断是解决垄断所造成问题的重要手段之一，因此有时也被称作反垄断规制。世界各国在反垄断的长期实践中形成了反垄断的不同思路、不同的违法判定原则，各国的反垄断法在具有共性的同时，具体内容则各有不同。

（一）反垄断政策制定思路

反垄断政策制定过程中存在两种不同的思路，即结构主义思路和行为主义思路。

1. 结构主义思路

结构主义思路以哈佛学派的产业组织理论为基础。哈佛学派将市场结构作为产业组织理论分析的重点，其构造的市场结构—市场行为—市场绩效框架（即 SCP 范式）认为，市场结构可以解释或决定企业在市场上的特定行为，而市场绩效又往往是企业行为作用的结果，寡占的市场结构会产生寡占的市场行为，进而导致不良的市场绩效，特别是资源配置的非效率。

该理论的中心观点是：市场结构决定市场行为，市场行为产生市场绩效。市场结构在市场运行中起决定作用。在一个产业内，高集中度往往与高利润率呈正相关关系，这种高垄断利润是大企业行使垄断势力或寡头合谋的结果，因此，高集中度会产生较差的市场绩效。为了保持市场的有效竞争，获得满意的市场绩效，必须对垄断进行政府规制，实行严格的反托拉斯政策，通过对市场结构的改变来改善市场行为，以达到间接改善市场绩效的目的。

结构主义规制，要求市场结构应保持在有效竞争的范围内，若超出理想的结构标准，即为违法，就要予以限制或禁止。通常采用分解占垄断地位的大企业的方式恢复竞争性市场结构，或严格控制大企业间的集中防止出现高市场集中度。

2. 行为主义思路

20 世纪 70 年代后，以施蒂格勒、波斯纳等为代表的芝加哥学派成为反垄断经济学的主流理论。芝加哥学派强调对许多现象的效率解释，认为经济效率应当成为反垄断的唯一目标。效率包括：资源配置效率，即资源是否实现了优化配置；生产效率，即各企业的资源是否得到有效利用，如是否实现了规模经济，是否节约了交易成本等。

在效率主义思想指导下，芝加哥学派认为，由于市场竞争过程是市场力量自由发挥作用的过程，是一个“生存检验”的过程，所以市场结构是市场内部各个力量对比的反映，在没有国家干预的情况下，市场上最后生存下来的企业就是最好的企业，最有效率的企业。因此，反垄断法不应干预市场结构，即使出现大企业，其垄断势力也将是短暂的，新企业的自由进入会遏制其垄断势力。

行为主义反对基于“理想”的市场结构而对长期存在的大企业进行拆分，企业如果能够通过内部增长实现规模扩大，无非表明这些企业具有超越竞争对手的生产效率。所以，这种规制方法不以企业对市场的占有份额为规制标准，而重在规制企业的垄断行为，具体方法有责令停止垄断行为、没收违法所得、罚款等。

3. 两种思路的比较

基于不同思路制定的反垄断政策存在较大的差异，主要表现在两个方面：一是对于垄断判定的侧重点不同。结构主义针对企业所处的市场结构进行制度设计，在判定垄断时关注的是企业市场份额、产业集中度等结构性指标。行为主义的反垄断政策更关注企业是否滥用市场实力，从事限制、排斥竞争的行为。二是反垄断制度和措施不同。结构主义往往通过采取拆分、解散大企业的办法，强制性改变市场结构，提高市场竞争程度。行为主义则反对政府对市场结构的干预，反对限制兼并和分拆长期存在的大企业，主张反垄断政策的重点是对企业反竞争行为进行干预，主要是限制企业的价格协调、市场分配等行为。

（二）反垄断政策内容

反垄断政策主要体现在反垄断法之中，世界各国的反垄断法由于立法时所处的政治、经济、社会环境和历史背景不同，具体内容各不相同，但就法律的实质内容而言，又有共同之处。具体来讲，反垄断法的内容主要涉及三个方面。

1. 禁止私人垄断和卡特尔协议

私人垄断是指个人公司或财团通过兼并、收买或低价倾销等手段，把其他竞争对手从市场上排挤出去，从而确立自己在市场中的垄断地位，并以此支配市场。这种情况反垄断法是坚决禁止的。不过，反垄断法反对的并不是企业在市场上占有支配地位，而是企业滥用支配地位。换言之，通过高效率、低消耗以及行使专利权或特许权，甚至由于历史原因形成的垄断不属于被禁止的范围。

卡特尔协议是指多个企业以垄断市场、获取高额利润为共同目的，在一定时期内就划分市场、规定产量、确定价格等正式或非正式的协议。卡特尔协议又分为“纵向卡特尔协议”和“横向卡特尔协议”。有些国家对于纵向卡特尔协议一般并不禁止;而横向卡特尔协议由于限制企业生产能力、破坏市场竞争,各国反垄断法原则上都是禁止的。

2.禁止市场过度集中

市场过度集中会产生垄断,从而不利于竞争。企业兼并是实现市场集中的主要途径,适当的兼并有利于企业扩大生产经营规模,改善产品结构,提高设备利用率,获取市场竞争优势。基于此,各国反垄断法并不禁止一般企业兼并,但是过度兼并会一定程度地消除相关企业间的竞争,使具有支配地位的企业能够更有效地操纵市场,增加市场进入壁垒,并有可能伴随着驱除对手进行掠夺性定价,因此,各国反垄断法对于大企业间的过度兼并一般都是禁止的。

3.禁止滥用市场势力

所谓滥用市场势力是指在市场中居支配地位的大企业,凭借自身的经济实力对其他企业施加影响,迫使它们按照自己的意愿行事,从而妨碍公平竞争。美国《克莱顿法》将滥用市场势力界定为六种情形:价格歧视、独家交易、搭配销售、维持转售价格、限定销售区域、公司董事交叉任职。

虽然世界上许多国家都制定了反垄断法,但运用反垄断法实际处理的违法案件却相对不多,这主要是由于两方面原因:首先,反垄断涉及大量的调查和审理工作,成本巨大,考虑到成本收益的对比,不可能所有案件都通过反垄断程序解决。其次,反垄断法本身有许多例外条款,例如对于专利权保护、特殊行业等的例外。因此,反垄断法的事先预防作用可能比事后的法律处理更有意义。

四、反垄断法

（一）反垄断法的概念

反垄断法一般是指国家调整企业垄断活动或其他限制竞争行为的有关实体法和程序法。反垄断法的名称因国而异，美国称之为“反托拉斯法”；德国称该法律领域为“反限制竞争法”，一般称为“卡特尔法”；日本将反垄断法称为“禁止垄断法”；英国称为“限制性商业惯例法”；法国称为“价格和竞争自由法”；欧盟称为“竞争法”。各国对反垄断法这一法律领域的不同称谓，反映了各国独特的法律传统和政治、经济观念。虽然各国反垄断法的侧重点有所不同，但它们调整的对象和保护的利益在很大程度上却有共同之处，就是反对垄断活动和其他限制竞争的行为，保护自由竞争。

（二）反垄断法的适用范围

法律的适用范围包括适用的对象范围、时间范围和地域范围，即法律的对人的效力、时间效力和空间效力。反垄断法在遵循传统的法律适用规则的同时还有很多自己的特色，特别是在对人的效力和空间效力方面。

1. 反垄断法的适用对象

（1）经营者

我国《反垄断法》中的“经营者”，是指从事商品生产、经营或者提供服务的自然人、法人和其他组织。日本《禁止垄断法》称“事业者”，德国《反限制竞争法》称“企业”，但这里的企业不一定与工商管理法中的企业相一致，一个组织可否被称为企业，起决定作用的不是该组织的法律形式，而是组织的活动类型，即它是否参与经济活动。

(2)经营者的联合组织——行业协会

行业协会是由同业竞争者组成的非营利性组织,为了行业发展和全体会员的共同利益,会约束会员企业的活动,使其遵守竞争规则并利用行业协会的自治权对违反竞争规则的行为进行规范;但另一方面,行业协会为了实现会员利益的最大化,会倡导会员企业从事所谓的行业自律行为,限制会员之间的激烈竞争。

(3)政府

在反垄断法发展的早期,只适用于私人主体,基本不适用于政府,但随着政府对市场竞争秩序的影响不断增加,以及行政权力滥用现象日益突出,各国反垄断法逐步放弃传统理论,开始适用于政府公权力限制竞争行为。

例如,美国反垄断法的适用对象是抽象的"人",根据最高法院的解释,这里的"人",既包括自然人,也包括法人;既包括私人组织,也包括公共组织如地方政府、州政府、市政当局等。反垄断法对政府限制竞争行为的规制范围远大于我国,不仅一般滥用行政权力行为,而且给予特定主体优惠待遇或财政补贴、行政许可中对企业予以不公平对待等,法律都予以禁止。

2.反垄断法的域外适用制度

(1)法律的域外效力

一国的法律一般只在其本国领域内有约束力,这是法的域内效力。当一国的法律超出其本国领域之外发生约束力时,即产生法的域外效力问题。法律的域外效力必然会产生法律冲突。

(2)反垄断法的域外适用

反垄断法的域外适用,是指作为国内法的反垄断法适用于该国主权管辖范围之外的、在外国发生的垄断行为的情形。

根据这项制度,只要特定主体实施的垄断行为实质上破坏了一国的市场竞争秩序,该国的反垄断法就可以适用于这一行为,而不管该行为是否发生于该国的主权管辖范围内。主要情形是,外国企业在境外所进行的垄断行为对国内构成影响,但该企业在国内无任何行动。我国《反垄断法》第2条："中华人民共和国境内经济活动中的垄断行为，适用本法；中华人民共和国境外的垄断行为，对境内市场竞争产生排除、限制影响的，适用本法。"

(3)反垄断法域外适用的效果原则

第一，效果原则的产生。1945年的美国铝公司案中，Hand法官指出，谢尔曼法也适用于在美国境外订立协议的情况，如果"它们的意图是影响美国的出口，而且事实上也影响了美国的出口"，"任何国家都有权规定，即便不属于本国的臣民，也不得在其境外从事受该国谴责且对境内产生不良后果的行为。"这就确立了美国反托拉斯法域外适用的效果原则。根据效果原则，美国反托拉斯法可以适用于任何对美国国内市场产生影响的限制竞争行为，而不管行为是否在美国境内发生或者由美国国民实施。

第二，对效果原则的限制。美国运用效果原则将其反垄断法的适用范围超出本国领域，执法当局和法院也可以据此对发生在域外的行为行使管辖权，这一做法曾被视为霸权行径而遭到其他国家的反对和抵制。1976年美洲银行案又确立了"合理管辖原则"，对效果原则进行修正，具体表现在两个方面：其一是考虑国外发生限制竞争行为是否对国内市场有直接、重大和可预期的影响；其二是考虑国际礼让即其他相关国家的重大利益。

3.反垄断法适用除外与豁免制度

通常而言，法律具有普遍适用的效力，任何行为都不例外。然而，由于垄断与规模经济、市场竞争与政府干预、竞争政策与产业政策间的复杂关系，反垄断法需要对特定的垄断行为或垄断状态免于适用，或不予追究责任。

(1)适用除外与豁免制度

我国学界中流行的观点认为，"反垄断法适用除外亦称为适用豁免制度"。实际上，适用除外制度与豁免制度是有区别的。

适用除外，指的是特定经济领域不适用反垄断法，即将其除外于反垄断法的适用范围，那么，这一领域的行为不受反垄断法调整，即使它表面上符合垄断的构成要件。

适用豁免，则有网开一面的意思，即对于违反反垄断法的行为，由于其符合反垄断法本身规定的免责条件，因而反垄断法对其不予禁止。

(2)适用除外与豁免制度的理论解释

反垄断法以促进竞争、抑制垄断、打击限制竞争行为为目的，而适用除外和豁免制度却促进垄断、容忍对竞争的限制。因此，从性质上讲，适用除外与豁免制度是对反垄断法基本制度的修正，也是对反垄断法基本目的的反动，但两者的基本价值取向是一致的。

反垄断法的基本目标是通过对竞争秩序的维护，优化配置资源，实现社会整体效益(社会公共利益)。以此目标，凡危害社会整体利益的垄断，反垄断法均应予以遏制；反之，凡具有合理性，对社会整体利益有利的垄断，则应予以允许甚至鼓励。

(三)我国的反垄断法

从 1994 年反垄断法被列入第八届全国人大常委会立法规划，到 2007 年 8 月 30 日第十届人大常委会表决通过反垄断法草案，我国反垄断立法经历了 13 个春秋。《中华人民共和国反垄断法》(以下简称《反垄断法》)的出台是中国市场经济前进道路中的重要里程碑，将有效维护消费者合法权益，成为保护公平竞争的市场秩序的法律武器。

1.《反垄断法》的宗旨和主要任务

《反垄断法》第一条宣示了该法的宗旨，即“预防和制止垄断行为，保护市场公平竞争，提高经济运行效率，维护消费者利益和社会公共利益，促进社会主义市场经济健康发展”。反垄断法正是通过对垄断行为的调整，来维护市场的公平竞争环境，从而实现提高经济效益和维护消费者利益的终极目标。

《反垄断法》的主要任务是对垄断行为的预防和制止，即防止市场上出现垄断，并对合法的垄断企业进行监督，防止它们滥用市场优势地位。

2.《反垄断法》的主要内容

《反垄断法》研究国际反垄断法的有益经验，在总体框架和主要内容上，和大多数国家的反垄断法基本一致，确立了禁止垄断协议、禁止滥用市场支配地位以及控制经营者集中三大制度。同时，《反垄断法》又立足于中国国情，每一项制度都体现了鲜明的中国特色，反映了中国目前经济发展阶段和发展水平、市场竞争状况、市场主体成熟程度等实际情况的要求。《反垄断法》共 8 章 57 条。主要内容包括：

（1）关于反垄断法的适用范围

《反垄断法》平等地适用于市场主体即经营者。任何经营者，无论是国有企业还是民营企业，无论是内资企业还是外资企业，在经济活动中都要遵守反垄断法的规定；对违反规定实施垄断行为，都要依法追究法律责任。

关于国有公司与反垄断法适用问题，有这样一个观点：中国是一个人口众多、幅员辽阔、发展不平衡的社会主义大国，需要有强有力的国有经济。特别是在涉及国计民生和国家安全的关键领域，国有经济应当占有控制地位、发挥主导作用。只有这样，才能保证国家有效实施宏观调控，保证经济又好又快发展，保证人民分享发展成果，也才能保证国家有力量应对各种风险，保证经济安全和人民安居乐业。但是，《反垄断法》没有把国有公司排除在反垄断法适用之外，国有公司不能从事反垄断法禁止的垄断行为。

参照国际通行做法，《反垄断法》不直接规制垄断状态，而规制垄断行为。按照《反垄断法》第 3 条的规定，垄断行为有三类，一是经营者达成垄断协议；二是经营者滥用市场支配地位；三是具有或者可能具有排除、限制竞争效果的经营者集中。同时，《反垄断法》将行政机关和法律、法规授予的具有管理公共事务职能的组织滥用行政权力，排除、限制竞争行为纳入本法调整范围。

《反垄断法》既适用于在中国境内发生的垄断行为，也适用在中国境外发生的对中国境内市场竞争产生排除、限制影响的垄断行为，具有域外效力。

(2)关于垄断协议

《反垄断法》对横向垄断协议和纵向垄断协议分别做出了禁止规定。对行业协会组织本行业经营者实施垄断协议做出了禁止性规定。根据中国实际情况，规定了垄断协议的豁免条件。竞争者之间达成的关于固定价格、限制产量、划分市场以及串通招投标等垄断协议，被称为核心卡特尔，核心卡特尔是世界很多国家反垄断执法机构严厉打击的对象。核心卡特尔也很难满足《反垄断法》第 13 条关于垄断协议的豁免条件所规定的"不会严重限制相关市场的竞争"及"能够使消费者分享由此产生的利益"这两个条件，是经营者经营行为的禁区。

(3)关于滥用市场支配地位

《反垄断法》不反对经营者具有市场支配地位，但严格禁止其滥用市场支配地位实施排除、限制竞争，损害消费者利益的垄断行为。《反垄断法》列举了垄断价格、掠夺性定价、拒绝交易、强制交易、搭售、差别待遇等典型的滥用市场支配地位行为。为了增加操作性，《反垄断法》列举了认定经营者具有市场支配地位应当依据的因素和市场支配地位推定制度。不管对于新成立的还是成熟的反垄断执法机构，无论是市场支配地位的界定，还是滥用行为的分析，都是反垄断执法中极具挑战性的领域，在执法中需要很多的经济分析。

(4)关于经营者集中

经营者集中，一方面有利于形成规模经济，从而提高经济效益和企业的竞争力；另一方面又可能产生或者加强市场支配地位，导致排除或限制竞争。因此各国反垄断法都对经营者集中实行必要的控制。《反垄断法》鼓励经营者通过依法实施集中等方式做大做强，同时依法规制经营者集中行为，规定经营者集中达到国务院规定的申报标准的，应当事先向国务院反垄断执法机构申报，未申报的不得实施集中。

《反垄断法》未直接规定经营者集中的申报标准，授权由国务院规定。从其他国家的法律规定和自身的执法实践中可以看到，经营者集中申报标准的指标应当客观、明了、可量化，如以资产额、销售额以及集中的交易额等为指标规定申报标准，使得经营者和反垄断执法机构能够清楚地判断出其拟进行的集中行为是否需要申报。同时，各国反垄断法都是根据本国经济的发展阶段、发展水平、市场竞争状况等情况并结合一定时期的产业政策，确定各自的申报标准，具体的标准差别很大。中国现阶段经济发展中的一个主要问题是，产业集中度不高，许多企业达不到规模经济要求，竞争力不强。从中国现阶段经济发展的实际情况出发，中国反垄断法对经营者集中的规定，既要有利于企业通过依法兼并做大做强、发展规模经济，提高产业集中度，增强竞争能力，又要防止经营者过度集中形成垄断。因此，经营者集中的具体申报标准要合理、适度。

(5)关于滥用行政权力排除、限制竞争

《反垄断法》第五章对滥用行政权力排除、限制竞争行为进行了专门规定，列举了强制交易、地区封锁(包括限制商品在地区间流通、阻碍外地经营者参加本地招投标活动、以不公平方式设定市场准入等)、强制经营者从事垄断行为等滥用行政权力排除、限制竞争行为，比较全面地涵盖了我国目前存在的滥用行政权力排除、限制竞争行为的主要表现形式。同时，《反垄断法》还专门针对含有限制竞争性的行为做了专门规定，要求“行政机关不得滥用行政权力，制定含有排除、限制竞争内容的规定”。

《反垄断法》对滥用行政权力排除、限制竞争行为的禁止规定，明确表明国家坚决反对和制止滥用行政权力排除、限制竞争，坚定不移地推进全国统一、公平竞争、规范有序的市场体系建立的决心。需要强调的是，不能将政府及其有关部门为调控经济生活或者对经济活动进行的正常管理而采取的措施作为滥用行政权力排除、限制竞争行为来处理。从根本上解决滥用行政权力排除、限制竞争行为的问题，必须靠改革，靠发展，靠市场经济体制的进一步完善，采取综合治理的办法，并通过各方面长期不懈的努力。

第七章　我国政府规制与产业政策研究

产业经济学中的理论被政府和行业协会拿来用于协调企业间关系和企业同社会之间的关系，以实现产业资源的最优化配置。产业管理的主体是政府。政府通过各种手段，经济的、行政的和法律的去管控产业内企业的活动，以实现产业经济的良好发展。

第一节　市场失效的原理与规制机制

一、市场失效的原理

（一）市场失灵

在新古典经济学中，市场失灵的可能性为政府干预提供了一个主要依据。市场失灵是市场达不到分配的效率标准、导致资源分配不当的情况。所以市场失灵很可能在没有帕累托效率的市场中出现，这就是不完全竞争市场、公共品和不完善市场的情况。这里的重点是不完全竞争市场。因此，不完全竞争市场是那些不能进行完全竞争的市场。根据德·班德特所说，市场正常运作中所出现的多种例外使国家干预产业成为正当的。不完全竞争市场的特点是具有不同程度的寡头势力和垄断势力。市场失灵的情况有：

(1)外部性的存在。

(2)启动生产或是进行R&D(研发)所需的大量资本(沉没成本)。

(3)规模收益递增的存在。

(4)信息不完全。

(二)外部性

从狭义上来说,外部经济(不经济)的概念是指一种产品或服务的生产对另一种产品或服务的生产或消费有影响。从广义上来说,当特定经济活动的收益与成本在个体层次与社会层次存在差异时,外部性就出现了。外部性可以是外部经济(也叫作收益外部化)也可以是外部不经济(也叫做成本外部化)。例如,一个企业进行R&D投资,它可以从这个投资中获得直接收益;如果R&D改进了生产产品的方法,那就会降低成本。现在与第一家厂商在地理上或部门上接近的其他企业学到了这个改进。那么,其他厂商在R&D上没有花费任何费用就可以得到一些收益,这就是收益外部化。

如果一个私人的经济活动,对于一个更大的团体有正的或负的影响,而对于市场来说,对这些影响收费是困难的或是不可能的,那么国家干预就可能是适当的了。例如,国家能确保通过收费使具有成本外部化的活动减少。举个例子,看一下成本外部化最普遍的例子——污染。在政府干预之前,污染者并没有为消除这些生产的消极后果而付费。在这种情况下,虽然对个体的污染者来说,成本为零(例如,他或她并没有住在工厂所在地),但是真实的成本却是由社会承担的。政府能够通过对污染活动征税("污染者付费"原则)来弥补市场失灵。在某种意义上,理念也同污染一样面临同样的问题。

然而,由于很多商品具有外部性,既有负的(如污染的例子)又有正的(例如,蜂房所在地与苹果园接近),所以国家准确地做到使私人成本与社会成本相一致是很困难的。一方面,人们用这点来反对消除外部性的所有国家干预;另一方面,“一旦我们接受了外部性的普遍性,那市场交易的正当性就产生了问题”。

需要强调的是,仅仅有外部性并不意味着需要国家干预。只有在外部性是正是负出现之后,这个问题才清楚。权力干预使得其他企业为第一家企业的新设计付费,像这样会减少模仿的程度,如果新设计失败了,损失就可能减少。但是,如果新设计成功了,这样的干预会减少收益。这里有争议的是,只要新设计的创造者得到报偿,减少整体的所得没什么关系。然而,就像在工业区一样,如果个体的成功依赖于整体的成功,那么通过减少整体的所得,干预会减少个体的所得。甚至可以说,这种类型的干预冒着整个地区失败的风险,因而是不适当的。

(三)巨大的沉没成本

沉没成本解释了企业为什么不愿意进入一个行业。即使在某种意义上,这个行业为社会所需要,但是对于一个利润最大化的企业而言,若该行业的利润不足以使其进入,国家就必须干预。在某种意义上,国家通过提供沉没资本可以创造一个可竞争的市场;如果国家提供机场、飞机跑道、空中交通管制等,那么航空公司终究会成为一个可竞争市场。更实际的是,在铁路运输方面,如果政府在电气、车站和铁道上投资,那么私有企业就可以提供这种服务。

(四)规模收益递增

如果生产一特定商品或服务的技术使产量在占有大量市场份额时,企业仍然经历规模收益递增阶段(也就是说,它还没有达到长期平均成本曲线的最低点),那么这就是自然垄断。技术的性质即不可分割性使得不需大量增加成本就可阻止更多的企业进入该行业并展开竞争。根据这点,佛特(Forte)认为,在一个不可分或是大规模工程的情况下,由公共部门生产是最好的选择,或者国家可通过管制私人自然垄断企业来进行干预。

巨大的沉没成本和规模收益递增是诸如寡头和垄断这类不完全竞争市场的显著特征。部分企业集团的共谋行为或规模经济的存在,会导致企业有市场支配力,就像在垄断或是寡头中的情况一样,在这里,每个企业都面临着一条向右下方倾斜的需求曲线;价格会比边际成本高,产量会比处在完全竞争的情况下小。一些消费者的福利会以超额利润的形式转移到企业那里。如果更多的资源被用来增加产量使其达到完全竞争的均衡点的话,社会福利会改进。正如我们在上面讨论的那样,纠正这第二种市场失灵,政府有各种方法,包括税收、价格控制和提供竞争的规则(或者是废掉阻止竞争的法律)。对同类企业的共谋行为,几乎每个国家都会通过反垄断立法、价格委员会、垄断与兼并委员会等加以控制。

传统的新古典观点认为政府对垄断和过度集中进行管制通常会增加消费者福利。关于这点有许多争论。第一,正如舒伽哈特(Shughart)所提出的,"某些行业凭借已建立企业的较高经济效率可以变得集中",这是可能的。对此加以控制的国家政策会不利于消费者利益。第二,根据次优理论,只有在其他所有市场是完全竞争的情况下,才能保证从纠正非竞争市场的干预中所获得的收益。这既可以用来证明广泛干预的合理性,也可以用来证明不干预的合理性。总之,该理论并不认为一定不会有收益,只不过认为收益无法被保证罢了。第三,弗里德曼等人认为,政府干预本身是垄断的常见原因。按照这个观点,完全没有干预是最好的选择。在某些情况下,管制确实应该对垄断负责,但是正如常所指出的,在把竞争市场转化为非竞争市场方面,商业周期、结构变化和机遇等因素要比共谋和政府干预更重要。

(五)信息不完全

如果某个市场可以存在,但潜在投资者并不了解这一情况,那么国家就应提供信息来加以干预。例如,在缺乏股票市场的情况下,关于潜在投资的性质和价格的信息是很难获得的。这就为股票市场的公共供给提供了依据,虽然市场并不一定要由政府来运作。据此类推,在一特定交易中,双方之间的信息不对称会导致市场失灵。例如,在消费者不能获得可供选择的低价产品信息的地方(或者在获得信息的成本要大于潜在节省之处),就会存在多种价格以及一定程度的卖方垄断。在一个与生命安危有关的例子中,如果没有职业许可证,那么当一个人第一次看病时,他就不知道应选择哪个医生。在这两个例子里,国家干预都是合理的,在前者中,国家可提供信息或是强化信息提供,在后者中,可以要求那些希望从事医生职业的人获得相应资格。请注意,虽然公共物品提供了另一种类型的市场失灵,但它可被视为非对称信息的一种特殊情况。公共物品是不能阻止没有付费的人们对其消费(或使用)的一种商品,即非付费消费是不被排斥在外的。公共道路、公共照明和(没有门的)公园就是这样的例子。公共物品会导致市场失灵,因为在涉及付费时,消费者往往会低估商品的价值(效用),而一旦提供了商品,消费者就会过度使用商品。通常的解决办法就是政府征税,用财政收入提供公共物品。从商品是公共的意义上来说,这种类型的市场失灵是非对称信息的一种特殊情况,因为对于产品的提供者来说,知道谁消费了和他们消费多少是不可能的。因此,有人建议增强信息提供以纠正市场失灵(皮考克(Peacock),1979),但这并不总是可行的。

二、产业规制

(一)产业规制的含义

从本质上看,产业规制也是产业政策的一种,是为了实现一些社会经济目标而对市场经济中的主题做出直接的或者间接的法律约束或者准法律约束的限制。简单地说,产业规制是政府或者社会对产业经济主体以及行为的规制。产业规制是对市场经济的一种直接治理,目的在于维持正当的市场经济所需,限制市场势力，提高资源的配置效率。按照产业规制的实施主体不同产业规制可以划分为政府规制和行业自律两种。

（二）产业规制的三种模式

产业规制的模式是指那些具有代表性的规制类型。产业的本质是企业，企业的本质是市场。从不同国家的实践经验来看，产业规制的模式可以划分为三种类型，分别是："民间主导型产业规制""政府主导型产业规制"和"政府民间平衡型产业规制"。

1. 民间主导型产业规制

所谓民间主导型产业规制，是指在企业、市场、政府三者关系中，政府调节市场、市场引导企业的一种规制模式。它突出强调的是保障企业作为微观经济活动主体的权利，保证企业作为微观经济主体的有效性，政府这只"看得见的手"一般较少直接干预企业的经济活动，而是通过市场引导企业。政府的宏观活动主要通过各种市场可以容纳的手段与方法，将宏观计划意图转化为市场信号，通过改变市场秩序、市场环境和市场信号，来间接地影响企业决策。一般情况下，由市场与企业发生直接联系。企业基本上是面向市场来调整自己的活动态势。在微观层次上，市场与企业之间还保留着比较传统的联系方式。在这里，作为政府与企业两要素中介的市场，也更多地保持着其在运行过程和资源配置过程中的既有地位。

2. 政府主导型产业规制

所谓政府主导型产业规制，就是指在企业、市场、政府三者关系中政府既调节市场，同时也直接引导企业，并将侧重点放在后者上的一种产业规制模式。它突出强调的是企业与政府之间的协调，因而政府这只"看得见的手"往往直接伸向企业，宏观调控的受力点侧重于企业。企业同时面对市场和政府两个调节者，企业决策受政府的直接影响。市场也在政府宏观调控的范围内，但其在政府与企业两个要素之间的中介地位并不明显。

3. 政府民间平衡型产业规制

所谓政府民间平衡型产业规制，就是指在企业、市场、政府三者关系中政府保障市场、市场引导企业，同时又以社会因素相保证的一种产业规制模式。这种规制模式突出强调的是市场按其内在规律运行的重要性，并寻求其自由与有效的保证，从而保护产业的运行环境，提高企业的微观效率。它将宏观调控的重点放在保障市场自由与有效上，这与“民间主导型”将重点放在企业自由上有所不同。这种模式的另一引人注目之处是，在强调市场自由原则的同时，又突出强调了社会均衡原则，试图将这两个原则有效地结合起来。其指导思想在于：市场的力量是社会进步的基础，而社会安定又使市场充分、有效地发挥作用成为可能并得到保证。

（三）法律规制

1. 法律规制的含义和特点

简单说，法律规制就是政府利用法律手段对市场发展进行规制。法律规制是社会法制化发展的产物。法律规制具有以下这些方面的特征。

第一，纲领性。社会主义市场经济是法制经济。在我国倡导依法治国的今天，法律是我国社会生活的总纲。产业经济的法律规制也是产业经济的总纲。

第二，强制性。法律规制的强制性是指国家凭借自己的政治权力，通过法律的形式对产业经济活动进行限制。法律代表了国家和人民的一致，要无条件执行，否则会受到制裁。国家干预产业经济的权威性是法律规制的强有力保障。

第三，系统性。法律规制的系统性含义有两层：一层是法律涉及国民经济发展的多个部门，是各个部门经济发展的总系统；

一层是经济法规同民法、行政法、刑法等有密切的联系，往往是交叉在一起的。法律规制涉及多个经济部门，是全局性的规制手段。

第四，效益性。法律规制的效益性是经济法律有明显的经济效益要求。它要求产业经济活动应以不断提高经济效益为中心。经济法律规制的这一特点与政府规制产业经济的目的是一致的。

第五，制约性。法律规制的制约性是指在一定时期内，通过某些经济性立法对产业经济活动实行鼓励或者限制规定，确保国民经济宏观目标的实现。

第六，适应性。法律规制的适应性特点是指法律规制可以根据经济发展的形势变化进行适当的修改和补充，使经济法规的内容适应经济发展的客观需要，避免因法规落后于经济发展需要造成的法律规制脱节。

2. 法律规制的作用

(1)适应和推动产业规制的变革

从总体上看，国家通过有关立法，对产业经济体制改革的方向和任务做了明确的规定，使产业经济体制改革受到法律的确认和保护。同时，系统的经济立法对社会经济生活的全面调节，又从整体上推动改革的顺利进行。

(2)推动科学技术水平的迅速发展

科学技术水平的高低在很大程度上反映了一个国家的经济发展水平。为了加快发展科学技术，我国先后制定了一系列关于科学技术的法规。通过立法的形式规定人们在科技活动中应该做什么、允许做什么、不应该做什么，以及违反法律将受到何种处罚和制裁等，使科技成果迅速应用于生产领域，并转化为现实生产力。

(3)保证对外开放的顺利进行

对外开放是我国的一项基本国策，要使对外开放顺利进行，必须健全涉外经济法规。目前，我国的涉外经济法规已初具规模，已初步健全了涉外税收法律制度、外国投资企业法律制度、涉外经济合同法律制度、对外贸易法律制度、涉外经济案件中的仲裁和诉讼制度等。例如，涉外税收法律制度的运用，不仅保证和维护了国家主权，而且充分发挥了税收杠杆的作用，通过适当的低税政策，给外商以优惠，为吸引外商投资创造了较好的经济环境。诉讼仲裁和涉外经济合同法律制度均有利于我国在对外经济交往中维护本国的权益，保护外商的合法权益，保证对外开放的顺利进行。

(4)维护良好的经济秩序

经济法规定了各级行政部门、事业单位、企业组织、社会团体和公民的经济权利和经济义务，确认、保护和发展有利于社会主义市场经济的社会秩序，并以国家强制力保证其实施。经济法还通过奖励、禁止和惩罚性法规，来维护正常的市场经济秩序。

(5)有利于改善企业的经营管理

要使企业改善经营管理，首要的问题就是要扩大企业经营自主权，确立市场经济主体的地位，建立现代企业制度。为此，政府先后颁布了《关于扩大国营企业经营管理自主权的若干规定》《关于增强大中型国营工业企业活力若干问题的暂行规定》《关于国营企业利润留成的规定》《公司法》等一系列经济法规。

(四)行政规制

1.行政规制的含义和特征

除法律规制之外，行政规制也是政府规制的重要内容。行政规制是国家以其行政权为规制运作基础，将权力机制移载入经济活动过程，以规制社会经济活动，促进国民经济协调发展的各种行为和措施。

行政规制较之于其他规制手段具有如下特征：

第一，强力性。行政规制以政府的绝对权威为作用基础，以非经济的行政命令形式强行改革资源的配置，具有极强的约束力。行政隶属关系和国家至高无上的权力决定了微观经济单位必须无条件地遵守政府指令。在政府具有明确的经济目标的情况下,行政规制可以更为有效地配置资源以保证这些目标的实现。例如,在新中国成立初期,我国利用行政规制将有限的资源主要运用到国民经济急需发展的产业中去,为我国经济的发展确立了良好的经济基础,保证了国民经济的持续迅速发展。

第二,速效性。以行政之力推行的政府方针政策一般能迅速见效,这是因为行政规制的命令方式要求微观单位必须对政府指令迅速地、不折不扣地加以执行。相比之下,其他的经济规制必须经由市场机制的信号传导,通过多段作用过程才能达到使微观经济单位自动调整其经济行为的目的,这一过程的漫长性使得其规制的有效性受到一定的限制。行政规制的速效性决定了它在政府规制中永远是经济问题的紧急"制动阀"和最后的"法宝"。

第三,直接性。以行政规制为媒介的政府行为可以直接行使资源配置决策权。这种直接性使得政府可以有效地避免市场机制自发调节的盲目性,使经济朝着国家认定的目标向前发展。

2.行政规制的作用

我国经济改革本身就是对单一行政规制的彻底否定,但是在改革过程中行政规制一方面必须缩小作用范围,另一方面国家又必须实施行政规制,保证改革的顺利进行。归纳起来,行政规制的作用有以下两个方面。

(1)培养市场

促进市场发育、增强市场机制的调节作用是我国产业规制体制改革的重要方面,但市场发育是一个长期复杂的过程,从市场主体缺位、市场信号呆板、市场运行机制残缺走向基本发育成熟的市场,并不是可以一步到位的,而是一个复杂广阔、内涵丰富的系统工程。它包括微观基础重构、商品价格和要素价格放开、市场运行机制的完善等多方面。行政在市场发育过程中有不可推卸的责任。如果政府企图单纯运用经济规制构建市场,同样会由于被作用者的非市场性而归于流产。可见,改革中的政府规制仍然必须具有一定的行政色彩。事实上，也只有政府才具有如此大的实力，它可以对整个产业规制体制进行全方位扫描，在洞察一切经济环节和要素基础上，经过缜密思考和广泛论证，然后借助于自身的行政权威和一切手段付诸实施。

(2)指导宏观产业

产业规制体制改革是一个复杂的系统工程，新旧产业经济体制在主体面貌、运行机制、宏观调控方面都存在着重大差异。改革的艰巨性和复杂性也使得改革过程困难重重。一方面，旧有的行政规制一统天下的宏观调控方式逐渐趋于解体；另一方面，适应新的产业经济体制的、以间接调控为主的协调有效的宏观规制尚未健全，宏观的产业规制极易出现真空状态。由于在改革中经济规制手段的作用受制于市场经济的发达程度，政府(行政)还必须在不重归旧体制的条件下，不时启用行政规制，以灵活方式应对改革中出现的种种问题。

3. 行政规制的运用条件与原则

(1)行政规制的运用条件

从东西方产业经济的实践来看，行政规制适用于以下经济条件。

第一，战时经济。战争时期，一切经济活动都必须服从于国防的最高需要，国家实施行政规制的目的在于保证战争的胜利，而不再是充分就业、物价稳定、经济增长和国际收支平衡。国家决定生产活动的产品种类及其数量，因而资本主义国家无一例外地由政府对社会资源的配置进行直接规制。在这种情况下，行政规制是国家(政府)规制的主要手段。

第二，供求总量或结构严重失衡。在严重的经济非均衡条件下，行政强力调节的作用结果一般优于其他手段。例如，在严重的短缺状态下，社会总产品或某种产品的需求量远远大于其供给量。此时依靠财政货币政策并不足以校正总供求的偏离，而依靠价格机制的自发调节虽然可促成总供求的均衡，但在此过程中的价格上涨幅度可能会超过社会的承受能力，而且价格诱导的资源重组需要一个相当长的过程才能形成短缺产品的产出能力，可能存在的资源冲突会使这一过程进一步复杂化。因此，有必要借助行政权力，通过价格和数量等方式直接规制短缺产品的生产与分配。

第三，无药可医的病态经济。政府规制非包医百病的灵丹妙药，当其他种种规制手段在经济病症面前束手无策时，政府便会依靠行政规制，试图实现经济的良性循环。

第四，国有化或自然垄断产业。在西方和东方国家中国有化自然垄断产业经济所占比重不尽相同，如美国国家自然垄断产业较少，而英国则较多。由于国家是该企业的资产所有者，政府对这些部门一般都实行较多的行政规制。

第五，后发展国家为了实现赶超战略。如日本、中国等后发展国家运用行政规制以实现经济的现代化。

由于西方国家认定行政规制妨碍着市场经济的运行效率，所以只有在非常必要时才会启用这一手段。其作用基础一旦消失，行政规制就会逐渐放松甚至取消。

(2)行政规制的运用原则

在适合实行行政规制时，也应讲究行政规制实施的原则。即行政规制的运用必须被限制在一定范围内，这种限制可以归结为“适时适量”，也就是说，政府必须在合适的时间和适当的范围内使用行政规制。行政规制的适时适量可以具体表述为三个原则。

第一，应急性。行政规制所具有的强力性、速效性、直接性等优点，决定了在国民经济出现严重失衡和混乱状况时，它是政府必须而且唯一可以用之维持经济稳定的最后“法宝”。

第二，补充性。经济规制(如价格规制)与行政规制之间存在着某种强烈的功能替代效应，政府必然会经常面临着选择的问题。由于经济规制具有许多优于行政规制的特殊规定性，在两者择优的过程中，行政规制一般只是作为一种附属的次要的调节手段而存在，用于弥补经济规制无力单独支撑的调控领域。

第三，递减性。由于行政规制在作用效果上逊于经济规制，随着市场的不断发育，经济规制日趋完善和成熟，行政规制的范围日益缩小，只对那些仍无法为经济规制所协调的经济领域继续保持规制。例如，在价格管理上，对于那些关系到国计民生的、供给严重不足的产业，政府必须实施严格的行政管制；但对于那些供求大体均衡、产业内竞争和产业外竞争都激烈的产业和产品，就不应该继续实行行政管制，否则，容易造成行政规制的过量与僵化，束缚微观企业的活力，造成人为的资源配置低效率与供给短缺。

第二节　政府职能与公共物品供给

一、公共物品供给

由于公共物品的非竞争性和非排他性，导致了以下结果：一是消费者对公共物品的真实偏好无法在市场上准确体现出来；二是公共物品的强“外部性”使“搭便车”现象大量产生。公共物品的供给常常认为理所当然由政府来承担。其原因在于：一方面，私人在提供公共物品时动力往往不足。这是因为公共品的非排他性使得它很难以不向那些不愿意支付费用的人提供同样的服务。私人不能从供给中获益，因而提供公共物品的激励程度不足。另一方面，私人提供并收取费用会妨碍公共物品本身的效率。由于它具有非竞争性，增加消费的边际成本为零，最优价格也是零，也就是免费供给。因此，提供公共物品从来都是政府不可推卸的责任。斯密在《国富论》中有关政府应尽义务的阐述中就提道：“按照自然自由的制度，君主只有三个应尽的义务——这三个任务虽然很重要，但都是一般人所能理解的。第一，保护社会，使不受其他独立社会的侵犯。第二，尽可能保护社会上各个人，使不受社会上任何其他人的侵害或压迫，这就是说，要设立严正的司法机关。第三，建设并维持某些公共事业及某些公共设施。”

二、公共物品方面的政府职能及其局限性

1974 年，科斯在《法和经济学》杂志上发表了《经济学中的灯塔》一文，科斯通过对于英国灯塔制度变迁的详尽的描述，得出：“早期的历史表明，与许多经济学家的信念相反，灯塔的服务可以由私人提供。那时船主和货运主可以向国王申请允许私人建造灯塔并向受益的船只收取(规定的)使用费。灯塔由私人建造、管理、筹资和所有。他们可以立遗嘱出卖和处置灯塔。政府的作用局限于灯塔的产权的确定与行使方面，使用费由灯塔的代理人收取。产权执行的问题对他们与对向船主提供货物和劳务的供给者并无二致。产权只有在其调节使用非价格这一点上起着异乎寻常的作用。”由此可以看出，政府在公共物品的提供方面实际上承担着两种职能：一种是产权的界定功能；另一种是作为生产者对于公共物品供给的物质实体承担者，而且这两种职能实际上是可以分割的。

对于经济、社会发展必不可少而市场本身又不能有效供给的公共物品而言，政府显然有其独特的优势，如强大的财政支持、对社会整体利益的宏观考虑、富有权威性的行政权力、各种可供调配的社会资源等等。但是，也必须认识到政府也并非完美，它在提供公共物品过程中同样暴露出了一些问题，正如斯蒂格利茨所言：“对那些提议对市场失效和收入分配不平等采取政府干预的人们，经济学家提醒他们也不要忘记政府同私人市场一样是有缺陷的。政府并不是某种具有良好意愿的计算机，总能够做出对社会有益的无私决策。”

政府提供公共物品的经济来源主要是财政支持，它不以利润最大化为目标，因此缺乏降低成本、提高效益的效率动力。政府在提供公共物品时通常处于垄断地位，而且以行政权力作为盾，

缺乏竞争性，从而导致行动迟缓、公共物品和服务的质量低下。客观存在的政府自身利益使其有自我扩张的本性，政府可能以提供公共物品为由，扩大自己的权力。公共物品的提供一般应以公众的客观需求为主要依据，但实际生活中政府与公众之间是存在一定距离的。因此，由政府来提供公共物品并非唯一和最完美的制度选择，政府提供的公共物品是有限的，并且政府进行公共物品供给时存在着低效和无效的弊端，此外市场在纯公共物品的供给上存在着失效并不意味其不能提供其他的公共物品。可以说，提供公共物品虽是政府的重要职责，但并不排斥其他组织能更有效地供给公共物品。针对在公共物品提供上的“政府失效”，发挥非政府制度即市场和非政府组织的作用便成为一种基于互补愿望下的必然选择。

三、非政府制度选择的理论依据

以科斯为代表的“市场供给论”者认为只要产权明晰化，不需要政府直接干预经济，以私有制为基础的市场经济就能自发地消除外部性，解决公共物品生产与消费中的“搭便车”问题，从而实现公共产品的有效供给。“非政府供给论”是指公共物品应该由自治组织、志愿组织等第三部门进行供给，代表理论有公共选择学派的代表布坎南(J. Buchanan)提出的“俱乐部理论”模型，即在没有政府强制下，处于私利的一组公共产品的消费者，能够通过自愿协商方式，达成一种联合供给的契约，来解决公共产品的供给问题。只要满足一些严格假定条件，这种方式不仅能够实现各自私利的最大化，而且能够实现集体利益的最大化。另外，奥斯特罗姆提出了多中心公共经济下的效率解[1]；萨尔蒙等公民社会理论的一些学者，则提出了第三部门公共产品供给的效率模型及

① 文森特·奥斯特罗姆，埃莉诺·奥斯特罗姆. 公益物品与公共选择[A]. 收录于迈克尔·麦金尼斯. 多中心体制与地方公共经济[C]. 上海：三联书店，2000，第99页.

慈善经济学模型①。

四、公共物品供给的非政府制度选择和对策

（一）市场供给公共物品的方式

具有竞争机制的市场在某些公共物品尤其是在“俱乐部产品”的供给上可实现高效，其提供公共物品的方式主要有三种：一是私人的完全供给即公共物品的投资、生产以及修缮完全由私人单独完成，私人通过收费的方式向使用者收取费用。二是私人与政府的联合供给，是指在公共物品的生产和提供过程中，私人和政府形成了某种联合，主要有以下几种形式：首先，私人企业通过竞标的方式和政府签订委托合同来提供公共物品。此时，政府仍然是公共物品的供给者，但不是生产者，政府付费由私人企业生产；其次，由政府给予补助和优惠政策进行市场提供，由私人企业生产公共物品，私人企业向消费者收费；再次是特许经营，即某些公共物品通过政府授权由某个或某些私人企业生产，而禁止其他组织生产。三是由私人和社区的联合，即由私人和社区联合来提供公共物品。例如，社区可以通过从私人那里购买一定量的公共物品来提供给社区的成员，或提供一些优惠政策如提供场地来使得私人以较低的价格提供公共物品。

（二）非营利组织在公共物品供给上的作用

非营利组织能够有效提供公共物品和准公共物品可体现在以下几个方面：其一，虽然非营利性是非营利组织的重要特征，但这并不意味着其不能营利，非营利组织可以运用企业方式运作，作为一个独立的组织来向公众提供服务，向公众收取服务费，从而降低政府投入的总成本，减少政府的成本分摊，提高效率。其

① 转引自：王琴，颜鹏飞. NGO组织与我国社会福利制度的改革[J]. 山东社会科学，2011(2).

二，非营利组织能够以十分灵活的方式，最大限度地满足不同层面对公共物品的需求。公共物品由于公共程度不同，可分为全球性公共物品、国家层面的公共物品、地方性公共物品和社区性公共物品以及各种不同类型的社团性公共物品。不同层面的公共物品由不同主体提供应该成为公共物品供给的基本原则。非营利组织具有组织的灵活性和多样性特点，它可以根据不同社会群体、不同社会需求，形成不同的社团组织，以灵活多样的形式满足各种消费需求。其三，非营利组织能够起到拾遗补阙的作用。随着社会的发展，人们对公共物品需求的种类和数量在不断变化。而作为公共物品供给主体的政府并不能完全满足人们的需求，在公共需要不断增长与政府有限供应能力之间必然产生持续的矛盾。公共需求低度满足甚至短缺长期的存在，既严重影响人民生活水平的提高和整个社会福利的增长，同时也会带来一系列社会问题，满足这些社会公共需要成为社会稳定和发展所必须，而非营利性组织可实施这方面的供给。

（三）实现生产和投资主体及模式多元化

对不同类型的公共物品，在其生产经营过程中应适时采取灵活多样的形式。根据公共物品的性质，实现生产和投资模式多样化，具体而言有：政府直接投资；政府规制下的私人投资，即由政府授予企业特许投资权，然后对其价格、数量、利润等方面进行一定的规制；政府与私人共同投资，即政府通过参股、经济资助、财政补贴、优惠贷款、减免税收等方式参与引导私人投资。另外，还可以参照国外相关模式设计，如 BOT 方式（建设—经营—转让）、BOOT 方式（建设—拥有—经营—转让）、BOO 方式（建设—拥有—经营）、ABS 方式（证券融资方式）、PFI（民间主动投资方式）等多种形式，从而提高各级政府公共物品的供给效率。

（四）政府规制革新

在公共物品供给中，政府扮演着极为重要的角色，其在公共物品提供中处于核心地位，不会因其他主体的参与而有所动摇。私人提供公共物品的首要目标是取得利润，“经济人”的本性促使企业只愿意为那些付费的消费者提供相应的公共物品，虽然通过付费的方式可以减轻公共物品非排他性所造成的损失，但是同时也忽视了低收入者对于公共物品的需求，特别是当私人提供优效型公共物品时，这种不公平现象尤为突出。因此，考虑到社会公平的因素，政府在允许私人进入公共物品提供市场的同时，也应该对其进行相应的规制。鉴于传统政府规制过程中出现的问题，在公共物品有效供给中，政府往往需要进行规制革新，提高规制效率。

1.激励性规制——信息不对称的规制新模式

技术与需求的变化缩小了公共物品的边界，因而也缩小了政府规制的边界。但为了实现公共物品配置效率和生产效率的统一，仍需对企业的进入、价格以及服务质量等方面的活动进行干预。由于公共物品总是处于动态变化过程中，被规制企业的信息优势往往得以加强，相应的，规制者的信息劣势地位也日益明显，而拥有信息优势往往意味着能够获取更多的“市场租金”。因此，为尽可能地避免规制失效的出现，应引入激励性规制。国外的实践表明，价格上限规制、区域间标尺竞争、特许投标制等激励性规制的实行使企业受到了利润刺激或竞争性刺激，对于促进企业削减成本、提高生产效率以及资源配置效率具有积极意义。

2.协商性规制——规制者与被规制者的合作博弈

协商性规制是指规制者与被规制者就如何规制进行充分、正面的协商，共同制定规制政策的一种互动性规制形式，它在激励被规制者不断提高效率的同时实现了政府的规制目标。协商性规制明确赋予被规制参与和制定规制政策的权利，改变了被规制者过去被动接受规制的局面，是政府协调模式的组合和帕累托改进的过程。这种方法极大地降低了规制成本，提高了规制效率。

第三节 政府规制的分配效应

一、政府规制的分配

政府规制分配是指政府借助其拥有的制度资源，对市场利益和市场权力进行的组合与调整。这种组合和调整产生的效应被称作"分配效应"。规制政策本质上具有对公民和企业的权利和收入进行分配或再分配的特点，规制的分配效应在解释规制及其变化中扮演着重要角色。这一点可以从规制执行的各种方式中看出，对这些方式的选择可以带来不同的效果，具体采用什么方式进行规制，在很大程度上涉及了不同经济实体的利益。佩尔兹曼(S. Peltzman)从三个方面阐释了对政府规制本质的认识：(1)政府规制的实质，是将垄断利润最终归属的决定权授予政府规制当局；(2)政府规制条件下，受规制者往往能够对规制结果做出较为准确的预测，致使一个理性的产业显然会花光所有的垄断利润而只保留政府认可的利润；(3)在政府规制条件下，较之不加以规制而言，真正发生明显变化的不是受规制产业的产量和价格，而是收入在各相关利益集团之间的分配。佩尔兹曼通过对市场失效和政府规制的效果进行分析，认为无论规制者是否获得利益，被规制产业的产量和价格并没有多大的差异，其主要差别只是收入在各利益集团之间的分配。政府拥有向市场分配利益或分摊成本的权力，政府利用的制度资源不仅被用来制约垄断，保护消费者，而且也被用来限制竞争以保护供给者，用来建立市场秩序，防止相互侵害。此外，政府利用倾斜政策所起到的资源配置作用往往比利润更有吸引力，使得市场机制运行所带来的利润几乎完全出于政府的恩惠。同时，如果一些企业具有垄断力量，并且不存在任何外部约束，垄断企业本能地追求自身利益最大化，成为市场价格的制定者，而不是价格接受者，就可能制定出远高于成本的价格以获取垄断利润，最后结果必然扭曲分配效率，损害社会公平。这就要求政府实行价格规制，抑制企业制定垄断价格，维护社会分配效率。

二、政府规制的分配效应

政府规制俘虏理论（捕获理论）①是以政府规制具有分配效应为前提的。施蒂格勒的这一理论是建立在以下假设基础之上的：政府规制是特定利益集团的一种收益来源，通过政府权力在社会各利益集团之间再分配财富，使一些影响较大的实质性改革，取得突破性的进展。

施蒂格勒和克莱尔·弗瑞兰德（C. Friedland）所进行的一项著名研究表明：规制仅有微小的导致价格下降的效应，并不像规制公共利益理论所宣称的那样对价格具有较大的下降作用。同时，到20世纪60年代，从规制的经验看，规制是朝着有利于生产者的方向发展的，规制提高了产业内厂商的利润。规制成为一种在不同的利益群体中重新分配财富的有效手段，并不完全是公共利益目的的；规制作为分配财富的手段，不是刺激人们把稀缺的资源有效地直接用于发展经济、投资生产，而是花费在利益集团实现收入最大化的需求上。此外，对于间接规制而言，就是界定产权。产权的界定对外部性的解决有很重要的作用，特别是在交易成本为正时，通过明确分配，已界定产权所实现的福利改善可能优于通过交易实现的福利改善。同样，社会性规制也将视为一种不断增长的有效的财富再分配手段。同时，应该看到，政府不是万能的。政府有时会把收入再分配给那些不应该获得的人，即政府产生了外部性，规制外部性是政府在纠正市场失效过程中所引发的福利分配效应。它产生于政府规制机构，是一种政治外部

① 杨建文.政府规制：21世纪理论研究潮流[M].上海：学林出版社，2007，第263—275页.

性。在政府再分配领域内，政府往往一厢情愿地推行某些非常不可行的分配政策。政府必须把再分配（无论是税收还是转移支付）置于有形的基础之上，否则，税收和转移支付的变形就不可避免。规制者有可能通过规制政策达到再分配的目的，而不是仅致力于纠正市场失效，其结果是政府在维护某些人利益的同时也给其他人带来了外部成本。

第四节　产业政策与应用效率分析

一、产业政策的目标和手段

（一）产业政策的目标体系

1. 实现经济振兴和经济赶超

以实现经济振兴和经济赶超为总目标时，产业政策的目标体系主要包括：

（1）形成最有利的产业结构形态。

（2）选择和扶植战略产业，通过重点发展来带动经济的全面繁荣。

（3）促进技术开发和应用推广，提高产业效率。

（4）促进生产集中，保障规模经济效益，防止大量小企业过度竞争。

（5）协调工业化过程中的各种社会、经济矛盾，缩小工农差别和城乡差异，等等。

2. 实现产业结构合理化和高度化

以产业结构合理化和高度化为总目标时，产业政策的目标体系包括：

(1)强化社会基础设施建设，改善投资环境。

(2)组织衰退产业的生产力转移，防止产业内部的过度竞争。

(3)协调经济发展与环境保护的关系，推行公害防治和环境保护政策。

(4)逐步将出口重点转向发达国家，力争在国际分工中获得更多的比较利益。

(5)强化对技术创新与科技成果产业化的支持力度，推动新兴产业的发展。

(6)重视产业布局的合理化。

(7)强化新兴技术对传统产业的渗透，推动传统产业的现代化。

(8)协调劳动密集型产业、资本密集型产业和知识密集型产业之间的利益关系，兼顾“充分就业”和“提高生产效率”双重目标，等等。

3. 增强本国产业的国际竞争力

这是21世纪各国产业政策的总目标。其目标体系主要包括：

(1)增加对新兴技术研究开发和成果产业化的投资，保证科研和产业技术领先。

(2)加强国家技术创新基地建设，支持科技型小企业的发展，增强经济活力。

(3)加强国家级信息基础设施建设，推动产业界的信息化。

(4)在信息化、网络化的基础上推动企业之间的战略联盟和企业内部组织的“扁平化”，提高整个产业界的组织效能。

(5)扩大知识资本的投入比重，确保经济的持续增长。

(6)扩大科技、经济和贸易领域中的国际交流与合作，更多、更好地利用国际市场和国际资源。

(7)在经济全球化过程中审时度势、趋利避害，确保国家经济安全，等等。

（二）产业政策的手段

产业政策的手段通常可分为直接干预、间接诱导和法律规制三大类型。

1. 直接干预

直接干预包括政府以配额制、许可证制、审批制、政府直接投资经营等方式，直接干预某产业的资源分配与运行态势，及时纠正产业活动中与产业政策相抵触的各种违规行为，以保证预定产业政策目标的实现。

2. 间接诱导

间接诱导主要是指通过提供行政指导、信息服务、税收减免、融资支持、财政补贴、关税保护、出口退税等方式，诱导企业在有利可图的情况下自主决定服从政府的产业政策目标。

3. 法律规制

法律规制通常适用于比较成熟和比较稳定的产业政策，以立法方式来严格规范企业行为、政策执行机构的工作程序、政策目标与措施等，以保障预定产业政策目标的实现。欧美各国大都采取法律规制的手段来实现反垄断和反不正当竞争等产业组织政策的目标。在实践中，法律规制也可能充当直接干预和间接诱导的共同依据。例如，日本的绝大多数产业政策都是以法律规制的形式出台的。随着法治原则的普及，越来越多的产业政策将以法律规制作为实现目标的主要手段。

二、产业政策的一般特征

产业政策的一般特征主要包括时代性、民族性、政治性、供给指向性以及市场功能弥补性等五个方面，以下只介绍前三个方面。

（一）时代性

产业政策的时代性特征主要表现在：产业政策的内容、目标和手段必须符合时代特征，适应时代发展的需要，并与不同历史时期产业发展的实际需要相适应。工业化初期的产业政策必然有别于工业化时代或后工业化时代的产业政策。

不同时代的产业政策需要面对不同的课题。以日本为例，在工业化启动时期，由于民间缺乏足够的资金、技术和人才，明治政府以全额出资、官办官营的方式，在短期内创立了铁道、邮电、纺织、制铁、造船、金融等近代产业。可见，殖产兴业政策最初是以官业为主展开的。但随着官业的示范、“劝业”作用的发挥和民间产业的壮大，官业中经营粗放、效率低下，甚至普遍亏损的弊端逐步暴露出来。于是，以官业为主启动工业化的产业政策，开始被以民业为主、官民共同推进工业化的产业政策所取代，一大批近代官营企业被有偿下放到民间。第二次世界大战结束后，日本的产业政策经历了一系列重大变化：在战后初期，实行了“倾斜生产方式”，恢复电力、钢铁、煤炭、化肥等基础产业；20 世纪 50 年代中期开始对机械、汽车、电子等工业进行扶植，并推行“产业合理化”政策；20 世纪 60 年代中期采取了加强技术密集型和知识密集型产业的政策。其政策主题也经历了从产业恢复、合理化到现代化、结构高度化、产业高附加值化、国际化的演变。

当前，产业政策正面临一系列全新课题：各国（尤其是发展中国家）政府都需要适应经济全球化的挑战，通过迅速调整本国的产业结构，更好地参与国际分工，在经济全球化过程中趋利避害，提高本国产业的国际竞争力，确保本国的经济安全。这表明产业政策是随时代的发展而演变的。所有这些现象表明，产业政策具有鲜明的时代性特征。

（二）民族性

产业政策的民族性突出地体现在以下两个方面：第一，各国的产业政策都旗帜鲜明地维护自身的民族利益。产业政策是维护民族利益的工具,不存在与民族经济利益相脱节的产业政策。任何一种世界性贸易规则,都只有当它符合所有成员国的利益时,才可能渗透到各国的对外贸易政策中去。第二,产业政策必须同具体国情相适应。首先,产业政策的目标和手段必须同本国的经济发展阶段相适应,否则就不可能发挥应有的作用。其次,产业政策的内容和效果总要受到一国具体国情的制约。最后,决策者的偏好、利益集团的力量关系等国情因素都会对产业政策的制定和执行产生影响,从而形成各国产业政策的独特性。

(三)政治性

产业政策的政治性主要体现在以下几个方面。

(1)产业政策属于政府行为范畴,是特定政治体制和政治过程的产物,虽然它的影响力总是超出政治范畴、指向经济领域的。

(2)产业政策总要体现政治家的意志和愿望,总要受到政治理性的支配,因而必然具有鲜明的政治性。

(3)产业政策的目标总是追求国家与国民的全局和长远利益、政治利益的,而不能仅仅考虑局部和眼前利益、经济利益。产业政策总是要超越纯经济理性的局限性,兼顾效率和公平,谋求经济目标和社会目标、政治目标的协调。

(4)产业政策是一种政治性的制度安排。它的制定和执行总是以行政主权为基础、由政府主导,并致力于政府经济职能的发挥。因而产业政策在本质上是一种政治手段,它不同于自由放任理念下的一般制度安排。

三、产业政策的类型

(一)产业组织政策

1.产业组织政策的含义

所谓产业组织政策是指政府为了获得理想的市场效果而采

取的干预企业间关系、市场结构和市场行为的一项公共政策。产业组织政策是市场经济实践的产物，其产生的依据在于：市场力量具有一定的盲目性，也可能会产生垄断等不正当的竞争手段。政府为了维护市场的有效发展不得不采取立法的形式指定市场规则、规范市场的行为，从而提高市场效果。

2. 产业组织政策的分类

从各国的实践来看，产业组织政策可以划分为两个类型：一个是竞争鼓励，限制垄断的政策。这类政策着眼于市场只需的维护。另一个是鼓励专业化和产业合理化政策，着眼于限制过度竞争。这两类政策都有一定的法律依据，而且在法理上是相容的。

从政策的对象来看，产业组织政策可以划分为市场结构政策和市场行为控制政策。前者是为了限制垄断，后者则是从制度的角度控制各种妨碍竞争和不公正交易行为的发生。

3. 产业组织政策的目标

从以上的简单论述来看，产业组织政策的核心目标是为了形成竞争性的市场结构，促使产业内部产生一种有效竞争。所谓有效竞争是指产业组织既能够保持产业的适度竞争，又能够获得规模经济效益。

产业组织理论体系的创始人贝恩曾经提出，产业组织政策的具体目标可以细化为六个方面，分别是：

(1)企业应达到有效利用规模经济，市场的供给主要应有达到一定经济规模的企业承担。

(2)不应出现某些产业或者企业长期获得超额利润或者亏损的状况。

(3)技术进步较快，产业创新较为活跃。

(4)不存在过多的销售费用。

(5)产品质量与服务水平能够逐渐提高，适应社会的发展要求。

(6)能够有效利用自然资源。

4. 产业组织政策的手段

从产业组织政策的定义可以看到,产业组织政策的手段主要可以划分为以下几个方面。

第一,合理控制市场结构。所谓合理控制,也就是对市场结构变动实行监测与控制,保障市场运行的合理性。具体来说包括依法分割处于垄断地位的巨型企业,降低市场集中度,降低市场进入壁垒,建立企业合并审批制度,对中小企业实施必要的扶持政策。

第二,控制市场行为。政府要对企业的市场活动实施有效监督与控制,扼制垄断势力的扩大,消除不公平竞争。具体来说包括,限制合谋、卡特尔等市场垄断行为,对厂商的价格与质量展开全面监督,增加市场信息的透明度,对不正当的竞争手段进行取缔和处罚。

第三,发挥政府的直接作用,改善不合理的资源配置。这一手段主要是指通过政府的力量消除“市场失灵”。例如,对那些投资于基础设施部门的产业进行鼓励,对重大技术开发项目进行资助,对基础科学研究进行资助等。

5. 产业组织政策的内容

(1)反垄断和反不正当竞争政策

反垄断和反不正当竞争政策是发达国家产业组织政策的重点。这是因为发达国家市场机制相对完善,主要问题来自于垄断势力对市场效率的破坏。

反垄断与反不正当竞争政策的基本内容有:

第一,分割已经形成的垄断企业。

第二,限制企业的横向与纵向合并,以防止生产过度集中而形成新的市场垄断。

第三,限制价格共谋行为,鼓励竞争。

第四，禁止非法的价格歧视。

第五，禁止搭配销售和排他性交易。

第六，禁止欺诈行为。如虚假广告、盗用商标名称等。

第七，扶持小企业的发展，并为小企业营造公平的竞争环境。

(2)产业合理化政策

产业合理化政策主要目的是促进规模经济形成、改善产业组织结构，建立大批量生产的方式，增加产业利润，实现产业振兴的基本政策。产业合理化政策不仅在一些工业化先行国家发挥过重要作用，更是广大后发国家实施赶超战略必不可少的一项基本政策。实践表明，产业合理化政策有助于产业政策的持续稳定发展。

（二）产业结构政策

1. 产业结构政策的含义

产业结构政策是指政府指定的通过影响与推动产业结构调整和优化促进经济增长点政策。产业结构政策是现代经济发展的内在要求，体现了一国发展战略的基本方向，积极制定和实施产业结构政策，不仅是发展中国家实现赶超目标的一个重要方式，也是发达国家保持持久竞争力的重要方式。

2. 产业结构政策的基本内容

产业结构政策的宗旨是用技术进步来不断促进产业结构的优化。产业结构政策的形式多种多样，大致可以归纳为产业调整政策和援助政策两类。前者是指产业结构合理化，后者是指产业结构高度化。合理化是高度化的基础，高度化是合理化的高级形式。

从具体的内容来看，产业结构政策通常包括：幼小产业保护政策、主导产业选择政策、战略产业扶植政策和衰退产业调整政策等。

（三）产业布局政策

1. 产业布局政策概述

产业布局政策是指政府机构根据产业的技术经济特性、国情状况和各类地区条件，对若干产业的空间分布进行科学引导与合理调整的综合措施。本质上看，产业布局合理化的过程是地区分工关系的过程，两者分别从纵向与横向的角度考察产业政策。需要特别指出的是产业布局政策是产业政策体系中不可或缺的一项重要内容，同时也是区域政策体系中的组成部分。

产业布局政策内容包括区域主导产业选择和产业集中发展战略指定两方面。产业布局政策的目标与国家经济发展程度相关。在经济不发达的阶段，政府通常强调区域优先发展。通过一些区域的超常规发展，逐渐带动其他地区以及整个国家经济的增长。在经济较为发达以后，政府则从维护经济公平和社会稳定的目标出发，偏重于强调地区经济的均衡性。

产业布局政策的实施手段主要是规划性的，例如我国每隔五年的一次经济发展规划。在地区发展的重点选择上，产业布局手段主要有：制定国家产业布局战略，规定战略期内国家重点支持发展的地区，同时设计重点发展地区的经济发展模式和基本思路；以国家直接投资方式，支持重点发展地区的交通、能源和通信等基础设施，甚至直接投资介入当地有关产业的发展；利用各种经济杠杆形式，对重点地区的发展进行刺激，以加强该地区经济自我积累的能力；通过差别性的地区经济政策，使重点发展地区的投资环境显示出一定的优越性，进而引导更多的资金和劳动力等生产要素投入该地区的发展。在产业集中发展战略方面，可供采用的产业布局政策手段大致包括：通过政府规划的形式，确立有关具体产业的集中布局区域，以推动产业的地区分工，并在一定意义上发挥由产业集中所导致的集聚经济效益；建立有关产业开发区，将产业结构政策重点发展的产业集中于开发区内，既使其取得规模集聚效益，又方便政府扶持政策的执行。

2. 我国当前的产业布局政策

(1)鼓励东部地区率先发展

东部地区要率先提高自主创新能力，率先实现经济结构优化升级和增长方式转变，率先完善社会主义市场经济体制，在率先发展和改革中带动帮助中西部地区发展。2008 年国务院发布《国务院关于进一步推进长江三角洲地区改革开放和经济社会发展的指导意见》，强调长江三角洲地区是我国综合实力最强的区域，在社会主义现代化建设全局中具有重要的战略地位和带动作用，优先发展面向生产的服务业，加快以上海国际航运中心和国际金融中心为主的现代服务业发展；加快形成一批自主知识产权、核心技术和知名品牌，提高产业素质和竞争力。运用信息技术和现代经营方式改造提升传统商贸业，加快现代商贸业发展步伐。集中力量积极发展电子信息、生物、新材料、新能源等战略性高技术产业，培育更多新的增长点。

(2)推进西部大开发

西部地区区域政策的着力点应该放在稳步提高自我发展能力上，进一步加强基础设施、生态环境、公共服务和人才队伍建设力度，积极培育特色优势产业发展。支持资源优势转化为产业优势，大力发展特色产业，加强清洁能源、优势矿产资源开发及加工，支持发展先进制造业、高技术产业及其他有优势的产业。

(3)振兴东北地区等老工业基地

东北是我国工业的摇篮和重要的农业基地。“十三五”时期是推进东北老工业基地全面振兴的一个关键阶段。推进东北经济脱困，实现新一轮振兴，也是全国经济发展战略的一个重要步骤。东北地区振兴在“十三五”时期要全面贯彻五大发展理念，努力开拓振兴发展新局面，为全面振兴奠定坚实的基础。此外，国家大力支持东北东部铁路通道和跨省区公路运输通道等基础设施建设，加快市场体系建设，促进区域经济一体化。

(4)促进中部地区崛起

中部地区人口多、经济发展水平不高,加快中部地区发展、促进中部地区崛起、提高中部地区经济社会发展水平,是实现全面建成小康社会目标的必然选择。中部地区地处中国内陆腹地,具有承东启西、连南贯北的区位优势。应加强基础设施建设,抓住国际与国内产业转移的重要机遇,推动本地区成为有竞争力的制造业和高新技术产业基地、能源和重要原材料基地、劳动力资源开发和输出基地,成为最佳的产业转移承接地。"十三五"时期中部地区崛起发展的目标是:(1)经济保持中高速增长;(2)产业整体迈向中高端水平;(3)现代农业发展走在全国前列;(4)生态环境质量总体改善;(5)人民生活水平和质量普遍提高。

(四)产业技术政策

1. 产业技术政策的含义

产业技术政策是指国家对产业技术发展所采取的指导、选择、促进与控制的综合。产业技术政策的调整目标是产业技术,是保障产业技术适度和有效发展的重要手段。当前产业技术的发展已经成为一个有组织可促进能够产生重要影响的元素。各国对此已经有了充分的认识。推进产业技术政策发展,促进产业技术水平提高已经成为各国的共识。

2. 产业技术政策的内容与手段

产业技术政策一般来说包括两个方面的内容,一是确定发展目标和计划,包括指定各种具体的技术标准、技术发展规划、公布重点发展的核心技术、限期淘汰落后技术;二是技术进步促进政策,包括技术引进、技术扩散、技术开发扶持等方面。技术引进政策是后发国家通过直接引进别国的成熟技术赢得后发优势的重要手段。但仅有引进技术是不足以摆脱技术落后状况的,必须在鼓励技术引进的同时,重视对引进技术的消化、改造和提高。

产业技术的手段可以划分为直接干预手段和间接干预手段两类。直接干预主要有产业技术进步促进的各种行政法规。间接干预则主要有政府对产业技术的发展进行指导,对技术开发提供补助金、税收优惠和其他方面的支持。

四、产业政策应用效率分析

(一)产业政策应用效率分析意义

产业政策的应用效率分析是指在全面掌握实施信息的前提下,依据特定的标准,对某项产业政策实施的影响、效果进行度量、分析和评价。具体分析可分为:事前分析,旨在正确制定出新的产业政策;事中分析,旨在及时纠正政策偏差,合理调整政策目标和措施,从而改善政策效果;事后分析则以总结现有产业政策的经验教训为主要目的。产业政策应用效率分析的必要性体现在:

(1)产业政策应用效率分析是客观、公正地评价产业政策效果的基本途径。产业政策应用效率分析通常是以资深专家和中立研究机构为主体,由决策者、实施者和政策对象共同参与完成,从多个角度对产业政策的实际(或可能)效果进行公正的分析和评价。

(2)产业政策应用效率分析是及时纠正产业政策偏差、合理调整产业政策目标和手段的前提条件。产业政策应用效率分析作为对产业政策实施当中的可靠性反馈,有助于决策者全面了解并及时纠正某项产业政策在实施过程中所出现的偏差,合理调整产业政策的目标和手段,以便实现政策收益最大化。

(3)产业政策应用效率分析是实现决策民主化和科学化的必由之路,有助于优化决策程序,保障决策质量,提高行政效率和维护政府威信。

(二)产业政策应用效率分析的原则和一般标准

1.福利经济学原则:最大多数人的最大福利

新福利经济学以意大利经济学家帕累托为代表,他提出了判断社会经济福利最大与否的标准:当资源在某种配置下不可能通过重新组合生产和分配,使一个人或多个人福利增加而其他人的福利不致减少的状态。真正的"帕累托最优状态"在现实生活中并不存在,任何产业政策都只能接近帕累托最优状态,即只能达到"次优状态"。"帕累托最优状态"虽是一种抽象的理论,但可以作为产业政策应用效率分析的重要原则。当一项产业政策的实施使得大部分人受益、而使小部分人利益受损时,如果能采取配套措施,对受损者的利益予以补偿,只要这一补偿明显低于受益者的福利量,那么社会福利总量仍可得到增加,并更加接近帕累托最优状态,也就可以断定该项产业政策是可取的。

长期以来,公平与效率的关系问题一直是福利经济学的核心问题。大量产业政策的实践证明,在公平与效率关系中,"效率"通常是矛盾的主要方面。只有不断提高"效率",才能为实现"公平"奠定可靠的物质基础。以公平为由限制追求效率的政策,往往会导致低效现象的蔓延,并最终使"公平"总是与低效、贫困为伍。而成功的产业政策通常是遵循"效率优先、兼顾公平"的原则,并以增进最大多数人的最大福利为宗旨。另一方面,由于"公平"原则强调机会均等,因而符合公众利益。在产业组织政策实践中,过分容忍垄断和排斥自由竞争都是违背"公平"原则的,其结果极可能是失去竞争动力,致使产业整体效率下降,进而危及公众福利。根据福利经济学观点,有助于实现最大多数人的最大福利的产业政策就是成功的政策;相反,背离最大多数人的最大福利原则的产业政策肯定是失败的政策。

2.生产力标准

在产业政策应用效率分析中,生产力标准是具有普遍意义的重要尺度。因为无论各国的政治经济体制如何不同，历史文化差异有多大，生产力水平高低都可以成为统一的衡量标准。各国的产业政策虽然多种多样，但它们的共同目标都与"提高生产力水平"密切相关。是否有利于生产力水平的提高，理所当然可以充当衡量产业政策优劣与成败的标准。

3. 综合效益标准

一项产业政策应该既有经济效益，也有社会效益、政治效益和生态环境效益；既有直接效益，也有间接效益；既有短期效益，也有长期效益。因此，进行产业政策应用效率分析，需要全盘考虑各种效益因素，只有这样才可以避免分析的片面和失真。这就需要建立"综合效益标准"，对实施某一项政策所涉及的各种"成本"和"收益"进行全面的综合性比较分析，最后以政策总成本和政策总收益的比率，来判别该项产业政策效果的优劣。

成功的产业政策应该是以最小的投入获得最大的综合收益的政策。忽视环境和资源代价，片面追求直接经济效益如产值增长的传统观念显然是不符合"综合效益标准"的。

4. 国际竞争力标准

在经济全球化和世界经济一体化趋势日益显著的今天，产业国际竞争力的增强已成为各国产业政策的核心目标。因此，是否有利于增强本国产业的国际竞争力，必将成为21世纪衡量产业政策成败得失的重要尺度。产业的国际竞争力提升，要求在制定产业政策时，不仅要注重对民族工业的保护和扶植，而且要充分考虑本国的资源禀赋，通过有选择地扩大对国际市场的参与，来发挥本国的比较优势，通过增强本国产业的国际竞争力来实现公众福利最大化。

（三）产业政策应用效率分析内容

产业政策应用效率分析内容，具体来说，是对产业政策所涉及的各种“成本”和“收益”进行全面的综合比较，最后，以政策总成本和政策总收益的比率，来判别实施产业政策的效果。

1. 推行产业政策的成本

产业政策的推行往往会损害部分企业及各级政府的一些利益，这些利益损失如果没有相应的补偿，将成为推行产业政策时需要付出的额外成本。这些成本包括：

(1)企业成本。推行产业政策时的企业成本取决于政策手段本身的特点。这些成本可能包括以下几项。

第一，企业的经济利益受损。例如，政府在压缩在建项目缩小基建规模时，企业往往会陷入资金短缺、原材料紧张的境地，造成企业发展的困难。

第二，由于产业政策的执行的环节多，需要企业多次谈判协商，迫使企业支付由于推行产业政策而必需的交易费用。例如，在产业政策的规划下，企业进行改组，则必须进行资产评估、企业领导变更等，这些均成为企业落实产业政策时的成本。

第三，企业自主权减少。如果产业政策鼓励企业组建行政性的企业集团，政府在组建过程中进行多次干预。企业自主权必然会有所减少，构成企业落实产业政策时的特殊成本。

第四，企业需要付出更高的技术和管理代价。在推行发展基础产业、基础设施及高新技术等产业政策时，由于存在较高的技术和规模壁垒，企业需要付出额外的成本以改进生产技术和提高生产规模才能达到产业政策要求的水平。

第五，由于产业政策的推行是以国家权利保障的形式进行的，在产业政策推行中，企业处于政府的监督之下，如果企业的发展目标和政府的产业政策目标有冲突，企业还会付出诸如降低企业家个人威望和企业信誉、受政府监督部门的批评等成本，成为企业落实产业政策的代价。

(2)政府代价。产业政策的推行不仅牵涉企业的利益，而且关系到各级政府机关的利益，各级政府机关由于具有各自独特的利益和要求，在产业政策落实过程中，中央政府和各级政府的利益要求不完全一致，对该项政策的认同性也会存在很大差异，因而政策推行过程必然伴随着各个政府目标和要求的彼此博弈问题，各级政府往往会在推行产业政策的过程中付出一定的代价。这些代价包括以下几个方面。

第一，基层政府权力缩小。由于产业政策的利益分布不平衡，产业政策的推行很可能会损害一些部门、机关的利益。例如，需要政府机关放权让利的政策措施，各级政府在推行中下放权力，失去一部分财权、物权、事权，使自己的原有实际利益受损。

第二，增加工作量和工作难度。产业政策的推行涉及面广，涉及的组织、企业较多，各级政府在推行过程中必然要增加工作量，增加工作难度。如果产业组织调整的范围较广，往往还要增加财政支出。

第三，部门或基层领导威望成本。产业政策作为中央政府强制推行的政策，往往具有一定的强制性，地方政府由于各种困难难以顺利推行时，还可能受到上级政府的批评和处罚，使行政领导人的威望降低。

此外，产业政策的推行要求具有较强的理论和知识准备，如适合地方特点的主导产业、支柱产业的选择，地方产业布局的优化，衰退产业的退出援助等，都需要具有专门的知识和经验，对企业、地方政府和管理部门提出了新的工作要求，增加管理者的知识成本。

2. 推行产业政策的企业收益和政府收益

产业政策的推行既需要付出一定的代价，也会带来不同的收益。推行产业政策的收益除推动经济发展、增加国民经济发展的潜力和动力等社会收益外，对企业和政府而言，还会带来其他不同的收益。

(1)企业收益。影响企业落实产业政策的收益的因素主要是政策执行手段的特点，根据政策执行手段的不同，企业落实产业政策的收益可以分为以下几个主要方面。

第一，在产业优惠政策的鼓励下，企业获得直接的经济利益。间接干预型的产业政策是以差别政策诱导企业按照政策鼓励的方向进行投资和发展的，在产业优惠政策的鼓励下，一部分与政府产业发展方向相同的企业将获得政府的各种优惠政策，从而成为企业在产业政策的鼓励和引导下获得的额外收益。

第二，在政府产业援助和保护政策的鼓励下，企业获得更加优越的发展条件。例如，企业发展政府产业政策鼓励的高科技产业，则不仅能获得政府优惠利率、优惠税率的支持，还可能获得政府订购、企业兼并发展时的特殊许可，甚至政府免费宣传等方面的保护和支持。各国政府在鼓励发展的新兴产业领域还经常进行在土地批租转让、提供法律援助等方面的优惠，从而为企业的发展创造一个比较优越的环境和条件。

第三，通过执行政府的产业政策，企业领导人获得政府颁发的一系列荣誉，提高企业的知名度。特别是在国有企业，政府通常会运用给企业领导人以各种荣誉、奖励的方法发给执行产业政策中表现突出的企业以鼓励，这些荣誉、奖励作为企业的无形资产，不仅有利于企业本身的发展，而且作为一种特殊的激励，也有利于企业领导人权威的提高。

第四，对产业政策鼓励发展的产业中的重点企业，政府还可能通过给予一些经营特权的办法以示鼓励。

(2)政府收益。在产业政策的推行过程中，不同的部门、地区受益程度是不平衡的，各级政府在产业政策的推行中，获得的收益主要包括以下几个方面。

第一，扩大管理权限。在产业政策的推行过程中，一些主管部门的管理权限会有所扩大，财政拨款增多。

第二，获得上级的嘉奖。产业政策的推行过程中贡献较大的部门和机关往往会获得上级机关的嘉奖，主要领导人的威望因而上升。

第三，社会影响力扩大。在产业政策的推行过程中，从产业政策的制定到执行和监督，对社会各方面都产生深远的影响，主持产业政策制定和监督的政府部门将为社会所普遍关注，社会影响力因而得以扩大。

结束语

我们正处于一个伟大的时代。经过将近四十年的改革开放，全球化为我国的经济起飞创造了宝贵的机遇。现代经济学虽然在西方诞生，并随着西方国家市场经济的发展而成长，但它对于社会现代化的中国来说，也具有重要的参考意义。

随着我国经济发展走向“新常态”，我国如何认识和使用产业政策，如何进一步完善产业政策，不仅具有重要的现实意义，还具有现实的复杂性和理论挑战性。由此撰写本书对产业经济学热点问题进行研究，以期在全面建成小康社会中贡献自己的一份薄力。

本书能够付梓，要感谢编辑对本书付出的辛勤劳动。感谢各位领导给予的极大支持，感谢好友和亲人的大力帮助。这些都是我不断前行的动力。

本人深知才疏学浅，撰写本书，除了想与同行交流、分享实践和理论研究成果之外，还希望能起到抛砖引玉的作用，使关于产业经济学的研究能推向深入。

在写作过程中，参阅了大量的参考文献，吸收和引用了同行的部分研究成果，这里再次表示感谢。限于时间和精力，本书不足之处在所难免，诚恳希望各位读者给予批评指正。

作者

2017 年 6 月

参考文献

[1]王丙毅.产业经济学教程[M].北京:北京大学出版社,2016.

[2]王俊豪.产业经济学[M].北京:高等教育出版社,2016.

[3]肖兴志.产业经济学[M].北京:中国人民大学出版社,2016.

[4]芮明杰.产业经济学[M].上海:上海财经大学出版社,2016.

[5]高志刚.产业经济学[M].北京:中国人民大学出版社,2016.

[6]吴建伟.产业经济学[M].北京:清华大学出版社,2016.

[7]刘志迎.现代产业经济学教程[M].北京:科学出版社,2013.

[8]赵凯.产业结构与产业政策调整理论研究[M].北京:清华大学出版社,2016.

[9]廖进球.产业组织理论[M].上海:上海财经大学出版社,2012.

[10]李明志,柯旭清,罗金峰.产业组织理论(第二版)[M].北京:清华大学出版社 2014.

[11]刘志彪.经济全球化与中国产业发展[M].南京:译林出版社,2015.

[12]聂亚珍,陈冬梅.产业经济学[M].北京:光明日报出版

社,2011.

[13]赵昌文.新时期中国产业政策研究[M].北京:中国发展出版社,2016.

[14]贺灿飞,郭琪.集聚经济、技术关联与中国产业发展[M].北京:经济科学出版社,2016.

[15]苏东水.产业经济学[M].北京:高等教育出版社,2010.

[16]赵玉林.产业经济学[M].武汉:武汉理工大学出版社,2008.

[17]张冬梅.产业经济学[M].北京:社会科学文献出版社,2012.

[18]刘树林.产业经济学[M].北京:清华大学出版社,2012.

[19]陈保启.产业经济学[M].北京:经济科学出版社,2013.

[20]龚仰军.产业经济学教程[M].上海:上海财经大学出版社,2014.

[21]刘军.知识经济时代知识密集型服务业集群与创新研究[M].北京:光明日报出版社,2015.

[22]吴国清.城市生态旅游产业发展创新[M].上海:上海人民出版社,2016.

[23]李斌.区域产业结构低碳化调整综合集成模式及应用[M].郑州:郑州大学出版社,2015.

[24]于春晖.产业经济学教程与案例[M].北京:机械工业出版社,2015.

[25]梁媛媛.产业经济学理论与产业升级实例研究[M].北京:中国水利水电出版社,2015.

[26]蒋昭侠.服务业理论与实践(产业结构调整、区域性、阶段性)[M].北京:中国经济出版社,2015.

[27]李悦.产业经济学(第四版)[M].大连:东北财经大学出版社,2015.

[28]黎振强,陈望雄.产业内贸易与经济发展:理论与实证

[M]. 成都:西南交通大学出版社,2015.

[29]张海涛,谭文柱. 产业经济的发展与创新——中浦院书系[M]. 北京:人民出版社,2012.

[30]郭朝先,张其仔,白玫. 经济发展方式转变:产业升级与空间布局[M]. 北京:社会科学文献出版社,2012.

[31]谢勇,柳华. 产业经济学[M]. 武汉:华中科技大学出版社,2008.

[32]王庆丰. 中国产业结构与就业结构协调发展研究[M]. 北京:经济科学出版社,2013.

[33]石奇. 产业经济学[M]. 北京:中国人民大学出版社,2011.

[34]刘小铁. 产业竞争力因素分析[M]. 南昌:江西人民出版社,2009.

[35]徐传谌,谢地. 产业经济学[M]. 北京:科学出版社,2007.

[36]陈春,干春晖. 产业组织优化与产业结构的调整和升级[J]. 山东工商学院学报,2003(5).

[37]俞跃周. 我国产业结构的调整及问题[J]. 当代经济,2010(15).

[38]李海威. 论低碳经济背景下我国产业结构的调整[J]. 大连干部学刊,2015(2).

[39]韩乾,洪永淼. 国家产业政策、资产价格与投资者行为[J]. 经济研究,2014(12).

[40]赵秀丽,纪红丽. 产业经济理论的回顾与发展——基于网络的视角[J]. 税务与经济,2011(2).

[41]郭克莎,吕铁,周维富. 20 世纪以来产业经济学在中国的发展[J]. 上海行政学院学报,2001(1).

[42]柳剑平,张兴泉. 产业内贸易与产业结构的优化——基于中国制造业动态面板数据的研究[J]. 世界地理研究,2011(3).

[43]邓伟根.产业生态:产业经济学研究的第四个领域[J].产经评论,2010(1).

[44]代志华.产业经济学理论与流派及其在我国的发展[J].经济师,2006(1).